KTX 코레일관광개발 Q PASS

열차객실승무원

코레일관광개발 인사혁신처 교육팀 편저

다락원

2004년 4월, 최대의 국책사업인 평균 시속 200km 이상의 초고속 열차 KTX(Korea Train eXpress) 개통으로 대한민국은 반나절 생활권이 가능해졌다. 이로 인해 국내 이동 시 항공기를 이용하던 고객의 철도이용 전환과 동시에 '고속열차 객실승무원'이라는 직업도 주목받기 시작하였다.

현재는 고속열차인 KTX, SRT 내 객실승무뿐 아니라 ITX-새마을, 관광열차 등에도 열차 서비스를 담당하는 열차 객실승무원이 있다. 열차 내 고객안내 서비스를 책임지는 열차 객실승무원은 고된 직업이라는 인식이 있음에도 불구하고, 공공기관의 안정적 고용과 복지제도, 근무의 유연성이라는 직업적 매력으로 많은 구직자들에게 꿈의 직업으로 자리매김하고 있다.

철도 수요의 증가와 철도 운영사 및 노선의 확대 등으로 승무원 채용이 늘어남에 따라 열차 객실승무원 취업을 희망하는 지원자도 해를 거듭할수록 증가하고 있으며 최근 채용 경쟁률이 100대 1을 훌쩍 넘는 통계자료를 통해 많은 지원자들이 관심을 보이고 있다는 것을 알 수 있다.

열차 객실승무원은 열차 내 한정된 공간에서 긴 시간 동안 승차하신 고객에게 인적 서비스를 제공하기 때문에 철도 서비스 품질을 결정하는 중요한 요소로 철도의 이미지를 대변하고 있다고 할 정도로 중요한 위치를 차지하고 있다. 따라서 열차 객실서비스를 운영하고 있는 코레일관광개발에서는 채용 시, 열차 객실승무원이라는 직업의 서비스 철학을 잘 수행할 수 있는 우수한 인재를 채용하기 위해 노력하고 있다.

열차 객실승무원 채용의 특징은 학력, 전공보다는 인성과 서비스 자질, 직무역량을 중요하게 생각하기 때문에 다른 어떤 요소보다 면접이 중요하다. 보통 승무원 면접은 한 조에 5~8명씩 20~40분 이내로 짧게 진행된다. 타고난 외모와 면접운으로

승무원이 되었다는 이야기는 없어진지 오래이며, 지금의 채용환경에서 단순한 운을 언급하기에는 취업의 장벽이 너무 높다. 짧은 면접시간 동안 회사와 직무에 대한 이해, 서비스 마인드와 이미지 관리, 스피치, 고객 응대 능력 등 준비된 모습을 보여야 하기 때문에 꾸준하고 철저한 준비만이 자신의 역량과 가능성을 최고로 보여줄 수 있는 방법이며 열차 객실승무원 합격으로 가는 지름길이다.

이번에 출간되는 「**KORAIL** 코레일관광개발 **Q PASS** 열차 객실승무원」은 열차 객실승무원에 관심이 있는 학생들과 예비 승무원을 꿈꾸는 이들을 위한 것으로 열차 객실승무원이 되고자 한다면 꼭 알아야 할 내용을 수록하였다. 열차 객실승무원의 자질과 역량, 승무원 교육사항을 실제 열차 객실승무원을 운용하고 있는 코레일관광개발 인사혁신처 교육팀에서 열차 객실승무원에게 요구되는 전반적인 기초 자질과 세부적인 직무역량 등을 쉽게 익힐 수 있도록 구성하여 집필하였다.

아무쪼록 「**KORAIL** 코레일관광개발 **Q PASS** 열차객실승무원」에 수록된 내용을 바탕으로 열차 객실승무원이 되어가는 자신의 모습을 그리면서 꾸준히 노력한다면 막연했던 열차 객실승무원의 꿈을 현실로 이룰 수 있는 발판이 될 것이라 생각한다.

코레일관광개발
인사혁신처 교육팀

차례

💬 철도관광의 내일 국민기업 코레일관광개발인 인터뷰

특징 및 구성

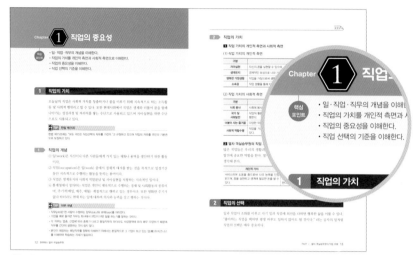

챕터별 핵심 포인트 제시

각 챕터에서 반드시 알아두어야 할 핵심 포인트를 제시하여 이해를 쉽게 하였다.

열차 객실승무원의 직업기초능력 제시

열차 객실승무원의 전반적인 직업기초능력과 세부적인 직무역량 등 실제적인
내용을 수록하여 실전에 바로 응용할 수 있도록 하였다.

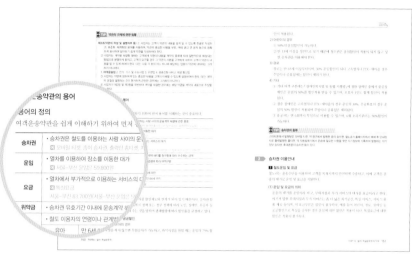

열차 객실승무원의 직무 지식 제시

열차 객실승무원에 관심이 있는 예비 승무원들을 위해 열차 객실승무원 직무에
필요한 사항들을 수록하였다.

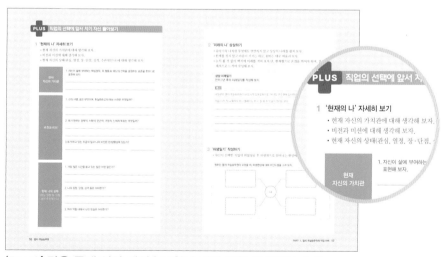

'PLUS' 란을 통해 열차 객실승무원이 되기 위한 상세정보 수록

직업으로서의 열차 객실승무원 자가 테스트, 서비스 마인드 체크 리스트, 커뮤
니케이션 지수 체크 리스트 등 열차 객실승무원이 되기 위한 상세정보를 수록
하였다.

PART

I

열차 객실승무원의
직업 이해

핵심 포인트
- 일·직업·직무의 개념을 이해한다.
- 직업의 가치를 개인적 측면과 사회적 측면으로 이해한다.
- 직업의 중요성을 이해한다.
- 직업 선택의 기준을 이해한다.

1 직업의 가치

오늘날의 직업은 사회적 가치를 창출하거나 꿈을 이루기 위해 지속적으로 하는 소득활동 및 사회적 행위라고 할 수 있다. 또한 현대사회에서 직업은 생계와 더불어 꿈을 향해 나아가는 성장과정 및 커리어를 쌓는 수단으로 사용되고 있으며 자아실현을 위한 수단으로도 사용되고 있다.

> **TIP 헌법 제15조**
>
> 헌법 제15조에는 "모든 국민은 직업선택의 자유를 가진다."고 규정하고 있으며 직업의 자유를 국민의 기본권으로 보장하고 있다.

1 직업의 개념
① 일(work)은 자신이나 다른 사람들에게 가치 있는 재화나 용역을 생산하기 위한 활동이다.
② 직업(occupation)은 일(work) 중에서 경제적 대가를 받는 것을 목적으로 일정기간 동안 지속적으로 수행하는 활동을 뜻하는 용어이다.
③ 직업은 생계유지와 사회적 역할분담 및 자아실현을 지향하는 지속적인 일이다.
④ 통계청에서 정의하는 직업은 개인이 계속적으로 수행하는 경제 및 사회활동의 종류이며, 주기적(매일, 매주, 매월)·계절적으로 행하고 있는 경우이다. 또한 명확한 주기가 없다 하더라도 현재 하는 일에 대하여 의사와 능력을 갖고 행하는 것이다.

> **TIP 직무 개념**
>
> - 직무(job)란 한 사람이 수행하는 임무(duty)와 과제(task)를 의미한다.
> - 기업을 예로 들자면 직무는 회사에서 개인이 어떤 일을 하는가를 말하는 것이다.
> - 각 직무는 업종, 산업에 따라 종류가 다르고 동일직무라 하더라도 사업영역에 따라 매우 다양하기 때문에 직무를 간단히 설명하는 것이 쉽지 않다.
> - 본인이 희망하는 해당직무를 정확히 이해하기 위해서는 본질적으로 그 기업이 하고 있는 업(業)과 비즈니스를 이해하며 학습하는 자세가 필요하다.

2 　 직업의 가치

1 직업 가치의 개인적 측면과 사회적 측면

(1) 직업 가치의 개인적 측면

구분	내 용
자아실현	자신의 꿈을 실현할 수 있으며, 사람들에게 자신의 능력을 인정받을 수 있다.
생계유지	경제적인 보상으로 나와 가족의 생계를 유지할 수 있게 해준다.
행복한 가정생활	직업을 가짐으로써 생활에 여유를 갖고 행복한 가정생활을 할 수 있게 해준다.
소속감	직업 생활을 통해 자신이 어떤 집단에 속해 있음을 느끼게 해준다.

(2) 직업 가치의 사회적 측면

구분	내 용
사회 봉사	사회에 봉사하며 삶의 보람을 느끼고, 행복하고 가치 있는 삶을 살 수 있다.
국가 및 사회발전	직업적 활동이 사회 전체의 질서와 안정, 그리고 국가발전에 매우 중요한 역할을 수행한다.
더불어 사는 즐거움	다양한 직업 생활을 통한 사회적 연결과 어울림 속에 기쁨과 즐거움을 찾을 수 있다.
사회적 역할수행	직업을 가짐으로써 많은 사람과 서로 역할을 분담하여 사회의 일원으로 공헌할 수 있다.

2 열차 객실승무원의 직업 가치

많은 직업들은 우리의 생활과 밀접하게 관련이 있으며, 개인뿐 아니라 사회의 유지와 발전에 중요한 역할을 한다. 열차 객실승무원이라는 직업이 개인과 사회에 주는 영향을 생각해 본다.

개인적 가치	사회적 가치
서비스하며 도움을 줌으로써 나의 능력을 인정 받으며, 꿈을 실현하고 생계에 필요한 돈을 벌 수 있다.	열차를 이용하는 고객들이 목적지까지 편안히 갈 수 있도록 질서유지를 하고 정확한 안내와 서비스를 제공한다.

2 　 직업의 선택

일과 직업이 조화를 이루고 자기 일과 직업에 최선을 다하면 행복한 삶을 이룰 수 있다. "좋아하는 직업을 택하면 평생 하루도 일하지 않아도 될 것이다." 라는 공자의 말처럼 직업의 선택은 매우 중요하다.

1 직업의 중요성

① 직업은 개인이 일생동안 하는 일을 결정해 준다.

② 직업은 개인의 경제적 능력과 사회적 지위를 결정해 준다.

③ 직업은 개인이 사회적으로 주로 접촉하게 되는 대상과 범위를 규정한다.

④ 직업은 개인에게 심리적 영향을 준다.

2 직업선택

구직자들에게 희망직업을 선택한 이유를 묻는 질문에 '내가 좋아하는 일이라서', '내가 잘 해낼 수 있을 것 같아서'와 같은 답변이 가장 많았다. 구직자들이 직업을 선택할 때 45.8%가 흥미를 고려하여 선택한다.

1 직업선택의 요인

① 직업선택의 요인으로는 적성, 흥미, 수입, 안정성, 보람, 자아성취, 장래성 등이 있다.

> 적성, 흥미 > 수입 > 안정성 > 보람, 자아성취 > 장래성

② 2020년 청소년통계에 따르면 청소년이 직업을 선택할 때 가장 중요하게 생각하는 요인은 수입 32.8%, 적성·흥미 28.1%, 안정성 21.0% 순으로 나타났으며 수입을 중요시 하는 비중은 2013년 27%에서 2019년 32.8%까지 증가하였다.

③ 청소년들의 직업 선택 기준의 추이를 살펴보면 이전에 비해 적성, 흥미에서 점차 수입과 안정성 등 현실적인 측면으로 기우는 추세인 것으로도 나타났다.

④ 2020년 현재 코로나19로 팬데믹이 선포된 이후, 취업준비생 대상 취업 선택의 기준을 살펴보니 최근 의식 및 가치가 과거와는 많이 바뀌었다는 것을 알 수 있다.

🔖 청소년들의 직업선택 요인 변화 추이

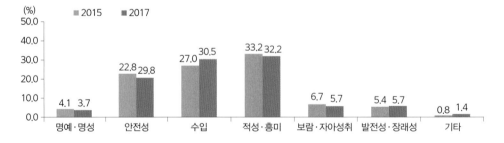

🚦 **TIP** 직업 선택 시 중요한 가치 기준

대학저널에 따르면 2,287명의 응답을 정리한 결과, 직업 선택 시 가장 중요한 가치 기준은 '직업의 안정성'이 응답자의 32.1%로 가장 많았다. 다음으로 흥미·적성(20.9%), 근무 환경(11.9%), 사회적 명성(10.6%), 발전 가능성(10.5%), 소득(6.7%), 기타(6.5%), 사회적 기여(0.8%) 순이었다.

2 근무하고 싶은 직장

여성가족부와 통계청이 발표한 '2020 청소년통계'에 따르면 청소년들이 가장 근무하고 싶어 하는 직장은 국가기관이 22.2%, 공기업 19.9%, 대기업 18.8% 순으로 공기업에 대한 선호도가 2011년부터 꾸준히 증가하고 있다.

> 국가기관 > 공기업 > 대기업 순

3 직업선택 시 고려사항

(1) 개인의 능력 및 자질

① 개인의 능력을 점검하고 자신의 신체조건, 지식, 기술 등을 평가한다.

② 자신의 자질이 어떠한지 정확하게 평가하고 점검한 뒤 직업선택에 나서야 올바른 선택이 이뤄질 수 있다.

③ 자신의 자질을 객관적으로 알고 있으면 '나는 이런 점에서 뛰어나'라는 자신감을 가질 수 있고, 그런 장점을 잘 살려 직업을 선택할 수 있다. 또한 단점을 잘 파악하고 있다면 자신을 꾸준히 점검하면서 좋은 결과를 얻을 수 있다.

(2) 흥미와 관심사 및 개인의 가치관, 삶의 태도 등의 총괄적 점검

① 직업에 대한 적성 및 일에 대한 흥미가 있는지 확인할 필요가 있다.

② 나의 가치관과 삶의 방향과 일치하는지 체크해 본다.

③ 개인의 발전가능성을 사전에 예측하는 것도 중요 사항이다.

(3) 직무에 대한 구체적인 구상

① 내가 원하는 직업의 직무를 구체적으로 이해해야 한다.

② 어떤 일을 하는지를 먼저 파악한 후 그에 따른 세부사항을 체크해야 한다.

> • 어떤 교육을 받아야 하는지?
> • 사전에 필요한 지식이나 업무 수행능력으로 어떠한 역량이 요구되는지?
> • 향후 전망이나 임금, 직업 만족도, 복지혜택 등이 어떻게 되는지?

1 '현재의 나' 자세히 보기

- 현재 자신의 가치관에 대해 생각해 보자.
- 비전과 미션에 대해 생각해 보자.
- 현재 자신의 상태(관심, 열정, 장·단점, 성격, 주관적인 나)에 대해 생각해 보자.

현재 자신의 가치관	1. 자신이 삶에 부여하는 핵심원칙, 즉 행동과 태도의 선택을 결정하는 표준을 한마디로 표현해 보자.

비전과 미션	1. 나의 사명, 꿈은 무엇이며, 현실화하고자 하는 비전은 무엇일까? 2. 내가 원하는 경제적, 사회적, 인간적, 가정적 목표는 무엇일까? 3.내가 하고 있는 지금의 일과 나의 비전은 한 방향성에 있는가?

현재 나의 상태 (관심, 열정 장·단점 성격 주관적인 나)	1. 가장 많은 시간을 쏟고 있는 일은 어떤 일인가? 2. 나의 장점·단점, 성격 등은 어떠한가? 3. 여러 역할 내에서 나의 모습은 어떠한가?

2 '미래의 나' 상상하기

- 유아기의 나처럼 무엇에도 연연하지 말고 상상의 나래를 펼쳐 보자.
- 한계를 짓지 말고 마음이 시키는 대로, 원하는 대로 떠올려 보자.
- 눈치 볼 것 없이 백지에 미래를 적어 보자. 단, 현재형으로 온점을 찍어야 하며, 감정을 구체적으로 느끼며 작성해 보자.

상상 미래일기
먼저 1년 후의 미래일기를 작성해 보자.

예시

내일부터 열차 객실승무원 신규 입사자 입문교육으로 7박 8일 연수원에 입사한다.

처음 시작, 첫 교육이다 보니 설레기도 하고, 잘 할 수 있을지 염려도 된다.

---

3 '파생일기' 작성하기

- 자신이 선택한 직업에 취업성공 후 파생적으로 일어나는 현상에 대해 작성해 보자.

원하던 열차 객실승무원이 되었을 때, 파생현상에 대해 마인드맵을 그려 보자.

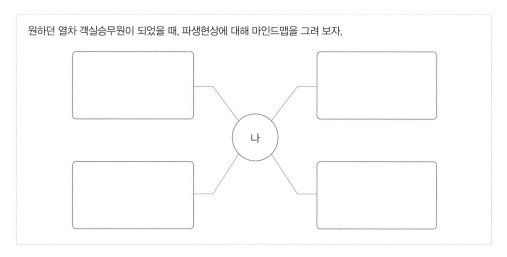

Chapter **2** # 열차 객실승무원의 직업

핵심 포인트
- 열차 객실승무원이 하는 일을 이해한다.
- 전반적인 열차 승무사업에 대해 이해한다.
- 열차 객실승무원의 종류를 파악하고, 각자의 역할과 임무를 이해한다.
- 열차 객실승무원 직업에 대해 이해한다.

1 열차 객실승무원

1 열차 객실승무원의 정의

열차 객실승무원은 남·여승무원을 총칭하며, 열차 내 승차하여 고객의 여행이 안전하고 편안할 수 있도록 각종 서비스를 하는 사람을 말한다.

2 열차 객실승무원의 업무

열차 객실승무원은 일반철도나 고속철도에서 고객의 불편사항을 수렴하거나 객실안내 등의 업무를 수행하고 있다. 근래에 많은 분야가 자동화되어 고객접점의 직업이 줄어들고 있는 상황이지만 열차 객실승무원은 달리는 열차 내에서 고객이 목적지까지 안전하게 갈 수 있도록 고객안내 및 각종 서비스를 제공하는 업무를 수행하고 있으며 자동화에 의해서 쉽게 대체될 수 있는 직업이 아니다. 열차의 성격에 따라 다르지만 고속열차의 경우 규모에 따라 승무원이 약 1~2명 정도 승차하여 고객에게 서비스하고 있다.

1 열차 객실승무원의 수행직무

① 고객의 승·하차를 안내하고 도와준다.
② 운행 중인 열차를 순회하며 고객의 편의를 도모한다.
③ 고객의 안전을 위해 객실선반의 물건을 정리하고 확인한다.
④ 무선이동단말기를 이용하여 승차권 발권·변경 열차정보를 제공한다.
⑤ 고객의 질문에 응대하고, 불만 및 요구사항에 대해 처리한다.
⑥ 사고발생, 차내 질서유지, 심각한 사항에 대해 열차팀장(여객전무)과 상의하여 업무를 돕는다.

2 열차 내 근무자

고속열차 내에는 열차 객실승무원 외 열차를 운행하는 기장, 열차 내 안전을 담당하는 열차팀장(객실장)이 함께 승차하여 각자의 역할을 수행한다.

종 류	근무자
KTX 고속열차	기장(1명), 열차팀장/객실장(1명), 열차 객실승무원(18량 기준 2명, 8량 기준 1명)
SRT 고속열차	기장(1명), 객실장(1명), 열차 객실승무원(8량 기준 1명)
ITX-새마을	기관사(1명), 여객전무(1명), 열차 객실승무원(1명)
무궁화호	기관사(1명), 여객전무(1명)

3 열차 객실승무원의 역할 및 책임

▉ 열차 객실승무원의 역할

① 열차 객실승무원은 승무 업무프로세스에 따라 출무 준비부터 열차 출발 전, 열차 운행 중, 열차 도착 전·후, 열차 종착 후 순회, 종무 후로 나누어 세부적인 업무를 담당한다.

② 열차 운행에 대한 최종적인 권한은 기장에게 있고, 열차 운행 관련 중대한 사항(열차 내 질서 방해, 난동승객 및 응급환자 발생, 보안, 고장, 비상상황의 발생 등)이라고 판단되는 경우에는 열차팀장(객실장)과 협의해야 하고 필요에 따라 협업한다.

③ 열차 객실승무원의 업무태도와 고객에 대한 반응 및 이미지는 고객이 철도의 서비스를 판단하게 되는 중요한 역할을 하게 된다.

④ 열차 객실승무원의 임무는 철도 운영사, 열차기종에 따라 정한 기준이 상이할 수 있으나, 주 임무는 크게 고객 안내서비스, 쾌적성 확보, 승차권 안내 등으로 분류할 수 있다.

⑤ 열차 객실승무원의 업무는 열차 출발 전, 출무 시점부터 시작되어 목적지 도착 후, 종무 시점까지 제공되는 일련의 서비스 활동으로 고객에게 편안한 서비스를 제공하는 전반 업무를 수행한다.

▉ 열차 객실승무원의 책임

① 열차 객실승무원은 철도여객운송약관에 따라 업무를 진행해야 하며, 회사에서 정한 규정, 지침, 제도를 준수해야 한다.

② 열차 객실승무원은 다양한 고객의 욕구를 통해 끊임없이 변화하는 기대치와 만족도를 파악하고 공유해야 한다. 또한 서비스 개선 및 향상을 위한 서비스 전략의 목표와 계획을 제시하는 중요한 전달자로서 그 책임과 중요성이 매우 높다.

③ 열차 객실승무원은 기업이념이 반영된 서비스 정책을 실현하고 제반 규정과 서비스 절차를 준수하여 고객에게 최상의 서비스가 제공되도록 최선을 다해야 한다.

- 열차 객실승무원의 서비스는 열차에서 제공하는 대표적인 인적 서비스로 철도의 운임과 함께 고객에게 판매되는 무형의 상품이다.
- 열차 객실승무원의 서비스 능력은 철도의 서비스 수준을 결정하는 기준이 되고 이는 곧 철도의 경쟁력과 직결되는 중요한 요소이다.

4 열차 객실승무원의 점검표

열차 객실승무원이 열차에 승차하여 고객 승차 전부터 도착지 하차 전까지의 업무를 표로 나타내면 다음과 같다.

시 점	점검 내용
상 시	최신 서비스 매뉴얼 유지, 업무교범 습득, 철도여객 운송약관 및 지침 이행, 직무 학습 등
출 무	열차정보 사전 학습 및 직무 확인, 승무일지 및 장비 수령, 팀 미팅 및 출무 브리핑
출발 전	열차번호 확인 및 입력, 방송기 상태 점검, 열차 객실 및 시설 청결 이상 유무 확인 영접 인사 및 웰컴서비스 (마이크 착용 후 출발 전 여러 고객 동시 열차정보 안내 서비스) 열차 내 안내방송 실시, 좌석 안내
운행 중	순회, 열차 내 안내방송, 승차권 안내, 1-2-3 대면서비스, 클린업 서비스, 도우미 서비스 특실 서비스(특실 물품 직접 서비스, 특실 깨우미 서비스, 미니도서관 및 신문 정리정돈) 열차 내 청결유지, 편안한 여행환경 조성(객실환경 및 질서유지), 유실물 수배 및 확인, TM 콜 응대, 정차역 환송
도착 전	열차 내 방송, 마감 업무, 용품 정리
도착 후	고객 환송, 종착 순회, 유실물 점검, 객실 점검
종 무	장비 반납 및 각종 인계인수서, 디브리핑, 특이사항 시 종무 보고

- 2004년 4월 최대의 국책사업인 고속철도 운행이 시작되었다.
- 평균 시속 200km 이상의 초고속열차의 개통으로 대한민국은 반나절 생활권이 가능해졌다.
- 항공기를 이용하던 국내 이동고객이 철도이용객으로 전환되는 계기가 되었고, 동시에 열차 객실승무원이라는 직업도 주목을 받기 시작하였다.
- 열차 내 고객안내 서비스를 책임지는 열차 객실승무원은 기존의 고된 직업이라는 인식과 이미지가 있었음에도 불구하고, 많은 구직자들에게는 공공기관으로서의 안정적 고용과 좋은 복지제도, 근무의 유연성 등으로 인해 매력적인 직업으로 자리매김 되기 시작하였다.
- 철도 수요의 증가와 철도 운영사 및 노선의 확대 등으로 승무원 채용이 늘어남에 따라 열차 객실승무원에 취업을 희망하는 지원자도 해를 거듭할수록 증가되고 있다.
- 최근 2020년 상반기 채용 경쟁률이 약 100대 1을 넘었다.

2 열차 객실승무사업의 이해

승무원이라고 할 경우에 대부분의 사람들은 항공기승무원을 많이 떠올리나, 승무원의 사전적 정의는 '탈 것 등에 탑승하여 주어진 업무를 맡아서 하는 사람'을 통틀어 일컫는 단어이다. 탈 것의 종류에 따라 항공승무원, 철도승무원, 크루즈승무원이 있으며, 고속열차가 개통되면서 고속열차 객실 내 서비스승무원이라는 직업이 처음으로 생겼다. 최초 개통된 KTX고속열차 이전에도 여객열차 내 승무원은 있었으나, 서비스를 전담으로 하는 객실 내 서비스승무원은 2004년 고속열차 개통과 함께 시작이 되었다. 열차 객실 내 서비스 승무원은 KTX승무원, ITX-새마을승무원, SRT승무원, 관광열차승무원 등이 있다.

1 철도사업의 이해

1 용어의 정의

① 「철도사업법」 제2조에 '철도사업'은 다른 사람의 수용에 응해, 철도차량을 사용하여, 유상으로 여객이나 화물을 운송하는 사업이다.

② '철도사업자'는 한국 「철도공사법」에 따라 설립된 한국철도공사 및 철도사업 면허를 받은 자로서 한국철도공사를 비롯하여 (주)SR 또한 철도면허를 취득한 철도사업자에 해당된다.

③ '철도운수종사자'는 철도운송과 관련하여 승무 및 역무서비스를 제공하는 직원이라 규정하였고, 여기서 승무는 동력차 운전과 열차 내 승무를 의미한다.

④ 「철도안전법」에 의하면, 여객에게 승무서비스를 제공하는 사람을 '여객승무원'이라고 정의한다.

2 철도 사업자

① 철도 사업자에는 한국철도공사, (주)SR 두 기관이 있으며 이 기관들은 철도사업면허를 보유한 공기업이다.

② 철도사업자인 한국철도공사, (주)SR은 전문적인 서비스를 위하여 승무 인적 서비스에 관련한 부분은 직접 운영하지 않고, 이를 코레일관광개발에서 운영하고 있다.

3 열차 내 여객승무원

① 여객승무원은 한국철도공사 소속인 철도 여객전무나 열차팀장, (주)SR소속의 객실장, 코레일관광개발의 열차 객실 내 서비스승무원들을 포함하고 있다.

② 여객승무원으로 분류되어지는 '열차 객실(서비스)승무원'은 철도를 이용하는 여객에게 승무서비스를 제공하는 사람으로 여객 열차 객실 내 서비스 업무를 하는 승무원이다.

③ 열차 내 서비스 승무업무는 철도사업자인 한국철도공사(코레일)이나 (주)SR에 따라 다른 것이 아닌, 코레일관광개발에서 통합하여 별도 운영을 하고 있으며 열차 객실 서비스승무원은 코레일관광개발 소속의 승무원이다.

	한국철도공사	(주)SR	코레일관광개발(주)
철도사업 면허	보유	보유	없음
기관 성격	공기업	공기업	기타 공공기관
여객승무원 운영	열차팀장(시설, 안전업무)	객실장(시설, 안전업무)	승무원(서비스 업무)

* 코레일관광개발이 운영하는 승무사업은 KTX승무, ITX-새마을승무와 SRT승무, O·V트레인을 비롯한 여러 관광열차, 우리나라 최고의 호텔식크루즈 열차인 해랑열차와 바다열차 등이 있다.

2 고속철도 종류 및 노선

1 KTX

KTX는 Korea Train eXpress의 약자로 개통은 2004년 4월 1이며, KTX 종류에는 KTX(1), KTX-산천, KTX-원강이 있다. 여객승무원은 기장 1명, 열차팀장 1명이 승무하며, 열차 객실승무원은 KTX(1)는 2명, KTX-산천과 KTX-원강은 1명이 승무한다. KTX 노선은 경부선, 동해선, 경전선, 호남선, 전라선, 강릉선으로 총 6개의 노선을 운행하고 있다.

(1) KTX 노선

각 노선의 모든 역에 KTX가 정차하는 것은 아니며, 종착역까지의 빠른 운행을 위해 정차하지 않을 수 있다. 모든 열차가 정차하는 역은 경부선의 경우 서울, 대전, 동대구이며 호남·전라선의 경우 용산역과 익산역이다. 이러한 이유 등으로 거점이 되는 역에 KTX 기준으로 코레일관광개발의 KTX지사 및 사업소는 서울지사, 용산지사, 부산지사, 대구사업소, 익산사업소가 있다.

경부선	• 서울 → 광명 → 천안아산 → 오송 → 대전 → 김천구미 → 동대구 → 신경주 → 울산 → 부산 이 기본노선이다. • 서울출발이 아닌 행신출발의 경부선 열차와 영등포, 수원과 밀양, 구포로 우회하는 열차가 있다.
동해선	• 서울에서 동대구까지는 경부선과 동일하나, 동대구를 기점으로 포항 방향으로 운행하는 노선을 말한다.
경전선	• 동대구를 기점으로 밀양 → 진양 → 창원중앙 → 창원 → 마산 → 진주까지 가는 열차이다. • 동해선 이외에 서울역을 출발하여 동대구를 기점으로 분기되는 경전선은 서울에서 동대구까지는 동일하다.
호남선	• 행신 → 용산 → 광명 → 천안아산 → 오송 → 공주 → 익산 → 정읍 → 광주송정 → 나주를 경유하여 목포까지 운행한다. • 서대전 → 계룡 → 논산으로 우회하는 열차가 있다.

전라선	• 용산 → 익산까지는 호남선 노선과 동일하지만, 익산을 기점으로 분기되어 전주 → 남원 → 곡성 → 구례구 → 순천 → 여천 → 여수엑스포역까지 운행한다.
강릉선	• 서울을 출발하여 청량리 → 상봉 → 양평 → 만종 → 횡성 → 둔내 → 평창 → 진부(오대산) → 강릉역으로 운행하는 열차와 진부(오대산)에서 동해로 운행하는 열차로 구분된다.

●●TIP 그림으로 보는 KTX 노선도

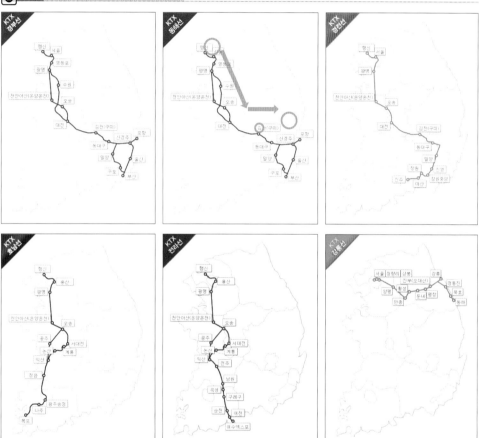

2 SRT

SRT는 Super Rapid Train의 약자로 개통은 2016년 12월 9일이며, 여객승무원은 기장 1명, 객실장 1명, 열차 객실승무원 1명이 승무한다.

(1) SRT 노선

SRT 노선은 경부선, 호남선 2개의 노선을 운행한다. 이중 SRT의 전용선 구간은 수서역에서 동탄–지제역까지이고, 나머지 다른 구간 역들은 한국철도와 공동으로 사용하는 구간 및 역이다. SRT지사는 수서지사, 부산사업소로 구분되어 있다.

경부선	• 수서 → 동탄 → 지제 → 천안아산 → 오송 → 대전 → 김천구미 → 동대구 → 신경주 → 울산 → 부산을 운행한다.
호남선	• 수서 → 동탄 → 지제 → 천안아산 → 오송 → 공주 → 익산 → 정읍 → 광주송정 → 나주 → 목포를 운행한다.

🚦 TIP 그림으로 보는 SRT 노선도

3 열차 객실승무원 직업의 이해

1 직업으로서의 열차 객실승무원

1 열차 객실승무원의 직업적 매력

① 2019년 교육부와 한국직업능력개발원에서 조사한 희망직업에서 대학진로 선택을 앞둔 고등학생들이 희망하는 직업으로 승무원이 8위, 공무원이 9위를 차지하고 있다.

② 통계자료에 따르면 앞으로 공공기관에서 운영하는 열차 객실승무원의 직업에 대한 관심은 점차 늘어날 것으로 보인다.

③ 열차 객실승무원이 가지는 직업적 매력과 함께 공공기관의 안정적 고용 및 복지, 수입 등은 충분히 매력적이다.

2 열차 객실승무원의 일자리 전망

① 2020년 상반기 열차 객실승무분야 채용 경쟁률은 KTX 기준 서울 – 부산지역이 약 170:1을 넘었다.

② 점차적으로 열차 객실승무원에 대한 관심이 높아지고 있으며, 향후 열차 객실승무원

에 대한 관심은 더욱 증가할 것으로 보인다.

③ 국민들의 여가에 대한 관심 및 해외여행보다 국내여행의 관심 증가 등은 열차 객실승무원 직업에 대한 긍정적인 영향을 주고 있다. 이는 열차 객실승무원이라는 직업적 매력과 공공기관의 안정적 운영이 바탕이 되고 있기 때문이다.

④ 2016년 수서고속철도의 개통, 2017년 강릉선 개통 등 새로운 노선과 열차들이 생김에 따라 열차 객실승무원의 고용이 점차 늘고 있다는 점은 긍정적 요소이다.

▣ 열차 객실승무원 서비스의 종류

열차 객실승무원이 제공하는 서비스는 제공자의 입장에서 인적 서비스와 심적 서비스로 구분한다.

인적 서비스	• 고객이 열차에 승차해서 목적지에 안전하게 도착할 때까지 제공하는 일체의 서비스를 말한다. • 다양한 고객의 기호에 각기 대응하여 세심한 서비스를 제공한다.
심적 서비스	• 마음에서 마음으로 전해지는 보이지 않는 서비스를 말한다.

* 심적 서비스는 대표적인 정서 노동업이라 할 수 있다.

2 ▶ 열차 객실승무원의 근무환경

과거 결혼과 함께 일을 그만두는 경우가 많았던 타 객실승무원과는 달리, 열차 객실승무원은 기혼자에게도 충분히 승무 업무를 할 수 있게 보장하고 배려하는 조직문화가 있어 승무원의 장기근무 추세가 확대되고 있으며, 이는 신규 고용창출에는 약간의 부정적 요소이지만 그만큼 열차 객실승무원이라는 직업이 장기적이고 안정적임을 나타내는 것이다.

▣ 열차 객실승무원의 기본정보

① 기본적으로 열차 객실승무원은 공개 경쟁채용을 원칙으로 코레일관광개발의 정규직으로 입사를 하며 근로계약에 따라 채용 후 3개월 이내의 수습기간을 둘 수 있다.

② 열차 객실승무원은 일반적으로 여성의 비율이 높고, 20대 후반, 30대 초반의 비율이 가장 많으며 학력은 대졸 비율이 높다. 여승무원이 많은 특성상 임신휴직, 육아휴직 등의 복지제도가 잘 갖추어져 있으며, 육아 휴직기간이 3년이라는 부분은 기혼 승무원들에게 큰 장점으로 작용하고 있다.

급여	• 기본급과 능력급에 식대, 상여금 포함 • 승무원의 경우 승무일정에 따라 제수당, 즉 승무수당이 발생될 수 있음 • 같은 직급의 승무원이라 하더라도 개인별 승무시간에 따라 급여가 달라질 수 있음
처우	• 열차 객실승무원이 임신을 할 경우, 임신 직후부터 산전·후 휴가 사용 전까지 휴직 가능 • 산후에도 법에서 정한 산전·후 휴가 및 육아휴직 사용 가능 • 산전·후 휴가는 90일이며, 육아휴직은 최대 3년까지 사용 가능

가족 친화 기업	• 코레일관광개발은 직원들이 직장업무와 가정일을 조화롭게 수행할 수 있도록 정책과 환경을 제공하는 기업이다. • 자녀출산 및 양육지원, 유연근무제도, 가족친화 직장문화조성 등 가족친화제도를 모범적으로 운영하는 기업으로 선정되어 근로자와 기업, 사회의 상생경영을 추진하고 있다.	

2 열차 객실승무원의 근로 특징 및 근무 스케줄

(1) 근로 특징

① 타 직업군과 달리 일정한 시간에 출퇴근해야 하는 업무 스케줄에서 벗어나 업무시간과 근무 장소가 유동적이다.

② 시간이 비교적 자유롭기 때문에 자기개발을 하거나, 취미·여가를 가지는 여유를 가질 수 있으며 일반 사무직처럼 업무를 제시간에 끝내지 못해서 하는 야근 및 잔업이 없다는 장점이 있다.

③ 근무 패턴이 일정하지 않기 때문에 밤에 출근하거나, 타지역에서 숙박하는 경우가 있고 주말이나 명절에 쉬지 못하는 경우가 생기는 것이 단점이다.

(2) 근무 스케줄

① 열차 객실승무원은 대략 한 달에 약 10일 휴무가 보장되어 있다.

② 열차 객실승무원은 월마다 개인별 승무근무표를 부여받고 근로일, 근로시간, 휴일 등을 확인할 수 있다.

③ 기본적으로 월 근무시간이 165시간 이하이며, 165시간을 초과하는 경우는 연장근무시간에 해당된다. 연장근로 시에도 법정 근로시간 및 운영규정을 준수한다.

④ 월 승무근무표는 전월 25일 경 확인할 수 있으며 사전에 개인적인 일정이 있을 경우에는 조율이 가능하다.

3 열차 객실승무원의 복지

(1) 보듬센터 운영

① 코레일관광개발은 직원들의 건강증진을 위하여 보듬센터를 운영하고 있다.

② 보듬센터에는 기업의 보건관리자가 항상 상주하고 있으며, 직원들의 건강상담 및 금연클리닉, 스트레스 클리닉 등 건강증진 프로그램과 함께 유행성 질환관리까지 체계적으로 이뤄지는 건강교육 프로그램 등을 갖추고 있다.

(2) 수다방 운영

① 코레일관광개발은 직원들을 위한 네일아트 및 피부관리 '수(手)다방'을 운영하고 있다.

② '수(手)다방'에서 네일아트 서비스를 제공하는 아티스트들은 한국장애인고용공단으로 부터 관련 분야 우수인재로 추천을 받아 채용된 청각장애인이다. 네일아트

서비스로는 기본적인 네일케어 및 영양부터 젤 제거와 컬러링서비스까지 제공하며 피부관리 서비스는 얼굴, 목 등의 마사지 서비스를 제공한다.

③ 직원들의 사내 복지를 위해 마련된 '수(手)다방'은 직원들에게 가장 인기가 좋은 복지이다. 또한 장애인 고용촉진으로 장애인들이 사회의 한 구성원으로 더불어 살아갈 수 있는 좋은 사회를 만드는 역할까지 하고 있다.

4 열차 객실승무원의 어려운 점

① 열차 내 제한된 환경에서 제공하므로 서비스의 제약이 크다.

② 제한적인 공간이라는 특성이 있어 제한적인 서비스가 제공될 수 밖에 없기 때문에 좀 더 고객을 배려하여 표현해야 한다.

③ 다른 서비스보다 승무원 서비스업무가 좀 더 마음을 많이 써야 하는 어려움이 있다.

④ 대표적 정서 노동업의 하나인 승무 업무는 심적 서비스가 직무의 큰 부분을 차지하고 있으며, 자신의 감정조절 없이는 수행하기 어려운 직무이다.

TIP **정서 노동업의 감정 관리**

열차 객실승무원은 개인의 독립적인 공간 없이 지속적으로 고객에게 노출되는 근무 환경에서 끊임없이 정서적 활력을 유지해야 하기 때문에, 다양한 정서와 감정에 대하여 스스로 노력해야 하며 건강을 유지하기 위한 철저한 자기 관리도 필요하다.

자신에게 열차 객실승무원이라는 직업이 왜 중요한지, 직업을 통해 이루고자 하는 것이 무엇인지 등에 대해 스스로 생각해 보자.

1 왜 열차 객실승무원이 되고자 하나요?

- 미생에 나오는 장백기의 독백처럼 기획안은 모든 이해관계인을 설득해야 하며 그 시작은 바로 자신이 되어야 함을 생각해 보자.
- 자신이 왜 열차 객실승무원이 되어야 하는지 그 이유를 스스로 설득할 수 있다면 다른 사람도 설득 할 수 있으므로 자신이 열차 객실승무원이 되려는 이유에 대해 생각해 보자.

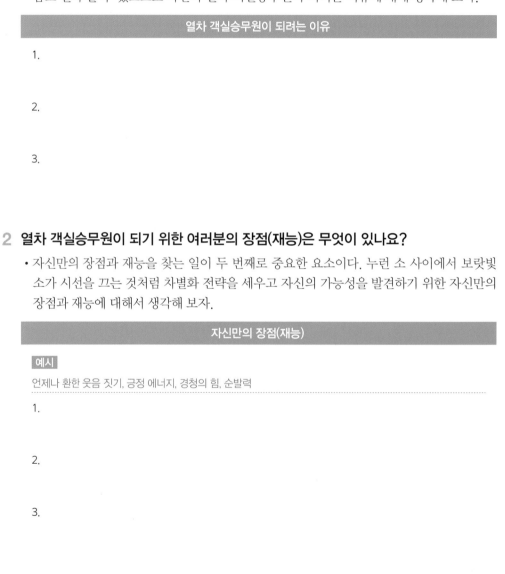

열차 객실승무원이 되려는 이유
1.
2.
3.

2 열차 객실승무원이 되기 위한 여러분의 장점(재능)은 무엇이 있나요?

- 자신만의 장점과 재능을 찾는 일이 두 번째로 중요한 요소이다. 누런 소 사이에서 보랏빛 소가 시선을 끄는 것처럼 차별화 전략을 세우고 자신의 가능성을 발견하기 위한 자신만의 장점과 재능에 대해서 생각해 보자.

자신만의 장점(재능)
예시
언제나 환한 웃음 짓기, 긍정 에너지, 경청의 힘, 순발력
1.
2.
3.

3 열차 객실승무원이 되고자 하는 꿈을 위해 어떤 노력을 하고 계신가요?

• 스스로 역량을 갖추기 위하여 구체적으로 어떤 노력을 하고 있는지 생각해 보자.

꿈을 이루기 위한 노력

예시

열차 객실승무원에 대해 스스로 알아보기, 철도서비스전문가(아카데미)과정 수료, 체험 아르바이트, 공모전 도전 등

1.

2.

3.

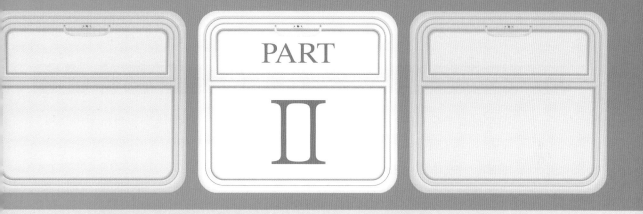

PART II

열차 객실승무원의 서비스

고객서비스(CS)

핵심 포인트
- 고객만족 서비스의 중요성을 인식한다.
- 고객과 효과적 상호작용을 통해 고객만족을 유도하는 서비스인의 역량을 갖춘다.
- 고객만족을 주도하는 서비스인의 마인드와 태도를 이해한다.

1 고객서비스의 이해

'단순히 물건을 구매하는 것이 아닌 서비스를 구매하는 시대가 되었다' 라는 말이 있다. 오늘날, 제조업에서 서비스업으로의 경제적 변화를 통해 서비스가 강조되면서 고객이 상품을 구매할 때 다른 어떤 것보다도 서비스에 대한 부분을 중요시 여기는 상황에 걸 맞게 현대 경제는 '서비스 경제'라고 말할 수 있다.

1 서비스의 개념

1 서비스의 정의

서비스란 무엇인가? 라는 질문에 친절, 봉사, 미소, 상대방에 대한 배려라고 대답하는 이들이 있지만 서비스는 이와 같이 단순히 정의내릴 수는 없는 것이다. 서비스는 무형 의 상품, 판매와 연계된 활동 및 편익, 고객의 문제해결 등 조금씩 다른 개념으로 여러 분야에서 사용되고 있다.

2 시대에 따른 서비스 정의의 변화

① 서비스는 시대의 흐름에 따라 약간씩 정의가 변화되었다.
② 서비스의 어원은 라틴어 'servitium'으로 '노예의 봉사'라는 의미를 가지고 있다.
③ 21세기 서비스는 무형적 성격을 띠는 일련의 활동으로 고객과 서비스 직원의 상호관 계에서 발생하며 고객이 원하는 것을 원할 때, 원하는 방법대로 제공해서 만족을 드 리는 것이라 정의하고 있다.

🚋 학자에 따른 서비스의 정의

분류	학자	정의
서비스 속성에 따른 분류	J.M. Rathmell (1966)	서비스란, 시장에서 판매되는 무형의 제품이다. 이때 유형과 무형의 구분 방법은 손으로 만질 수 있는가의 여부이다.
서비스 활동에 따른 분류	AMA (1966)	서비스란, 판매를 위하여 제공되거나 혹은 상품 판매에 수반되는 모든 활동으로 통신, 수송, 이용고객 서비스, 수선 및 정비서비스, 신용평가 등을 말한다.
	L.L. Berry (1980)	산출물이 유형재나 구조물이 아니며 생산시점에서 소멸되며 구매자에게 무형적 형태의 가치를 제공하는 활동, 퍼포먼스 또는 노력이다.
기타 정의	이유재 (2007)	무형적 성격을 띠는 일련의 활동으로서 고객과 서비스 종업원의 상호관계에서 발생하며, 고객의 문제를 해결해 주는 것이다.
	E.K. Harris (2010)	고객을 위해 고객 경험을 고양시켜 주는 모든 일이다.

🚦 TIP 서비스

- 서비스는 고객이 원하는 것을 이루기 위해 고객의 문제를 해결하고, 긍정적 경험을 제공하기 위한 모든 활동으로 고객만족 경험을 높이기 위한 것이다.
- 요즘 고객들은 아무리 상품이 좋더라도 구매과정이 복잡하거나, 문제가 발생했을 때 해결이 번거롭거나 어려우면 그 상품을 다시 선택하지 않는다.
- 상품이 선택되는 모든 경험들, 매장 위치의 근접성, 판매직원의 빠르고 정확한 안내, 쉬운 결제방법, 배려해 주는 환대 등 이 모든 것을 서비스라고 할 수 있다.

3 서비스 이해의 중요성

① 서비스를 성공적으로 수행하기 위해서는 서비스의 정의를 명확하게 이해할 필요가 있다. 막연하게 서비스를 친절이라고 생각하는 서비스인이 있다면 잘못된 생각이다.

② 서비스의 근본적인 목적과 본질을 제대로 이해하지 못하면 잘못된 서비스를 시행할 가능성이 높아지고, 잘못된 개념 정립은 잘못된 서비스를 수행하게 된다.

③ 열차 객실승무원이 제공하는 열차 내 서비스가 무엇인지, 어떤 목적을 가지고 있는지를 명확하게 이해해야 한다.

레스토랑 서비스

레스토랑이나 식당에 방문하여 식사를 마칠 즈음, 가끔 점원이 다가온다.

점원 : 다 드셨으면 치워드려도 될까요?

손님 : 아, 네… 그러세요. (속마음은 꼭 그래야 하나요?)

　　　점원은 묵묵히 테이블을 정리하고 나가지만 나의 마음은 뭔지 모르게 불편하다.

상황 분석 **서비스 목적과 본질**

위 사례는 서비스 목적과 본질을 이해하지 못한 사례에 해당한다. 사례와 같이 아무것도 없는 테이블에 덩그러니 앉아 있기 쑥스러워 바로 자리에서 일어나게 된 경험을 누구나 한번쯤 해 보았을 것이다.

식당에서 식사 후 테이블을 정리하는 이유는 손님을 빨리 보내기 위해서도, 테이블을 빨리 정리하기 위해서도 아니다. 우리가 테이블 정리 서비스를 하는 이유는 식후에 고객이 같은 자리에서 편안함을 느낄 수 있도록 방해되는 것을 치우기 위한 서비스이다.

서비스의 목적을 정확히 이해하고 있다면, 고객이 조금 더 편안함을 느낄 수 있도록 응대해 주거나 차나 음료를 한잔 더 대접하는 것이 좋을 것이다.

승차권 안내 서비스

다른 교통수단과 달리 열차는 개표 개방이 되어 있어 열차 내 좌석에 앉을 때까지 승차권에 대한 확인 작업을 하지 않는다. 자리에 앉아있는데 승무원이 승차권을 확인한다.

분명 제대로 앉았다 생각했는데, 날짜를 착각하여 하루 지난 승차권이란다.

승무원이 무임승차라며 부가금까지 내야 한다고 말하며 인정하지 않을 경우 역에 인계할 수 있다고 한다.

상황 분석 **승차권 확인의 근본적 목적**

승차권을 확인하는 근본적인 목적은 승무원의 검표업무 때문만은 아니다. 물론 정당하지 못한 승차권 악용에 대한 개도 목적도 있겠지만, 본질적으로는 고객의 문제를 해결하기 위한 서비스를 제공하기 위해서이다. 고객의 상황에 대하여 승무원이 도와드릴 사항은 없는지 등 고객의 문제를 해결하는 데 목적이 있다.

🚦**TIP** **열차 객실승무원의 객실 순회 목적**

- 쾌적하고 안전한 객실 환경을 조성하고 승무원의 도움을 필요로 하는 고객들이 계시는지, 문제가 있다면 개선하고자 순회를 한다.
- 승무원들은 순회를 하며 열차 객실 내의 전반적인 상황을 파악하고자 하는 서비스의 목적을 정확히 이해하지 못하고 단순히 검표 등을 목적으로 순회하고 있는 건 아닌지 등을 항상 점검해 보아야 한다.

2 서비스의 특성

1 서비스의 4가지 특성

서비스는 다음과 같은 4가지 특성인 무형성, 동시성 또는 불가분성, 이질성, 소멸성으로 인해 간단히 정의하기 어렵고 모호한 부분이 있다.

(1) 무형성(Intangibility)

① 무형성 서비스는 형태가 없어 눈에 보이지 않는다.

② 경험 전 까지는 그 내용과 질을 판단하는 것이 매우 어렵다.

③ 객관성이 없으므로 주관적 의미가 강하다.

(2) 동시성 또는 불가분성(Inseparability)

① 서비스는 대부분 상호적으로 동시에 일어난다.

② 미리 제품을 만들고, 준비를 하여 고객이 오시면 바로 제공할 수 없다.

③ 고객 응대의 경우는 Case by Case 라는 표현을 많이 사용한다. 즉 모든 경우마다 상황이 다르며 고객의 욕구가 달라 사전준비가 어려우며 그때 사정에 맞추어 제공하게 된다.

(3) 이질성(Difference)

① 서비스는 사람, 장소, 상황에 따라 달라질 수 있어 동일하지 않고 다를 수 있다.

② 서비스인에 따라 서비스가 다를 수 있고, 같은 서비스인이라 하더라도 환경에 따라 서비스가 달라 질 수 있다.

③ 최소한의 서비스규정과 매뉴얼을 지정하여 기본적으로 실천하고 있다.

＊ 표준화된 매뉴얼로 서비스의 이질성을 보완하고 있다.

(4) 소멸성(Extinction)

① 서비스는 고객과 만나는 접점 선상에서 일어나는 경험이며, 저장할 수 없다.

② 서비스 제공시간이 지나면 사라진다는 의미이다. 즉, 서비스는 그 순간이 지나면 바로 소멸한다.

예 만석의 열차 안, 간단한 질의와 개인적 도움을 요청하는 고객이 있었다. 긴급한 고객요청으로 잠시 후 도와드리겠다 말한 후, 다시 들어갔을 때 고객은 중간역에서 내리고 없는 상황, 서비스는 제공시간이 지나면 사라진다.

3 서비스 모호함 극복을 위한 노력

서비스 특성상 서비스를 명확하게 개념화하기 어렵다. 개념화되지 않고 모호한 것은 관리가 어렵기 때문에 이를 극복하고자 각 기업들은 서비스를 유형화하고 정형화시키려고 노력한다. 열차 내 서비스도 크게 다르지 않은 상황으로 서비스 정의의 모호함을 극복하기 위해 많은 노력을 하고 있다.

① 기본적인 서비스 품질이 일정부분 이상 동일하게 제공될 수 있도록 서비스 매뉴얼을 구체적으로 만들어 학습한다.

② 서비스의 무형적 특성을 극복하고자 유니폼을 변경하거나 어피어런스 강조 등 '보여지는 서비스'를 실현할 수 있도록 노력한다.

③ 서비스제공자의 역량이 굉장히 중요하기 때문에 열차 객실승무원의 채용과 선발에 고심과 신중을 기하고, 역량 향상을 최우선으로 생각한다.

④ 신입 열차 객실승무원들 대상으로 OJT 교육과 멘토로부터 서비스 및 업무 태도와 자세에 대한 지도와 조언을 받는 멘토링 제도를 운영한다.

⑤ 고객의 의견과 고객중심의 서비스를 실천하기 위하여 고객으로부터 받은 칭송, 불만 서신 항목을 체계화하여 관리한다.

😊 싹싹한 1-2-3 대면 서비스

1분 객실에 머무르기	**2명의 고객과 스몰톡 하기**	**3번 눈맞춤 하기**
순회 시 너무 빠른 속도가 아닌 객실 내 1분간 머무르며 고객을 세심히 살피기	스몰톡을 통하여 친근함의 표현 및 쾌적성 확인, 고객에게 관심 갖기	불편한 고객은 없는지 다시 한번 확인하기 위해 열차 객실 내 3번 눈맞춤 하기

2 고객만족 서비스

1 고객의 이해

■ 오늘날의 고객

최근 경영환경의 가장 큰 특징으로는 인터넷을 통한 방대한 정보가 고객에게 실시간으로 제공되고 있기 때문에 기업이 가지고 있는 정보와 선택권이 고객으로 이동하고 있으며, 질 좋은 상품과 서비스가 과잉공급되고 있다는 것이다. 이로 인해 고객은 질 좋은 서비스를 경험할 수 있는 기회가 많아지고 있으며, 대형화, 고급화, 집단화되어 가고 있어 고객의 요구에 따른 맞춤 상품과 서비스 정보가 제공되지 않으면 고객의 마음을 사로잡기 어려운 상황이다. 따라서 오늘날 고객은 단순히 기업 소비의 대상자가 아니라 이제는 소비의 주체이고 기업의 생존을 좌우하는 최대 주주로 우뚝 서면서 시장의 흐름을 주도하는 존재이다.

좁은 의미의 고객	넓은 의미의 고객
자사의 상품을 구매하는 고객과 이용할 가능성이 있는 잠재고객	상품을 생산하고 이용하며 서비스를 제공하는 일련의 과정에 관계된 자기 이외의 모든 사람 (내부·외부고객)

2 고객의 특성

우리나라의 서비스 출발점은 오래되지 않았으며 고객이라는 단어를 사용한 지도 얼마 되지 않았다. 하지만 소비자가 단순히 상품을 선택하고 구입하는 대상자에서 상품에 대한 권리를 주장하고 의무를 주장하는 고객이 된 과정은 어떤 상품이나 기업보다도 빠르게 고객의 머릿속에 자리를 잡았다. 이제 고객은 어떤 서비스를 받든지 자신만의 목소리를 내기 시작하였으며 처음에는 단순히 친절하고 상냥한 서비스만으로도 만족하지만, 지금은 무엇이든 알아서 해주고 자신의 사정과 마음을 다 알아주길 바라면서, 문제도 해결해 주는 서비스인을 원한다.

(1) 고객은 언제든지 변심한다.

고객이 승차해서 좌석에 앉을 때, 화장실을 이용하거나, 도착해서 내릴 때까지 전반적으로 서비스에 대하여 만족하고 집으로 귀가 한 후 집에 도착해 보니 귀중품을 열차 내 좌석 앞주머니에 놓고 온 것 같아 전화문의를 하였는데 문의에 대한 처리가 만족스럽지 않았다면 그 전의 모든 상황과 경험은 잊고 불만족으로 변심한다.

(2) 고객은 사소한 부분에 감동하기도 불만을 느끼기도 한다.

고객이 기대하는 서비스는 거창하지 않다. 자신을 조금 더 챙겨주는 아주 사소한 모습에 감동하고, 나에게 무성의하다고 느끼면 바로 불만을 느낀다.
간이석에 앉아계시는 고객을 기억하고 다시 돌아와 좌석이 있으니 그 좌석에 동대구까지 앉아가도 된다고 말하는 승무원의 사소한 안내에 고객은 감동하기도 한다.

(3) 고객은 감성서비스를 원한다.

감정을 들어주고 감정을 공유하는 것이 최고의 서비스이다. 입석이라 서서 가고 있는 고객에게 "고객님, 오늘 만석의 열차라서 다리 아프시죠? 대전에서 많이들 하차하니 그때 자리 안내해 드릴게요. 그때까지만 조금 참으세요."라고 말하는 객실승무원에게 고객은 고마움을 느낀다. 승무원의 말 한마디로 고객은 서서 가야하는 시간의 고단함을 덜 느낄 수 있게 된다.

(4) 고객은 서비스 경험 후 반드시 반응을 보인다.

> 고객은 서비스에 대해 민감하기 때문에 좋은 서비스에 대해서는 칭찬을 아끼지 않고 불쾌했던 서비스에 대해서는 다른 사람에게 전달하는 특성을 가지고 있다.
> 고객의 속성은 어제 했던 행동을 오늘 그대로 하지 않으며 사소한 것을 원하지만 느낀 감정에 대해서는 바로 평가를 하고 주변에 알린다.

2 고객만족 서비스

1 고객만족의 정의

고객만족(customer satisfaction)이란 고객과 기업과의 상호작용에서 고객이 느끼는 총체적 기쁨을 말하며 고객만족에 대한 정의를 방정식처럼 표현하기도 한다.

① 고객은 기대하는 것이 있다. 서비스를 경험한 후 자신이 기대한 것보다 좋았을 수도 있고 좋지 못할 수도 있다. 고객은 사전에 자신이 기대했던 것 이상의 서비스를 제공받았을 때 만족을 느낀다. 기대했던 것 정도의 서비스나 그보다 못한 서비스 일때에는 만족이나 불만족이 없는 무(無)만족 또는 불만족이라 표현할 수 있다.

② 고객만족은 고객이 기대하는 바와 고객이 느낀 차이를 반영하며 고객의 만족감은 즉각 일어날 수도 있고 일정기간 동안 서서히 커 나갈 수도 있다.

🚂 고객만족 = 고객의 사전 기대 〈 서비스 경험

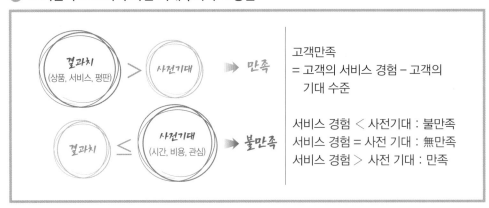

🔋 TIP 고객만족을 위한 서비스 경험 관리 필요

- 고객은 자신의 경험(여행, 레스토랑 방문 등)을 돌이켜 생각해 보고, 그것이 좋은 경험이였는지 아니였는지를 판단하여, 그 결과로 서비스의 만족도를 판단한다.
- 열차 객실승무원으로서 고객에게 정보를 제공하고, 문제를 해결하도록 도와준다.
- 가능한 고객의 스트레스를 줄이고 좋은 경험을 하게 해준다.

2 고객만족의 3요소

고객만족에 직접, 간접적으로 영향을 미치는 3요소로 상품, 서비스, 기업 이미지가 있다.

(1) 직접적인 영향 요소 – 상품, 서비스

① 구매한 상품의 품질, 성능, 기능, 가격 등과 같은 상품의 하드웨어적인 요소

② 상품의 디자인, 브랜드, 편리성, 색상 등 소프트웨어적인 요소

③ 호감이 가는 인테리어, 쾌적한 분위기, 서비스인의 용모, 복장, 응대 매너, 구사 언어, 상품 지식, 신속한 문제해결 능력 등

(2) 간접적인 영향 요소 – 기업 이미지

각 기업의 적극적인 사회공헌 활동이나 기업 이미지 등이 있다.

😀 고객만족의 3요소

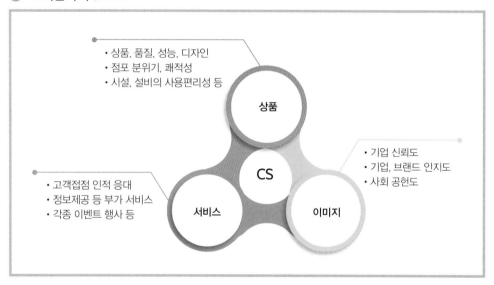

3 고객만족 서비스의 개념

오늘날의 고객은 5년 전의 고객보다 많은 지식과 정보를 가지고 있다. 그들은 제품의 기능에 대해 많은 정보를 알고 있기 때문에 만족스럽지 않은 서비스를 받았을 경우 서비스가 더 좋은 곳으로 미련 없이 이동한다. 아울러 어떤 상황에 대한 불만족을 표시하면 더 나은 해결책이 나올 것이라는 점도 이미 알고 있다. 따라서 고객은 자신이 기대한 바 이상을 느꼈을 때 '만족하다'라는 감정을 느끼므로 고객만족 서비스란 고객에게 고객이 기대한 바 이상의 좋은 경험과 느낌을 줄 수 있는 서비스이다.

고객만족을 이끄는 인적 서비스

1 접점직원의 역할과 중요성

① TARP(Technical Assistance Research Program)의 조사에 따르면 변심한 고객의 68%가 인적 서비스에서 제대로 대우받지 못한 부분을 원인으로 밝혔으며, 인적 서비스에 대한 불만에 대해 고객들은 더욱 강한 부정적 이미지를 갖게 된다고 한다 . 이러한 이유로 서비스 산업에서 고객을 직접 만나는 접점직원들의 역할과 중요성은 매우 크다고 할 수 있다.

② 여객운송 서비스는 유형적 요소보다 무형적 요소가 더 많은 산업이기 때문에 인적자원에 대한 의존도가 높다. 따라서 열차 내 서비스를 담당하는 승무원이 열차의 서비스 품질을 좌우하는 중요한 요소가 된다.

③ 열차 내 고객들의 칭송레터를 보면 80% 이상이 인적 서비스에 대한 만족을 나타내고 있다. 다른 요소들에서도 간접적인 영향을 받을 수 있지만, 결정적으로 승무원의 서비스에 만족하여 좋은 경험을 한 것이다.

④ 서비스 분야에서는 접점직원의 역할이 매우 크다. 다른 모든 요소들이 완벽하더라도 접점직원의 역할이 부족하면 그 서비스는 좋지 못한 서비스가 되는 반면 다른 것들이 부족해도 서비스인의 노력으로 극복되는 경우가 많다. 이러한 이유로 서비스인의 역량과 자질, 서비스 마인드, 응대 태도의 중요성은 강조되고 있다.

🚦 **TIP** 접점직원 역할의 예시

배가 고파 식사를 하기 위해 음식점에 방문하였다.

기대한 것 이상으로 인테리어도 마음에 들고, 맛도 좋은 편이고, 가격도 상당히 괜찮다 싶었는데 반찬을 더 달라는 요청에 직원이 반말을 하는 건지, 무시하는 듯한 응대 태도가 영 별로인 경우 순간 마음이 상하고, 갑자기 음식 맛도.분위기도 별로라는 생각이 들면서 다시는 방문하기 싫어지는 경우가 있다. 위의 사례와 같이 고객은 자신이 어떤 대우를 받고 있는가를 경험하게 되고 그 경험은 강한 기억으로 남게 된다. 이 기억은 고객이 그 기업과 관계를 하는 동안 또 관계유지를 계속적으로 할지 말지를 판단하는 데에 직접적인 영향을 주게 된다.

2 고객만족 원칙 10계명

고객을 만족시키려면 고객의 심리를 이해하는 것에서부터 출발해야 한다. 사람의 심리는 복잡하고 다양하기 때문에 여러 측면을 복합적으로 고려해야 하며 물리적 체험, 기억보다는 심리적인 것이 훨씬 더 오래 기억되고 강하게 남는다.

(1) 고객을 알아보아야 한다.

① 고객서비스의 가장 기본 원칙은 고객을 알아봐주는 것이다.

② 열차 객실승무원들이 순회를 할 때 고객과 눈이 마주치는 경우가 있다. 이때 그냥 눈을 먼저 돌리고 지나칠 것이 아니라, 살짝 눈인사를 하며 "객실 온도는 괜찮으세요?" 또는 "고객님 제가 뭐 좀 도와드릴까요?"라고 말하며 고객에게 친근하게 다가가는 태도가 중요하다.

(2) 첫인상을 좋게 해야 한다.

① 고객에게 첫인상이 나쁘면 이를 만회할 기회가 잘 오지 않고, 아무리 좋은 서비스를 제공해도 선입견을 가지게 된다.

② 열차 객실승무원은 긍정적 감정 상태에서는 모든 정보처리가 긍정적 속성에 주의를 기울이고, 부정적 감정 상태에서는 모든 나쁜 부분만 눈여겨 보는 인지적 특성을 가지고 있다. 열차 객실 서비스를 보면 같은 공간 내 승무원과 고객이 접점하는 횟수가 적은 편이다. 따라서 고객이 열차 객실승무원에게 있어 좋은 첫인상을 느꼈다면 마지막까지 좋은 감정을 느낄 확률이 훨씬 더 높게 된다.

(3) 고객의 기대에 부응해야 한다.

① 고객은 열차 객실승무원의 업무 매뉴얼, 제도, 업무절차를 알고 싶어하지 않는다. 단지 고객들은 그들이 원하는 것을 해결해 주기를 원한다. 특히 매뉴얼 외적인 친절에 훨씬 더 큰 고마움을 느낀다.

② 열차 객실승무원의 경우 고객에게 운임에 대한 규정이나 제도를 설명해야 하는 경우가 많지만, 단지 매뉴얼 응대가 아닌 고객입장에서 좀 더 유리한 방향과 할인혜택 등을 안내한다면, 같은 방향을 보는 내 편이라고 생각하고 좀 더 긍정적인 느낌을 갖게 된다.

(4) 고객의 수고를 덜어 주어야 한다.

고객은 가능한 적은 시간과 노력을 추구하고자 하는 경향이 있다. 따라서 최대한 쉽고 빠르게 서비스를 제공하는 것이 좋다.

(5) 고객의 의사결정을 촉진해야 한다.

고객은 생각보다 결정하기를 주저하며 결정을 내리기 위해 추천이나 권유를 기다리고 있는 경우가 많으므로, 이때 고객들의 의사결정에 도움을 주어야 한다. 여기서 중요한 점은 승무원 입장에서의 편의가 아닌 고객 입장에서 편의를 생각하고 결정에 도움을 주어야 하는 것이다.

(6) 고객의 관점에서 바라보아야 한다.

아무리 서비스가 우수하고 좋더라도, 고객이 아니라고 하면 좋은 서비스라고 할 수 없으므로, 고객의 관점에서 바라보며 공감하고 인정해 주어야 한다.

(7) 고객의 시간을 관리해야 한다.

① 같은 시간이지만 서비스인과 고객이 느끼는 시간 차이는 상당히 다르다고 한다. 고객은 기다리며 보내는 시간을 실제보다 4배나 더 길게 느낀다고 한다.

② 대기가 필요할 경우에는 대기시간을 미리 알려 주거나, 편안히 대기할 수 있는 장소를 제공해 주어서 같은 기다림이더라도 조금 더 긍정적인 감정을 느낄 수 있도록 하는 것이 중요하다.

(8) 고객에게 좋은 기억과 경험을 하게 해 주어야 한다.

여행을 다녀오면 여행의 순간순간 모두가 만족할 수는 없다. 여행의 모든 순간이 100% 만족되지 않았더라도 열차 객실의 서비스 현장을 떠날 때 좋은 기억으로 남을 수 있도록 관리해야 한다.

(9) 나쁜 경험은 오래 기억됨을 기억해야 한다.

고객은 좋은 경험보다는 나쁜 경험을 더 오래, 더 생생하게 기억한다. 따라서 불만고객이 발생했을 때 반드시 관리해야 하며, 서비스 회복노력을 반드시 해야 한다.

(10) 고객의 기대를 고객접점 상황에서 꼭 리마인드 해야 한다.

열차를 이용하는 고객들이 무엇을 기대하며 승무원을 바라보는지, 승무원에게 어떤 마음가짐과 태도를 원하는지 기억하여 고객이 지불한 요금과 투자에 비해 더 많은 가치를 느끼고 떠날 수 있도록 관리해야 한다.

사연 1 행복한 추억을 만들게 해주신 분

고객의 글

거의 처음으로 하는 가족여행을 위해 많은 것을 준비했습니다. 만반의 준비를 했지만 역에 오는 중 아이가 멀미를 해서 뒤처리에 온 신경을 쏟다가, 늦을 뻔 했죠. 전 아이를 안고 신랑은 캐리어를 들고 9시 열차가 맞는지 승무원에게 확인하고 겨우 열차를 탔습니다. 좌석을 확인하려고 하는데, 승차권이 어디 갔는지 도저히 모르겠는 거예요. 가족 모두의 승차권을 제가 가지고 있었는데... 승차권을 잃어버렸으니 다시 승차권을 끊어야 하나, 돈이 얼마인가, 내려야 하나, 시작도 하기 전에 이 가족여행을 다 망친 것 같아 속상하고 어찌해야 할 바를 몰랐죠. 그러던 중 승무원이 제게 다가오는 거예요. 승차권이 없어서 검사하러 오는 것 같아서 걱정스럽게 제 사정을 이야기 했더니. 바로 걱정하지 말라며 간이석 자리에 앉아 우선 숨을 돌리라 말하며, 해결할 수 있으니 잠시 기다리라고 했어요. 별 생각을 다 하며 이야기 했는데 따뜻하게 돌아온 대답에 우선 마음이 놓이고 너무 고맙더라구요. 몇가지 확인을 통해 승차권 내역을 확인할 수 있었고 좌석 안내도 받았습니다. 조금 지나자 다시 온 승무원이 이번 역부터는 좌석이 여유가 많으니 역방향이 아닌 정방향 좌석으로 이동하여 앉아도 된다고 안내해 주더라구요. 아이가 멀미를 해서 정신이 없었다고 주저리주저리 제 사정 이야기했던 것을 기억하고 다시 와서 안내해주신 거죠. 너무 감사함을 느꼈습니다. 오늘 경험한 열차 서비스 잊지 않을께요. 덕분에 가족여행 너무 행복하게 잘 다녀왔어요. 감사합니다.

달리고 있는 열차 내에서 고객에게 문제가 발생되면 그 문제의 크기에 상관없이 그 부분을 가장 빠르게 해결해 줄 수 있는 사람이 열차 객실승무원이다. 열차 객실승무원은 늘 고객이 곤란한 상황에 대해 고객의 입장에서 해결해 주려고 노력하고 있다.

사례와 같이 여행 중에 실수로 가족들에게 난감한 상황이 일어났으나, 승무원의 빠른 업무 처리로 가족은 즐거운 여행을 할 수 있게 된 것이다. 이와 같이 특별하지 않아도 승무원의 공감 능력과 능동적 태도, 작은 배려만으로도 고객들은 만족하고 행복감을 느낄 수 있다.

사연 2 귀경의 고단함을 기쁘게 만들어준 분

고객의 글

어김없이 다가오는 설을 올해도 무사히 보내기 위해 KTX 예매, 수없는 클릭을 했지만 돌아온 건 매진이라는 문구였습니다. 급한 대로 KTX에서 누리로 입석으로 환승하는 표를 구했지만 3시간 입석이 힘들게 느껴졌습니다. 일단 KTX를 타고 객실승무원에게 부탁이나 한번 해 보자. 생각했죠. 출발하자마자 사정 이야기를 하고 KTX를 내리지 않고 쭉 타고 갈 수 있는 방법을 물으니 잠시 기다리라는 안내 후 종이에 이런저런 계산한 것을 보여주며 안내 해 주었고 그렇게 카드 결제까지 마치고 나니 전 마음이 한결 편해졌죠. 그런데 지켜보니 비슷한 요청을 하시는 분들이 꽤 많이 있더라구요. 한분 한분 계산하고 결제 받고 안내하는 것이 쉽지도 않아 보였고, 고객이 앉아 있지만 객실승무원은 통로에 쪼그리고 앉아 응대하는 모습이 많이 힘들어 보였습니다.

그래도 한분 한분 성심껏 대해 주는 모습은 정말 보기 좋았습니다. 이후에도 귀경길 복잡한 열차에서 고객 하나 하나 눈 맞추며 미소를 잃지 않는 모습이 인상깊었습니다. 많은 사람들의 요구에 응대하느라 빨갛게 상기된 얼굴에서도 미소를 항상 머물고 있더라구요. 광명에서는 많은 손님들이 내리자 복도에 있는 분들에게 아무자리나 앉아도 되니 조금이라도 편하게 가시라는 안내까지 잊지 않았습니다. 마지막 역에 도착할 때 즈음, 복도에 계시는 분들 고생 많으셨다고 마무리 인사까지 하는데 그 승무원을 보고 업무, 서비스. 어느 하나 흠잡을 곳이 없다는 생각이 들었습니다. 마지막에 댁에 잘 가시라며 남은 연휴도 즐겁게 보내시라는 인사까지 해 주시니 귀경길의 고통은 온데 간데 없고 따뜻한 마음만 남았습니다. 세심한 배려와 미소 덕분에 기분 좋은 정초를 맞이할 수 있었고, 그날 그 승무원과 함께한 열차에 모든 고객들도 따뜻함과 편안함을 느꼈을 것이라 믿습니다. 적극적인 업무 자세와 따뜻한 미소, 그리고 오히려 힘들어하는 고객들에게 미안해 하는 모습에 다들 힘든 귀경길이지만 불쾌함을 느낀 고객은 없었을 겁니다.

다시 한번 고단했던 귀경길을 따뜻함으로 기쁘게 만들어준 승무원님, 고맙습니다.

입석으로 힘든 고객에게 "오시느라 많이 힘드셨죠?"와 같이 고객의 마음을 먼저 헤아리고 위로가 될 수 있는 말 한마디를 건네는 객실승무원 모습에 고객들은 마음이 따뜻해진다. 고객 접점 서비스는 접점마다 모두 중요한 포인트가 존재하지만 그 중에서도 초기 응대와 마무리 응대가 매우 중요하다.

3 열차 객실승무원의 서비스 마인드와 태도

다른 직업군에서도 마찬가지겠지만 특히 열차 객실승무원에게 가장 중요한 것은 마인드이다. 마인드가 좋아야 뭐든 잘 해나갈 수 있다. 흔히 마음가짐을 '마인드'라 하고 마음가짐에 따라 나오는 행동을 '태도'라고 한다.

1 성공하는 승무원의 서비스 마인드

1 서비스 마인드 정의

어떤 일을 할 때 '나는 이렇게 해야지', '나는 이게 중요한 것 같아', '그래서 나는 이렇게 일을 할거야' 라는 각자의 생각과 마음가짐이 바로 '마인드'가 된다. 마인드란 어떤 마음으로 어떻게 해나갈지에 대한 방향 또는 첫 출발선이라고 할 수 있다. 따라서 서비스 마인드란 단순히 고객에게 친절하게 하는 것을 넘어 현장에서 일을 하는 마음가짐, 동료를 대하는 태도, 고객을 향한 생각 그 모든 것을 포함하는 것으로 고객을 존중하고 고객의 입장에서 생각하고 행동하는 것이라 정의할 수 있다.

2 서비스 마인드를 가진 사람들의 특징

(1) 서비스 마인드가 강한 사람
① 타인을 잘 이해할 수 있기 때문에 타인과의 사이에 발생하는 갈등과 오해가 드물며, 발생하더라도 수월하게 벗어날 수 있다. 승무원 중에도 항상 별 갈등 없이 고객과의 관계를 유지하는 사람들의 공통점은 서비스 마인드가 좋다는 것이다.
② 기본적으로 업무를 할 때 고객 입장의 생각과 업무 방식이 몸에 베어 있으며, 사물을 바라보는 시각도 긍정적이고 밝다.
③ 고객뿐만 아니라 동료들에게도 인기가 좋고, 좋은 에너지가 흐르고 선순환되고 있는 느낌이 있다.
④ 맡겨진 일에 최선을 다하고 같이 일하는 사람들에게 도움을 준다.
⑤ 좋은 팀워크를 만들고 고객에게도 좋은 이미지와 친절한 응대를 실천한다.

(2) 서비스 마인드가 약한 사람
① 타인을 이해하기 앞서 본인의 입장을 먼저 생각한다.
② 자기중심적 사고와 상대방에 대한 존중 부족으로 상대방을 불편하게 한다.
③ 서비스 태도와 행동 때문에 동료와 불화가 일어난다.
④ 업무능력을 신뢰받지 못하며 고객에게 불평, 불만을 받을 확률이 높다.

나성실 승무원

출근길이 즐겁습니다. 그토록 일하고 싶었던 서비스업무를 할 수 있게 되었고 유니폼을 입은 제 모습에 스스로 자부심을 느낍니다. 고객과 만나는 것도 즐겁고, 서비스업이 제에게는 천직이라고 생각합니다. 가끔 불만고객을 만나면 힘들지만, 전 고객에게 도움을 주고 있고 고객은 저를 필요로 한다고 생각합니다.

무기력 승무원

입사한지 3년이 지났지만 아직도 이일이 제 적성에 맞는지 잘 모르겠습니다. 하지만 취업이 어려운 요즘에 이만하면 나쁘진 않은 거 같아 일을 계속하고 있어요. 그런데 요즘은 유니폼만 입으면 사람들이 나를 하대하는 것 같고 고객들이 귀찮아 져요. 어플에도 나와있고 정보도 많은데 굳이 왜 저를 불러 질문하는 걸까요?

위와 같이 나성실 승무원과 무기력 승무원이 있다. 나성실 승무원은 밝고 긍정적이고, 무기력 승무원은 그렇지 않다. 어떠한 마음가짐을 가지고 일할 지는 매우 중요한 요소이다.

- 여러분이 동료라면 누구와 함께 일하고 싶은가?
- 여러분이 고객이라면 어떤 승무원에게 서비스를 받고 싶은가?
- 고객이 열차 내 어려운 문제의 상황에 놓여 승무원의 도움을 요청했다면 이들은 각각 어떻게 행동했을까?

③ 관계 속에서의 서비스 마인드

우리들은 사회의 일원으로서 혼자서 살아갈 수 없고 여러 사람들과 접촉, 커뮤니케이션을 하면서 지내고 있다. 우리가 잠에서 깨어 생활하고 있는 시간의 반 이상은 직장에서 일을 하며, 일은 고객과의 관계, 직장동료들과의 관계 속에서 진행된다. 서비스인이 아니더라도 우리 모두는 상대방과의 관계에서 서비스 마인드가 필요하다. 고객 또는 직장동료와의 관계에서 상대의 입장을 고려하고 서비스 마인드를 발휘하도록 노력한다면 따뜻하고도 정을 나누는 인간관계를 낳게 되고, 충실감을 느낄 수 있게 될 것이다. 고객이 아니더라도 모든 관계에서 서비스 마인드는 누구에게나 필요한 역량임을 기억해야 한다.

④ 서비스 마인드의 핵심 키워드

(1) 관심

① 먼저 관심을 갖고 내가 먼저 다가가 고객이 원하는 것을 우선적으로 들어주려는 노력을 해야 한다.

② 서비스 현장이나 직장에서도 고객이나 상사가 부르기 전에 관심을 갖고, 먼저 필요한 것이 무엇인지 묻거나 도움을 먼저 제시해 본다.

(2) 경청

① 경청은 커뮤니케이션 스킬로도 중요한 요소지만 서비스 마인드에서도 상당히 중요하다. 친근하게 상대에게 다가가고 상대의 말에 주목해 본다.

② 효과적인 경청을 위해서 'Family법칙'이 있다. 우호적인 마음으로 상대를 바라보며 집중해서 맞장구 쳐주고, 관심과 흥미를 나타내며 대화의 중심이 상대임을 느끼도록 배려하는 것이다.

③ 상대방의 생각을 잘 알기 위해서는 여러 요소들을 기억하면서 경청해야 한다.

④ 상대의 말과 행동을 잘 집중하여 듣는다면 상대의 내면에 깔려있는 동기나 정서까지도 이해할 수 있게 된다.

효과적인 경청을 위한 Family 법칙

Friendly	우호적인 마음으로	**I**nterest	관심과 흥미를 나타내며
Attention	집중해서	**L**ook	상대를 바라보며
Me Too	맞장구를 쳐주며	**Y**ou are centered	대화의 중심이 상대임을 느끼도록 배려하며

(3) 역지사지(易地思之)

서비스 마인드와 관련해 가장 먼저 떠오르는 것은 맹자가 강조한 고사성어로 상대편의 처지나 입장이 되어 먼저 생각하고 이해하라는 뜻인 '역지사지'(易地思之)이다. 입장을 바꿔 상대방의 입장에서 생각해 보면 생각이 달라지고, 그전에 보이지 않던 것들이 보이게 된다. 내 입장이 아닌 고객의 입장에서 생각해 보면 고객을 대하는 태도와 행동이 달라지고 행동의 변화가 보다 높은 품질의 서비스를 제공하게 된다. 역지사지(易地思之)의 태도와 생활자세를 유지하려고 노력하고 습관화한다면 서비스 마인드는 쉽게 길러질 수 있다.

1 서비스 마인드 셀프진단을 해 보자.

제시되는 20가지의 항목을 읽고 해당하는 문장에 체크한다.

☐ 처음 만난 사람과 대화하는 것을 좋아한다.

☐ 명절에 집안이 시끌벅적한 것을 좋아한다.

☐ 친구가 오해를 하고 화를 내도 일단 참고 보는 성격이다.

☐ 친구나 가족을 위해 깜짝 파티를 준비해 본 적이 있다.

☐ 어른을 만날 때와 친구를 만날 때의 옷차림을 구분하는 편이다.

☐ 상대의 얼굴만 봐도 마음 상태를 알 수 있다.

☐ 약속이 있을 경우 털털한 모습으로 나가기보다 꾸미고 나가는 편이다.

☐ 필요하다면 자존심을 버릴 용기가 있다.

☐ 평소에 설득력이 강한 편이다.

☐ 문제를 해결할 때 감정보다는 이성을 앞세운다.

☐ 친구가 고민을 털어 놓을 때 어떻게 해서든 해결해 주려고 노력하는 편이다.

☐ 처음 본 사람들은 나에게 호감 가는 인상이라고 말한다.

☐ 길을 가다 누군가 길을 물어보면 자세히 알려주는 편이다.

☐ 사람들은 내가 매사에 긍정적이라고 한다.

☐ 한 가지 일을 짜증내지 않고 꾸준히 하는 편이다.

☐ 주위 사람들에게 짜증내지 않고 꾸준히 하는 편이다.

☐ 주위 사람들에게 상냥한 편이다.

☐ 지하철이나 버스를 타면 노약자에게 자리를 양보한다.

☐ 주위 사람들에 대해 관심이 많은 편이다.

☐ 사진을 찍을 때 활짝 웃는 모습이 자연스럽다.

☐ 자원봉사를 하거나 후원금을 낸 적이 있다.

〈출처: 한국종합평생교육원〉

결과표

- 15~20개 타고난 서비스인
- 10~14개 비교적 높은 서비스 성향을 가지고 있고, 인간관계도 원만한 편
- 5~9개 잠재적 서비스 성향이 존재
- 1~4개 서비스업에 종사하기에는 부적합

2 성공하는 승무원의 서비스 태도

서비스 태도는 고객들이 평가하는 것으로 서비스인에게서 보여지는 행동을 뜻한다. 서비스인이 서비스 제공 시 취하는 모든 태도, 인사하는 자세나 고객을 바라보는 눈빛, 응대 태도 등 모두를 포함한다. 서비스 태도는 겉으로 보여지는 모습이지만, 그 이면에 서비스인이 가지고 있는 생각과 다양한 심리적 감정들이 작용된 결과물이라 할 수 있다.

1 프로 서비스인의 태도

① 서비스 태도는 서비스인이 가지고 있는 생각과 감정을 투영하고 있기 때문에 올바른 프로 서비스인의 태도를 위해서는 생각, 감정, 행동을 한 방향으로 맞추는 스킬이 필요하다.

② 무조건적으로 잘못을 인정하거나 YES맨이 아닌, 프로 서비스인으로서 자신도 지킬 수 있는 서비스 태도 방법을 학습하는 것이 필요하다.

③ 프로 서비스인의 질적 향상을 위해서는 구체적 행동지침뿐만 아니라 전문적 지식을 습득하고 자신이 하는 일에 대한 의미를 찾는 과정이 필요하다.

> **TIP** 현장에서의 서비스 태도
>
> 현장에서 서비스인들이 가지고 있는 서비스 태도는 서비스 현장의 고객 응대 관점에서 자연스럽게 나오게 된다.

> **상황**
>
> 이러한 상황에 우리는 어떻게 응대해야 할까요?
> • 오늘 열차가 왜 이렇게 복잡해요?
> • 정방향은 항상 매진이네요.
> • 비용이 너무 비싸요.
>
> ---
>
> **서비스 대처**
>
> 좋은 서비스란 상대방의 입장에서 서로 만족했을 때를 말한다. 고객도 만족하고 서비스 제공자인 열차 객실승무원도 만족해야 한다. 서로 만족하기 위해서는 서비스인이 자기를 낮춰 무조건 죄송하다고 하는 것은 아니다. 그렇다고 고객을 무시하는 듯한 논리적 설명만으로도 정답이 될 수는 없는 것이다. 열차 객실 서비스인이 기억해야 할 서비스 태도는 고객도 긍정, 서비스인도 긍정하는 윈윈의 상황임을 반드시 기억해야 한다.
>
> • 죄송합니다. 고객님, 도움 드리지 못해 죄송해요. (×)
> • 고객님 열차 좌석이 없어, 입석으로 가셔서 불편하시죠? 저도 마음이 편치 않네요.(○)
>
> • 주말이라 열차를 이용하는 고객이 많으셔서 복잡하구요.(×)
> • 요즘은 2주 전에 정방향은 이미 매진이에요.(×)
> • 요즘 휴가철이어서 고객분들이 많아, 2주전에 예매를 해야 좌석예매가 가능합니다.(○)
> • 다음 여행 시에는 코레일톡을 이용하셔서 미리 예매하면 편안하게 객실에서 앉아가실 수 있습니다.(○)
>
> • 열차의 운임은 여객규정약관 운임률에 따라 정해지는 겁니다. (×)
> • 오늘 도움 못 드리는 점 양해 부탁드립니다.(○)

2 서비스 태도의 4가지 유형

서비스 현장에서는 어쩔수 없이 해 주어야 하는 상황들이 많이 발생한다. 그런데 대부분 서비스인들에게는 상대방의 감정을 위해 타인긍정으로 자기를 낮추는 상황이 발생한다. 무조건적으로 자기부정-타인긍정으로 죄송하지도 않은 상황에서 죄송하다고 하는 것은 좋지 않으며, 자기긍정-타인긍정의 태도를 가지고 서비스를 응대하는 것이 바람직하다.

(1) 자기긍정-타인긍정
- 모두가 좋은 상태로 자신과 타인 모두에 대해서 긍정적인 태도를 갖는다.
- 나 자신의 가치는 물론 타인의 가치와 존엄성을 인정한다.
- 자기긍정-타인긍정인 사람은 가식이 아닌 진정한 관계를 형성하게 된다

(2) 자기긍정-타인부정
- 자신이 다른 사람들에 비해 뛰어나다는 지나친 우월의식이나 교만한 태도를 보인다.
- 상대방의 의견을 존중하기 보다는 자신의 주장만을 내세운다.
- 상대방에 대한 존경심이 희박하기 때문에 원만한 인간관계를 형성하기 어렵다.

(3) 자기부정-타인긍정
- 자신을 다른 사람에 비해 열등하게 보고 자신감이 없다.
- 모든 문제를 자신의 탓으로 돌리는 경우가 많다.

(4) 자기부정-타인부정
- 자기와 타인 모두를 부정적으로 보게 되는 가장 좋지 않은 태도이다.
- 공격적이며 파괴적인 행동을 보인다.

TIP 도식으로 보는 서비스 태도의 4가지 유형

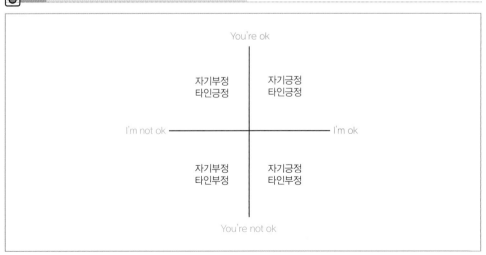

1 질문에 따른 4가지 유형의 서비스 태도에 대해 생각해 보자.

고객 질문에 따른 서비스 태도 4가지 유형	예시	서비스태도 평가
Q. 비용이 왜 이리 비싸요?		
자기긍정 – 타인긍정	생각하신 것보다 비용이 부담스러우세요? 제품 기능성을 위해 ○○기를 사용해서 그렇습니다. 실제로 오래 사용하실 수도 있고 사용해 보시면 비싸다는 생각이 안드실겁니다.	O
자기부정 – 타인긍정	아, 비용이 비싸서 죄송합니다.	△
자기긍정 – 타인부정	저희 비싼 거 아닙니다.(나의 측면에서만 답할 수 있다.)	X
자기부정 – 타인부정	비싸면 사지 마세요. 왜 저한테 그러세요.	X

2 사례를 통한 자기긍정–타인긍정 태도

상황

고객 이전에 받았던 열차 할인권이 있는데, 이거 적용 안되나요?
(할인권에는 해당 기간이 적혀있고, 오늘은 해당되지 않는 날임)
승무원 A 죄송합니다만 고객님, 그 부분은 오늘 적용이 안되네요.
도움드리지 못해 죄송합니다.(X)
승무원 B 할인적용에 대해 도움 요청을 주셨는데, 양해말씀드립니다. 소지하신 할인권은 해당일자가 아니기 때문에 금일에는 적용이 어렵습니다. 해당일에 사용하셔서 혜택 보셨으면 합니다. 오늘 도움드리지 못한 점 이해해 주셔서 감사합니다.

상황분석

승무원 A와 같이 죄송한 일이 아님에도 승무원으로서는 죄송합니다라고 말하는 경우가 많다. 고객이 적용되지 않는 할인권을 가져 온 상황에서는 승무원 B와 같이 자기긍정–타인긍정의 태도로 응대하는 것이 가장 적절한 응대 태도 중 하나이다.

3 다음 질문에 대해 자기긍정 – 타인긍정 태도로 답해 보세요.

Q1. 오늘 열차가 왜 이리 정신이 없어요?

Q2. 매진이 되어서 자리가 없나요?

핵심 포인트
- 이미지가 중요한 이유가 무엇인지에 대해 생각해 본다.
- 이미지는 어떤 역할을 하는지에 대해 생각해 본다.
- 성공적인 이미지 메이킹이란 무엇인지에 대해 생각해 본다.

1 이미지 메이킹

'21세기는 이미지가 곧 경쟁력이다'라는 말처럼 이미지가 중요한 것은 여러 분야에서 어렵지 않게 확인할 수 있다. 이와 같이 이미지가 중요한 이유는 무엇이며 이미지는 어떤 역할을 하는지, 성공적인 이미지 메이킹이란 무엇인지에 대해 생각해 보자.

1 이미지

1 이미지 개념

소개팅 날이라고 가정할 때 카페 저쪽에 이미 소개팅 상대가 앉아 있다. 대부분의 사람들은 인사를 하며, 눈으로는 상대방의 이모저모를 관찰하기 시작한다. 상대가 어떤 스타일인지, 그 사람에게 풍기는 느낌은 어떤지, 복장이나 표정들을 살피고 첫인상을 결정한다. 이렇게 상대방에 대하여 갖는 인상을 '이미지(image)'라고 한다.

2 이미지 정의

이미지의 어원은 라틴어로 '모방하다, 표방하다' 라는 '이미타리' 동사와 접미어 명사인 '아고'로 만들어진 '이마고' 이며 인물의 영상, 인물의 총체 등을 뜻한다.

이미지의 사전적 의미는 어떤 대상의 형태나 모양, 느낌 등을 말하는 것으로 눈에 보이는 것부터, 눈에 보이지 않더라도 머릿속에 떠오르는 것까지 모든 것의 총체적인 상, 시각, 영상, 느낌 등을 이미지라고 표현한다. 다시 말해 타인이 나에 대하여 보고 느끼는 그 모습 혹은 누군가를 떠올렸을 때 생각나는 모든 것을 일컬어 '이미지'라고 한다. 중요한 것은 이미지란 스스로가 자신을 평가하는 모습이 아닌 다른 사람에게 보여지는 모습이다.

> **TIP** **월터 리프먼의 이미지**
>
> 월터 리프먼은 이미지를 '우리들이 어떤 대상에 대해 갖는 머릿속의 그림이며 이미지는 직접적이고 확실한 의식이나 사실에 근거하는 것이 아닌, 각자가 그린 것으로 각자의 지각을 통일하여 체계화하여 만든 것이다.'라고 하였다.

3 이미지의 구성

이미지는 그 사람에 관한 모든 사실을 알고 만들어지는 것은 아니다. 몇 가지 사실에 근거해서 전체 이미지를 종합하게 되며 보통 상대방에게 자연스럽게 풍기는 내적 이미지와 보여지는 외적 이미지, 그리고 스스로 느끼는 인식들이 합쳐지면서 형성이 된다고 할 수 있다. 따라서 이미지는 실체가 아닌 그려진 모습, 겉으로 드러내 보이는 모습이여서 진실되지 않은 모습들은 금방 알 수 있기 때문에 효과적인 이미지 형성을 위해서는 내적 이미지와 외적 이미지의 조화를 이루는 노력이 필요하다.

(1) 내적 이미지

내적 이미지는 심리적·정신적·정서적 특성이 이미지화된 것을 말하며 흔히 인성이나 교양이라고 한다. 내적 이미지라는 것은 자연스럽게 풍기는 느낌과 몸에 배어 있는 매너, 모르는 사람에게까지 베푸는 친절 등을 통해 인식할 수 있으나 문제는 한 번에 쉽게 보이지 않고 시간을 두고 관찰해야 한다는 것이다.

(2) 외적 이미지

외적 이미지는 내적 이미지가 외적으로 표현된 형상을 말하며 행동, 언어적 이미지, 커뮤니케이션 등을 포함하고 있다. 외적인 것은 대부분 쉽게 표현되기 때문에 단숨에 인식이 가능하다.

4 이미지 형성의 요소

이미지 형성에 여러 중요한 요소들이 있지만, 이미지를 결정짓는 요소는 눈으로 보여지는 시각적 요소가 가장 큰 비중을 차지한다. 즉 누군가를 기억할 때 우리는 어떤 말을 했는지 보다도 시각적 잔상의 효과가 크다는 것을 알 수 있다.

(1) 앨버트 메라비언의 법칙

앨버트 메라비언의 '메라비언의 법칙'에 따르면 '첫인상은 외적으로 보이는 외모, 표정, 제스처 등의 시각적인 요소 55%와 음성, 음색, 속도 등의 청각적 요소 38%, 말의 내용 7%에 따른 인상과 느낌, 이미지에 의해 결정된다.'고 한다.

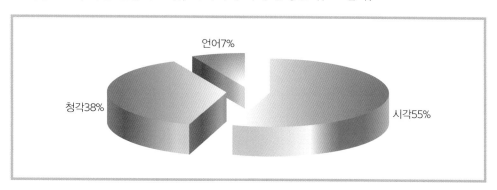

5 이미지 형성의 가장 큰 영향을 주는 첫인상

상대방의 이미지 형성에 영향을 주는 첫인상을 결정하는데 필요한 시간은 고작 7초로 '7초의 법칙'이라고 한다. 사람들이 누군가를 처음 만났을 때 7초 만에 '호감' 또는 '비호감'의 이미지를 결정한다는 것이다. 7초 안에 결정된 이미지가 비호감이었다면 이를 호감으로 바꾸는데는 48시간의 시간이 더 필요하다고 하며 첫인상은 상대와의 상호작용에도 많은 영향을 끼치므로 상당히 중요한 부분이다.

(1) 첫인상이 중요한 이유

초두효과, 후광효과, 그리고 부정적 특성을 더 강하게 기억한다는 이유들로 첫인상은 이미지 형성에 있어 여러 번 강조해도 부족하지 않을 만큼 중요하며, 항상 긍정적인 첫인상을 주기 위해 노력해야 한다.

1) 초두효과

초두효과란 먼저 제시된 정보들이 최종 판단에 큰 영향력을 갖는 것을 말한다.

🧠 심리학자 애쉬의 초두효과 실험

심리학자인 애쉬는 사람의 초기 정보가 나중에 제시되는 정보에 비해 얼마나 큰 효력을 가지고 있는지를 알기 위해 아래와 같은 실험을 하였다.

1. A, B 두 집단의 사람들에게 한 인물을 소개한다.
2. 6가지의 성격적 특성을 나열하며 A 집단에게는 좀 더 긍정적인 성격들을 먼저 제시하고, B집단에게는 부정적 성격을 먼저 제시한다.

A 집단	똑똑하다, 근면하다, 즉흥적이다, 비판적이다, 고집이 세다, 시기심이 많다.
B 집단	시기심이 많다, 고집이 세다, 비판적이다, 즉흥적이다, 근면하다, 똑똑하다.

실험 결과

시간이 조금 지나 앞에서 이야기한 인물에 대해 어떻게 생각하느냐는 질문을 하였다.

A 집단 이 인물은 성공적이고 사회적으로 안정된 사람으로 평가
B 집단 이 인물을 A 집단과의 반대로 부정적으로 평가

이 실험을 통해 우리가 알 수 있는 것은 동일한 내용임에도 처음에 어떤 정보를 제시하느냐, 처음 제시된 정보가 무엇이었느냐에 따라 상반된 인상을 형성할 수 있다는 것이다. 이와 같이 처음 제시되는 정보, 첫인상이 중요한 이유 중 하나는 초두효과 때문임을 알 수 있다.

2) 후광효과

사람의 인식에는 일관성을 유지하려는 성향이 있다. 첫인상이 상대와 상호작용에 계속적으로 큰 영향을 주고 잘 바뀌지 않는 이유는 사람들이 머릿속으로 일관성을 유지하려고 하는 심리적 압력이 내재되어 있기 때문이다. 후광효과는 한 가지 긍정적 특성을 지닌 사람이 다른 긍정적 특성들도 지니고 있을 것으로 일반화시키는 경향을 말

하는 것으로 호의를 느낀 상대에게는 일반적으로 긍정적인 평가를 계속해서 하게 되는 것을 말한다. 첫인상이 좋으면 이후에 발견되는 단점은 작게 느껴지지만, 첫인상이 좋지 않으면 어떠한 장점도 눈에 들어오지 않는 경우가 많다.

3) 부정적인 특성을 강하게 기억하는 경향

이미지를 형성하는데 있어, 부정적 특성이 하나만 있어도 그 사람에 대한 여러 가지 긍정적 특성을 상쇄시킬 만큼 큰 비중을 차지한다. 9개가 좋았지만 1개가 좋지 않았을 때 우린 부정적인 1개를 더 크게 기억하는 경향이 있다.

(2) 긍정적인 첫인상을 주는 요령

① 자신감 있는 태도로 망설이지 않고 반듯한 자세로 상대를 향해 나아가는 모습, 걸음걸이나 바르게 앉은 자세, 자신감 있는 모습들은 좋은 첫인상을 줄 수 있다.

② 상황에 맞는 옷차림은 TPO라고 한다. 너무 멋을 부리거나 경박한 차림이 아닌 자신의 단점을 보완한, 상황에 맞는 옷차림을 하면 좋은 첫인상을 줄 수 있다.

③ 긍정적 마음가짐으로 상대방과 나눌 대화에 긴장보다는 예의를 지키고 겸손하면서 편안히 자신을 보여 준다면 좋은 첫인상을 줄 수 있다.

④ 상대방에게 관심을 표하고 집중하면 호감의 신호를 줄 수 있고, 상대도 받아들이게 된다.

⑤ 보여지는 사실에 대한 칭찬, 과하지 않고 적당한 칭찬은 상대가 호감을 느끼기에 충분하며 좋은 인상을 줄 수 있다.

⑥ 시선을 피하거나 자신감 없는 눈빛은 금물이며 편안한 미소와 따뜻한 아이콘택트를 한다.

⑦ 지나가는 투의 얼버무리는 인사는 안 되며 명료하고 솔직한 첫인사를 한다.

🚦 TIP 열차 객실승무원 첫인상의 중요성

• 열차 객실승무원들은 열차 내에서 많은 고객들을 만나게 된다. 승무원의 서비스는 인사에서부터 시작이 된다고 해도 과언이 아닐 것이다. 고객들은 열차를 타기 위해 계단을 내려오면서부터 승무원을 관찰하며 승무원들의 이미지를 만들어 간다. 따라서 고객님의 승차를 도울 때 승무원이 밝은 표정과 눈맞춤으로 환영의 인사를 한다면 좋은 첫인상을 줄 수 있을 것이다.

• 많은 고객들을 동시에 만나는 승무원들에게 첫인상은 굉장히 중요하며 첫인상을 결정짓는데 시각적 요소가 많은 비중을 차지하기 때문에 승무원들에게 단정한 복장 등은 중요한 요소이다.

이미지 메이킹

1 이미지 메이킹 정의

① 이미지 메이킹은 자신의 개성과 직업, 신분 등을 그 사람이 추구하는 상황에 맞게 이미지화하여 상대방에게 호감을 줄 수 있는 최상의 이미지를 만드는 것이다.

② 효과적인 이미지 메이킹은 우리 자신의 만족감은 물론, 대인관계 능력을 향상시켜 주고, 이로 인해 생산성이 높아져 경쟁력 있는 사회인으로 성장하는데 기여할 수 있다.

③ 끊임없는 자기성찰과 관리를 통해 내면과 외면의 조화를 이루고 장점은 더욱 강조하고 단점은 지속적으로 개선 노력을 한다면 각자가 원하는 이미지를 갖게 된다.

> **TIP** 내적이미지 + 외적이미지 조화 = 이미지 메이킹
>
> • 내적 이미지와 외적 이미지는 서로 영향을 주기 때문에 어느 하나에만 중점을 두어서는 안 된다.
> • 이미지메이킹의 핵심은 내적 이미지와 외적 이미지를 조화롭게 관리하여 총체적 이미지를 본인이 계획하는 이상적인 목표 이미지로 만들어가는 과정이다.

2 성공적인 이미지 메이킹

(1) 이미지 관리 이론

이미지 관리 이론은 우리가 어떻게 해야 남에게 부정적인 이미지를 피하면서 자신의 긍정적 이미지를 만드느냐에 대해 설명한 이론이다.

(2) 성공적인 이미지 메이킹을 이루기 위한 노력

① 먼저 내적 이미지를 만들고 이를 바탕으로 자신의 장점을 부각시킬 수 있는 외적 이미지를 만들어 가는 것이다.

② 이미지 메이킹은 포장술이나 위장술이 아닌 바람직한 내면에서부터 이어지는 외면의 변화라 할 수 있다.

③ 성격이나 내면들은 한 번에 바뀌는 것이 힘들고 어렵다.

④ 긍정적 모습으로 인해 상대방과의 상호작용이 좋아지면 내면도 함께 건강해지고 선순환이 된다.

(3) 이미지 메이킹의 효과

개인적 호감도를 높일 뿐 아니라 비즈니스 현장이나 업무의 성공적 수행을 위한 좋은 수단이 될 수 있다.

❸ 대표적 이미지 메이킹

대표적으로 성공한 이미지 메이킹의 예로는 존에프 케네디 대통령을 빼놓을 수 없다. 케네디 대통령은 비주얼 시대의 변화를 제대로 인식하고, 시각적 이미지를 전략적으로 활용해 성공한 최초의 정치인으로 주어진 상황에 맞게 자신의 이미지를 어떻게 만들어야 하는지를 보여주는 적절한 사례이다. 이 같은 시도는 근래에 정치인, 경영인들뿐만 아니라 일반인들 사이에서도 활발하게 이루어지고 있다.

👤 닉슨 vs 케네디

1960년 8월 닉슨과 존 F. 케네디가 대선에서 한창 접전을 벌이고 있을 때, 미국 대통령 선거 사상 최초로 두 후보 간 TV 토론이 있었다. TV 토론이 있기 전까지만 해도 닉슨의 지지율은 케네디보다 훨씬 높았으나, TV 토론 이후 케네디의 지지율이 높아졌다.

토론회 결과에서 주목할 점은 TV 토론회가 끝난 후, TV 시청자와 라디오 청취자에게 어느쪽이 승자로 보이냐는 질문에 TV 시청자는 케네디라고 답한 반면 라디오 청취자들은 닉슨을 더 높게 평가했다는 점이다. 토론의 내용면에서는 닉슨이 우세하였지만 케네디는 지성과 패기, 깔끔한 용모로 시청자들을 완벽히 사로 잡았다는 것을 알 수 있다.

닉슨
이전까지 라디오가 주 방송매체이었기 때문에 모습이 보이지 않았다. 하지만 이날 그의 모습은 수염이 덥수룩하고 피곤해 보이는 창백한 얼굴로 TV에 비쳐진 그의 모습은 고지식하고 딱딱해 보였다.

케네디
닉슨과 반대로 케네디는 젊음을 내세우며 패기만만한 젊은이의 모습으로 시청자를 사로 잡았으며, 활발한 몸짓과 손짓으로 보는 이에게 활력과 용기를 보여주었다. TV 토론에서 보여지는 케네디의 세련된 모습과 부드러운 미소는 시청자들에게 좋은 인상을 주었다.

열차 객실승무원 이미지 메이킹

■ 열차 객실승무원 이미지의 중요성

① 열차 객실승무원은 열차 내에서 많은 고객들을 만나게 된다. 고객들은 2~3시간의 비교적 짧은 시간을 승무원과 함께 하기 때문에 보여지는 이미지를 통해 승무원을 판단하는 경우가 많다.

② 열차 객실승무원의 고객에 대한 반응 및 이미지는 고객이 철도 서비스를 판단하게 하는 중요한 역할을 한다.

③ 열차 객실승무원이 고객과 최접점에 있기 때문에 열차 객실승무원의 서비스가 철도 서비스를 대표한다고 할 수 있다.

④ 많은 운영사들이 노력을 통해 철도 서비스를 만들어 가며 최접점에 있는 열차 객실승무원들은 그것을 잘 전달해야 한다. 유니폼을 입을 시에는 깔끔한 복장, 말투, 행동에 더욱 신경을 써서 열차 객실승무원 전체의 이미지, 그리고 더 나아가 철도에 대한 긍정적인 이미지를 심어줄 수 있어야 한다.

■ 이미지 메이킹 3대 요소 ABC

(1) A(Apperance)

① A(Apperance)는 승무원의 이미지, 깔끔한 복장 등의 관리이다.

② 고객들은 승무원의 유니폼을 통해 세련되고 통일된 이미지를 기억하며 깔끔하게 정리되어 있는 헤어 스타일과 단아한 메이크업은 밝고 긍정적인 이미지를 형성하게 해 준다.

③ 승무원들은 고객들에게 좀 더 밝은 이미지를 주기 위해 단정한 용모에 신경을 쓴다. 하지만 승무원의 이미지는 용모관리로만 결정되는 것은 아니다.

(2) B(Behavior)

① B(Behavior)는 열차 객실승무원의 행동적 측면으로 서비스 태도나 행동(매너)이다.

② 자신감 있는 자세, 올바르고 예의 바른 인사, 그리고 고객의 불편을 긍정적이고 적극적으로 개선하려는 모습은 고객에게 좋은 이미지를 심어 줄 수 있다.

③ 자세가 구부정하거나, 이동 시의 보행자세가 바르지 않다면 자신감 있는 이미지를 보여줄 수 없다.

④ 평상 시 자신의 모습이 어떤지 거울을 통해 자주 확인하고, 자신의 모습을 찍은 사진을 보는 것도 이미지 메이킹에 도움이 된다.

⑤ 바른 자세를 하고 있는지, 표정은 밝은지, 에너지가 넘쳐 보이는지 등 꾸준히 확인하고 관리해야 한다.

(3) C(Communication)

① C(Communication)는 커뮤니케이션으로 대화의 말투나 어투, 그리고 사용하는 단어 등을 말한다.

② 평상 시 바르지 않은 말버릇이 있다면 고쳐야 하며 단어의 선택도 중요하다.

③ 상황에 맞는 존대말, 올바른 표현 등은 승무원의 이미지를 한층 더 높여주는데 도움이 된다.

④ 평상 시 자신의 말투는 어떤지, 간결한 어투로 이야기하고 있는지 등을 확인하고, 목소리의 억양, 크기, 속도도 체크해 보는 것이 좋다.

⑤ 목소리의 억양과 속도에 따라 이미지가 달라질 수 있으므로 말의 내용뿐 아니라 억양, 속도 등도 올바른지 확인하고 관리해야 한다.

- 너무 강한 억양은 강하게 보인다.
- 너무 약한 억양은 에너지가 작아 보인다.
- 너무 빨리 말하면 성격이 급하다는 이미지를 주게 된다.
- 천천히 말하면 답답하거나 게으르다는 인상을 줄 수 있다.

---

1 이미지 평가지(예시)

총 10문항으로 지문에 해당하면 O, 해당하지 않으면 X 체크를 해 보자.

	내 용	체크
1	나의 장점을 30초 안에 5가지 이상을 작성할 수 있다.	
2	나에게 어울리는 이미지를 잘 알고 있다.	
3	때와 장소, 상황에 따라 옷을 입을 수 있다.	
4	나만의 스타일이 있다.	
5	나를 돋보이게 하는 색을 확실히 알고 있다.	
6	나는 표정이 밝고 환하다는 이야기를 자주 듣는다.	
7	나는 항상 허리를 쭉 펴고 바른 자세를 유지한다.	
8	나는 이야기 소재가 풍부해 어디서나 적합한 대화를 한다.	
9	나는 내면의 성향을 정확히 분석하고 있어 나의 내면에 대해 잘 이해하고 있다.	
10	나는 좋은 이미지를 위해 과감한 변신도 두렵지 않다.	

결과표

- 8개 ~ 10개 : 이미 훌륭한 이미지 메이킹을 하고 있다.
- 6개 ~ 7개 : 적당하다고 할 수 있으며 원하는 이미지에 적합한 모습을 가지고 있다.
- 4개 ~ 5개 : 본인의 이미지를 향상시키기 위한 노력이 필요하다.
- 3개 미만 : 전문가의 도움이 절실히 필요한 상황이다.

2 열차 객실승무원의 표정과 미소

1 표정

1 제1의 비언어 커뮤니케이션

① 얼굴은 감정을 표현하는 제1의 비언어 커뮤니케이션이라고 한다. 감정에 따라 나도 모르는 사이 얼굴에 표정이 지어지는 등 수천 개의 다른 표정을 나타낼 수 있다. 기분 이 좋으면 아무리 숨기려 해도 입꼬리가 올라가고, 반대로 말로는 아니라 해도 기분 이 상한 것을 표정에서 숨길 수가 없게 된다.

② 얼굴은 커뮤니케이션 잠재력이 가장 많은 부분이며, 우리의 감정을 가장 많이 나타 내는 신체 부위이기도 하다.

③ 얼굴의 표정은 사람들과의 관계에서 태도를 반영하고 다른 사람의 말에 비언어적 피 드백을 제공하기도 한다. 표정이야말로 말 다음으로 가장 중요한 감정 표출의 정보 원이라고 말할 수 있다.

2 열차 객실승무원의 표정

① 서비스인은 기본적으로 고객이 편안한 마음을 가질 수 있도록 친근감을 주는 표정을 갖추어야 한다.

② 서비스인이 고객을 처음 대면할 때 고객은 서비스인의 표정을 보고 친절과 상냥한 마음을 판단하게 된다.

③ 매일 똑같은 고객을 만나고 단순한 업무를 반복적으로 처리하는 서비스인들에게 나 타나기 쉬운 표정이나 무표정은 서비스인에게는 어떠한 이유로든 반드시 버려야 할 표정이다.

④ 고객을 대하는 서비스인의 표정은 더 이상 서비스인의 것이 아니라 고객을 위한 것 이다. 바라는 것 없이 친근한 눈과 함께 미소짓는 가식적이지 않은 서비스인의 표정 하나만 보더라도 기분이 따뜻한 미소는 서비스인에게는 반드시 필요하다.

2 안면 근육운동

자연스러우면서 호감가는 표정을 만들기 위해서는 안면 근육운동이 필요하다. 어느 부 분이 어색한지 어떤 근육을 많이 사용해야 좀 더 호감가는 인상이 되는지를 직접 판단 하고, 자주 연습하면 자연스러운 표정을 연출할 수 있게 된다.

☑ 안면 근육운동

안면 근육운동은 한두 번 해서 효과가 있는 것이 아니라 평상 시 꾸준한 반복 연습이 가장 중요하다. 매일 반복해서 하다 보면 자신도 모르는 사이에 얼굴의 근육들이 유연해지면서 표정이 편안하고 자연스러워지는 효과를 볼 수 있다.

(1) 눈썹 운동

눈썹은 얼굴의 가장 윗부분에 위치하며 인상을 좌우할 수 있는 부분이다.

① 양손의 검지손가락을 맞대어 눈썹에 일종의 기준선으로 갖다 댄다.

② 기준선 위 아래로 5회씩 반복한다.

③ 손가락을 떼고 위 아래로 5회 반복한다.

(2) 눈 운동

일반적으로 많은 사람들이 사람을 처음 대할 때 눈을 제일 먼저 보게 되며, 사람의 전체 이미지 중 60% 이상이 눈의 이미지에 의해 기억된다고도 한다. 눈운동을 하게 되면 눈의 피로를 풀어 주어 눈빛을 맑고 또렷하게 해 줄 뿐아니라 눈 주변의 모세혈관에 혈액순환이 잘 되게 하며 눈 주변의 근육에 탄력을 더 해주는 효과가 있다.

① 눈을 꼭 감고 하나, 둘, 셋을 센 다음 최대한 크게 눈을 번쩍 뜬다.

② 눈동자를 천천히 상하좌우로 움직인다.

③ 눈동자를 오른쪽으로 한바퀴 움직이고, 반대로 한바퀴 움직인다. 이 동작을 2~3
  회 반복한다.

(3) 볼 운동

입모양이 활짝 열리기 위해서는 뺨에 있는 큰 광대근이 유연하게 풀려 있어야 해서 볼 운동 역시 중요하다.

① 풍선을 불 듯이 입안에 공기를 빵빵하게 넣어 준다.

② 볼이 탱탱해지도록 공기를 상하좌우로 각각 3번 정도 반복하여 움직인다.

③ 좌우로 3번, 상하로 3번, 상하좌우로 3번씩 반복하여 공기를 이동시킨다.

(4) 입꼬리 운동

자연스러운 미소 연출을 위해서는 무엇보다도 입꼬리가 환하게 올라갈 수 있어야 한다.

① 입을 다문 상태에서 입꼬리를 최대한 옆으로 쫙 벌리고 10초간 멈춘다.

② 입술을 동그랗게 모아 최대한 앞으로 쭉 내밀고 10초간 유지한다.

③ 마지막으로 입꼬리가 올라가도록 미소 짓는 입을 10초간 유지한다.

TIP 고객 응대 시 열차 객실승무원의 밝은 표정

승무원의 표정은 항상 웃는 표정이어야 한다고 인식하는 경우가 있다. 하지만 대부분 미소를 띄우고 있는 것이 맞지만 고객의 안타까운 상황을 듣거나, 정확한 안내를 해야할 때는 미소 보다는 진중한 표정을 짓는 것이 좋다. 즉, 늘 웃는 표정으로 있는 것이 아니라 고객의 상황에 공감하고, 상황에 맞는 표정 표현을 하는 것이 중요하다.

1. 눈과 입은 항상 조화를 이루어 좋은 표정을 만들어 낸다.
   • 자연스러운 웃음은 입만 웃는 것이 아니라 눈까지도 함께 웃는 것이다.

2. 눈썹을 사용한다.
   • 호감주는 표정을 연출해야 할 경우, 말하는 중간에 눈썹을 가끔씩 올리게 되면 따뜻하고 열려있다는 느낌을 전달할 수 있다.
   • 강조할 때나 중요한 포인트에 눈썹을 올리는 것도 좋다.

3. 대화에서 상대와의 눈 맞춤은 필수이다.
   • 대화의 포인트에서 상대와 눈 맞춤을 하지 못한다면 설득력을 잃을 수 있다.
   • 상대방과 감정적 교류가 일어날 때에는 더욱 자주 눈 맞춤을 하는 것이 좀 더 친밀감을 표현하는 방법이다.
   • 가끔 고객 중 눈 맞춤을 불편해 하는 분도 있으니 적절한 시선처리가 필요하다.
   • 대화하는 시간의 약 40~60%를 상대의 미간을 자연스럽게 바라본다.
   • 나머지 시선은 대화 중 둘 사이에 놓인 공간이나 승차권 등에 시선을 분배하는 것이 편안하다.

3 미소

■ 미소의 중요성

승무원의 표정을 보고 고객은 '승무원은 어떨 것 같다, 나를 잘 도와줄거 같다, 아니다' 라는 친절함과 상냥한 마음을 판단한다. 승무원의 친근감 있는 미소는 고객들로 하여금 편안한 마음을 갖게 하며 모든 서비스의 기본이 된다. 상대방을 향한 밝은 미소는 어디서나 공통적으로 요구되고 있으며 밝고 긍정적인 이미지를 나타낼 수 있도록 미소를 담은 표정을 자연스럽게 연출할 수 있어야 한다.

② 미소의 효과

상대방	나
• 즐거움과 고마움을 느낀다 • 처음 봐도 편안한 느낌을 준다 • 긍정적인 느낌을 준다	• 좋은 첫인상을 줄 수 있다 • 건강증진의 효과가 있다. • 긍정적인 인간관계가 형성된다.

③ 승무원의 미소 연출법

승무원들이 미소 연습을 하는 이유는 입꼬리의 대칭을 맞게 하기 위해서이다. 한쪽이 더 올라가거나 하면 비웃는 느낌이 들기 때문에 거울을 보며 양꼬리를 동일하게 올려주는 연습을 하는 것이 좋다. 승무원들의 미소는 입은 가볍게 다물거나 윗니가 살짝 보이도록 하는 것이 중요한 포인트이므로 실제로 승무원들은 가벼운 미소를 머금고 있다는 표현이 맞다. 미소를 환하게 짓고자 윗니 아랫니가 모두 보이게 웃고 있는 경우에는 부담스러운 미소가 될 수 있으니 너무 부자연스럽지 않게 입꼬리를 올리는 연습이 필요하다.

(1) 미소 연출법

(X)	(O)	(X)	(O)
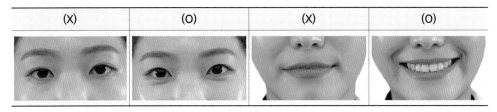			

1) U라인 스마일 표정 만들기

① 웃을 때 입꼬리가 야무지게 올라가야 한다.

② 웃을 때 앞니를 드러나게 하는 것을 '스마일 라인'이라고 한다.

③ 매력적으로 웃으려면 이 스마일 라인이 'U'자형 선을 그려야 한다.

④ 우리나라 사람들은 입꼬리가 위로 당겨져서 올라가는 사람보다 올라가지 않는 사람이 훨씬 더 많다.

⑤ 입꼬리 올려주기 트레이닝만 열심히 하면 얼마든지 스마일 라인을 연출할 수 있다.

2) 눈동자는 항상 중앙에 위치

① 간혹 위치가 옆쪽에 있어서 눈동자가 옆을 바라보게 되는 경우가 있다. 이때 잘못하면 옆을 흘기거나 째려보는 느낌이 들 수 있으니, 몸을 살짝 틀어서 정면을 볼 수 있도록 한다.

② 면접장에서 순서 때문에 이와 같은 경우가 생길 수 있으므로 끝쪽에 위치한 면접자들은 몸의 방향을 조금 안쪽으로 틀어 정면을 바라본다.

3) 상대의 눈높이

열차 객실 내에서 고객들은 앉아 있고 승무원들은 서있기 때문에 자칫 잘못하면 밑으로 내려다 보는 느낌이 날 수 있으므로 상대와 눈높이를 맞추는 것이 중요하다.

> **TIP 열차 객실승무원의 매력적인 미소 만드는 법**
>
> • 아침, 저녁으로 거울을 보며 안면 근육운동을 한다.
> • 긍정적인 마음으로 항상 웃으려 노력한다.
> • 핸드폰 액정의 사진을 밝게 미소 띤 자신의 사진으로 바꾼다.
> • 거울을 자주 보며 표정을 확인한다.

3 열차 객실승무원의 용모와 복장

최근 들어 승무원의 용모와 복장에 관한 규제가 많이 완화되고 있다. 보수적이었던 엄격한 복장, 일정한 헤어스타일, 메이크업을 강요하는 것 보다는 고객에 대한 서비스를 강화하고, 신뢰감 있는 첫 인상을 줄 수 있는 단정하고 깔끔한 용모와 복장이 강조되고 있다. 용모와 복장은 상대방에게 많은 정보를 전달하여 긍정적인 첫인상과 신뢰감을 형성할 수 있기 때문에 직무에 어울리는 단정하고 깔끔한 연출을 할 수 있도록 노력해야 한다.

1 유니폼

승무원의 유니폼은 회사의 이미지를 대변하는 매우 중요한 부분이므로 바른 착용과 단정함을 늘 유지하도록 해야 하며 유니폼이라는 시각적 요소는 고객에게 신뢰감을 주며 그 기업의 서비스를 접하게 되는 대면 서비스의 기본 요소라고 할 수 있다. 유니폼의 바른 착용과 유니폼 착용 시에는 대화나 행동에 더욱 신중하게 주의를 기울여야 한다.

1 유니폼 관리의 중요성

① 유니폼은 소속집단의 이미지를 대표하기 때문에 유니폼을 입는 순간부터 개인인 '나' 의 색깔은 사라지고 '코레일관광개발의 승무원'이 된다.
② 평상시에는 조금 발랄하고 명랑함이 넘치더라도 유니폼을 입은 후부터는 서비스인으로서의 교양과 품격을 갖추고 행동을 해야 한다.
③ 유니폼은 그 자체만으로 가지고 있는 힘이 있으며, 일의 전문성을 상징적으로 나타내는데 중요한 역할을 하여 사람들에게 신뢰감을 형성해 준다.
④ 평상복의 차림에서 의사의 흰 가운을 걸쳤을 때, 소방관의 주황색 소방복을 입었을 때, 승무원의 유니폼을 입었을 때 사람들은 그들에게 전문성을 느끼며 더욱 신뢰하게 된다.

2 유니폼 관리 및 착용의 원칙

(1) 유니폼은 항상 규정에 맞게 착용해야 한다.
① 지정된 것을 착용해야 하며, 편안한 착용 혹은 더 잘 맞게 수선하는 것은 가능하나 과도한 유니폼 변형은 금하고 있다.
② 회사의 규정과 이미지에 맞는 유니폼 차림을 해야 하며 본인의 사이즈에 맞고 활동하기 편한 유니폼을 선택해야 한다. 유니폼은 업무를 하며 입는 옷이고, 움직이는 열차 안, 고객들과의 접점에서 편안하게 입을 수 있어야 하므로 너무 타이트하거나 짧게 또는 작게 입지 않는 것이 좋다.
③ 스커트의 길이나 바지 길이에 대한 규정은 없으나 스커트는 무릎정도가 적당하고, 바지 길이는 구두굽 중간 정도에 맞도록 관리하는 것이 좋다.

(2) 유니폼은 항상 청결하고 구김이 없는 단정한 상태를 유지해야 한다.

　업무를 할 때 무전기, MTIT PDA, 사각키 등은 반드시 소지해야 하고 개인휴대폰, 펜, 승무일지 등도 필요하다. 간혹 주머니에 이 물건을 너무 많이 넣어 제복 원형이 변형되는 경우도 있으니 꼭 필요한 소지품만 주머니에 넣어 유니폼이 망가지는 것은 피해야 한다.

(3) 명찰은 유니폼 중에 지정된 위치에 항상 부착한다.

　명찰을 지정된 위치에 부착하여 신뢰감 있는 모습을 보여준다.

(4) 유니폼에 맞는 악세사리를 착용한다.

　악세사리는 유니폼에 맞는 단정한 것을 착용한다.

3 KTX · SRT · 관광열차 승무원 유니폼

(1) KTX와 SRT 유니폼

(2) 관광열차 승무원 유니폼

2 **승무원의 헤어와 메이크업**

단정한 복장과 깨끗한 용모를 하고 있다면 더욱 신뢰가 가고 프로페셔널해 보여, 업무를 깔끔하게 처리할 것 같은 인상을 준다. 이와 같이 보여지는 면들이 인상을 결정짓는 여러 요소 중 하나이며, 그 사람의 전체적인 평가로까지 이어질 수 있다.

승무원의 헤어와 메이크업 관련 규정은 크게 없으며, 본인의 스타일에 맞게 적절히 단정하고 깔끔한 연출을 통해 고객에게 신뢰감과 믿음을 주는 승무원의 모습을 보여주는 것이 좋다. 과거 형식에 치우친 승무원의 모습에서 조금 더 자유롭고 유연하게 변화되고 있다. 이는 승무원 업무의 효율성을 높여 고객만족으로 이어질 수 있는 좋은 변화이다.

■ 승무원의 헤어

(1) Hair-do

승무원 용모복장 규정이 완화되어 반드시 승무원은 이렇게 해야 한다는 내용은 없으며 헤어스타일의 경우도 단정해 보이면 된다. 대부분의 승무원들은 유니폼 착용 시 헤어는 주로 망으로 감싸 묶는 올림머리나 포니테일, 보브컷 단발머리 스타일을 연출한다.

① 헤어는 항상 단정하고 깨끗한 스타일을 유지한다.
② 과도한 헤어염색이나 펌보다는 단아하고 깔끔한 헤어스타일을 연출하는 것이 좋다.

(2) 헤어 스타일 연출 예시

1) 여성 올림머리 연출 예시

① 롤 빗으로 정수리 뿌리를 단단하게 감아서 드라이로 열을 가한다.

② 뿌리 볼륨을 살린 후 정수리부터 귀위로 4cm 정도 정수리 중앙 부분의 머리를 손으로 잡고 뒷쪽 방향으로 빗질하여 정수리 머리 모양을 동그랗게 띄운다.

③ 이 상태에서 스프레이를 살짝 뿌린 후 약한 드라이 바람으로 말린다.

④ 정수리를 띄운 부분 이외의 아래 머리를 모두 가지런히 뒷 방향으로 빗질하여 단단한 고무줄로 머리를 묶는다. 머리 묶는 위치는 본인의 귀 중앙선에 맞추면 된다.

⑤ 이후에는 스프레이로 고정한다.자연스러운 헤어스타일을 연출하기 위해 워터스프레이를 사용하는 것이 좋다.

⑥ 워터스프레이를 뿌려 손바닥으로 잔 머리를 전체적으로 눌러서 잡아준다.

⑦ 소량의 스프레이들을 나눠서 분사한 후 다시 꼬리빗의 얇은 뒷부분으로 머리를 정리한 후 약한 드라이 바람으로 머리를 고정한다.

⑧ 포니테일형은 이대로, 올림머리형은 미세망을 이용하여 머리를 감싸고 시계방향으로 동그랗게 방향을 돌려 유자핀으로 고정시켜 준다.

2) 남성 헤어 연출 예시

① 청결하고 단정한 머리 모양을 유지해야 하며 길이가 너무 짧거나 긴 머리는 지양한다.

② 이마는 드러나도록 손질하며 본인의 얼굴형과 이미지 그리고 모발의 특성에 맞게 헤어 스타일을 연출한다.

③ 헤어제품을 적당량 사용하여 헤어 스타일을 단정하게 유지한다.

2 승무원의 메이크업

(1) Make up-do

승무원 메이크업이 하나의 단어, 명사처럼 쓰일 정도로 승무원의 메이크업에 대하여 관심도가 높은 것이 사실이다. 승무원 메이크업에 대한 규정은 별도로 없으며 자연스럽고 단정하게 스스로에게 어울리도록 연출하는 것이 좋다.

(2) 메이크업 연출 예시

1) 여성 메이크업 연출 예시

① 열차 내처럼 건조하고 제한된 환경에서는 수분을 잃지 않기 위해 충분히 수분을 제공하는 것이 좋다.

② 피부 노화방지를 위해 자외선 차단제를 사용하면 좋고, 자외선 차단제는 얇게 여러 번 덧발라야 효과적이다.

③ 메이크업 베이스는 피부 톤 조절과 파운데이션의 지속력에 도움을 주는 것으로 자신의 피부톤을 찾는 것이 좋다.

④ 메이크업 베이스 사용 시 너무 많이 바르게 되면 파운데이션이 두껍게 표현될 수 있어 부자연스러울 수 있으니 소량을 바르는 것이 좋으며 피부의 결점을 보완하고 깨끗한 피부를 표현할 수 있다.

⑤ 색조화장을 하는 경우 아이쉐도우 역시 자신에게 맞는 컬러를 선택하고 보통 핑크 계열을 선택하는 경우가 많은데, 너무 진하지 않게 얇게 연출한다.

⑥ 쉐딩을 할 경우 얼굴 톤 보다 2단계 정도 어두운 컬러를 선택하고 진하거나 경계선이 생기지 않도록 소량으로 여러 번 터치하는 것이 좋다.

⑦ 입체감 넘치는 연출을 위해 블러셔나 하이라이트 등도 사용하기도 한다.

2) 남성 메이크업 연출 예시

① 본인의 피부타입이 건성인지, 지성인지, 중성인지, 민감성인지 등을 파악하는 것이 제일 중요하며 피부 타입에 맞는 세안제품과 기초제품을 선택하는 것이 좋다.

② 피지나 먼지 등의 영향으로 피부트러블이 생기지 않도록 클렌징하는 것이 좋다.

③ 모공속의 피지까지 깨끗하게 딥클렌징하여 모공안에 끼어 있는 단단하고 큰 피지와 각질을 제거하는 것이 좋다.

④ 피부노화의 주 원인은 자외선이기 때문에 외출 전 기초 단계에서 자외선 차단제를 바르는 것이 좋으며 오일 성분이 많지 않은 산뜻하고 수분감 있는 제품을 선택해 바른다.

⑤ 비비크림을 바르고자 한다면 약 새끼 손톱 반 정도를 연하게 펴서 발라주며 전체적으로 얼굴을 봤을 때 부자연스럽지 않고 자연스럽게 표현해 주는 것이 중요하다.

TIP 용모복장 규정 완화

• 최근 많은 서비스직 혹은 유니폼을 착용하는 기업에서 용모복장 규정을 완화하고 있다.
• 용모복장 규정 완화는 업무의 효율성을 높일 수 있게 되고, 직원들이 좀 더 편안하게 업무를 함으로서 고객만족으로까지 이어질 수 있다고 보여진다. 겉모습에 치중하는 시간을 최소화하고 고객 서비스에 더욱 집중하는 것이 본질이라고 생각하고 있기 때문이다.
• 유니폼의 종류도 치마정장 외에도 원피스, 바지 중에 선택이 가능하다.
• 헤어 또한 반드시 쪽진 올림머리나 단발머리가 아니어도 되며 안경착용도 가능하다.

구분	용모복장 규정 변경 내용
D사	• 과하지 않은 범위에서 네일아트 허용 – 기존 1mm 이하 손톱은 투명 매니큐어, 2mm 이상은 핑크나 누드톤의 매니큐어만 가능하고 프렌치나 그라데이션 등 네일아트 불가능 • 시계착용 기준은 메탈, 가죽뿐만 아니라 전자시계까지 확대 • 유니폼과 어울리는 밝은 갈색 염색 가능 • 하절기 노타이(객실 남자 승무원)
A사	• 유니폼 착용을 기준으로 하되, 모자는 미착용 – 다만, 신입승무원 수료식이나 대내외 행사 중에는 착용 • '쪽머리' 외 단발과 (소라)올림머리 허용(두발규정 완화)
J사	• 안경착용과 네일아트(과한 큐빅아트 등을 제외한 모든 색) 허용 • 두발자유화 및 기내화 규정 완화 – 과거 기내에서 3cm 기내화, 외부에서 5~7cm 구두 착용 원칙
B사	• 헤어스타일 자율성 강화 – 기존 단발, 올림머리 외 포니테일, 숏컷 확대 적용
E사	• 안경착용과 묶음머리 외에 포니테일 스타일 가능

T사	• 헤어스타일 규정 삭제함
	  – 염색과 펌 가능하며, 반드시 머리를 묶거나 단발을 유지하지 않아도 됨
	• 유니폼 착용법 다양화
	  – 기본적인 재킷과 치마 정장 스타일은 물론, 원피스와 활동이 편리한 바지도 구비되어 총 6가지 스타일 연출

4 열차 객실승무원의 바른 자세

심리학에서 '마음이 곧 행동이다'라는 말이 있듯이 입사면접이나 주요 비즈니스 현장에서 또는 낯선 사람과의 첫 만남에서 '그 사람이 어떤 모습으로 행동하는가', '얼마나 매너와 에티켓을 갖추고 있는가' 가 그 사람을 판단하는 중요 요소가 된다. 아름다운 자세와 바른 동작, 매너있는 행동은 자신의 이미지에 그대로 반영되며 다른 사람에게도 호감을 줄 수 있다. 승무원의 단아한 자세나 걸음걸이, 공손한 동작에서 나오는 행동은 마음가짐에서부터 시작되며 이 행동들은 마음을 강화해 주기도 한다.

1 자세

1 올바른 자세

(1) 이미지적인 측면

사람들이 일상생활에서 하는 좋지 않은 자세들을 보면 비록 무의식적으로 나온 습관이라 할지라도 한사람에 대한 전체적인 이미지를 느낄 수 있다. 신체의 자세는 마음가짐에서 비롯되므로 자세는 곧 마음으로 해석될 수 있다. 자세가 바르지 못한 사람은 왠지 마음가짐도 바르지 못할 것 같아 신뢰감이 생기지 않는 경우도 있다.

바른 자세는 고객에게 신뢰감을 주어 긍정적 이미지를 형성하는데 기본이 되며 서비스인으로서 자신감 있고 당당한 인상과 함께 기품있고 단정한 분위기를 연출할 수 있으며 바른 자세를 통하여 상대에 대한 예의를 표현할 수 있다.

(2) 건강적인 측면

바른 자세를 습관화하면 건강에 매우 이롭다. 척추는 우리의 몸의 기둥이라고 할 수 있어, 자세가 바르지 않으면 척추에 무리가 되며 연결되어 있는 다른 신체기관까지도 해를 줄 수 있다. 또한 올바른 자세를 취하면 숨겨진 나의 키가 1~2cm 커지는 경우도 있으며 균형잡힌 몸매를 만드는 데도 도움이 된다.

2 바른 자세 실습

세련되게 앉고 서는 자세도 연습이 필요하다. 면접장에서 비스듬히 앉거나 일어서면서 휘청거리는 모습을 보이거나 잘못 앉아서 여러 번 고쳐 앉는 모습은 부산한 느낌을 줄 수 있으며 너무 깊숙이 앉아 있으면 편하다라는 인상을 줄 수 있다. 올바른 자세를 갖추지 않으면 왠지 마음가짐도 그럴 것 같다고 생각할 수 있어 면접관에게 신뢰감을 줄 수 없게 된다. 그렇게 때문에 자신의 자세가 어떤지 거울이나 영상촬영 등을 통해 확인하고, 체크하면서 계속해서 바른 자세로 고쳐나가는 노력이 필요하다.

(1) 서 있는 자세

모든 동작의 기본은 서 있는 자세에서 비롯되며 배에 살짝 힘을 주고 등은 곧게 세우고, 가슴을 쫙 편 자세를 한다.

① 머리와 시선은 정면을 향하고, 살짝 미소 띤 얼굴로 턱은 살짝 당겨준다.

② 등은 굽지 않도록 하고 일직선으로 허리를 세워준다.

③ 어깨는 수평을 이루도록 한다. 서있는 자세가 기울면 자신감이 없어 보이고 신뢰 감을 줄 수 없으니 좌우로 치우치지 않도록 주의해야 한다.

④ 아랫배에 살짝 힘을 준다.

⑤ 엄지발가락에 힘을 주어 무릎을 붙이고 두발의 뒤꿈치는 나란히 모아 V자를 만들 거나 11자로 선다.

여성의 경우	• 오른손이 위로 올라오는 공수자세를 하고, 손은 가지런히 배꼽 바로 아래쪽 정도에 살짝 내려놓는다. • 여성 승무원일 경우에는 한발을 끌어당겨 뒤꿈치가 다른 발의 1/3지점에 닿도록 11시 5분의 모양으로 서면 균형감이 생겨 편안함을 느낄 수 있다.
남성의 경우	• 팔은 몸체에 붙이고, 손은 주먹을 살짝 쥐어 바지선에 붙인다. • 남성 승무원일 경우에는 양발의 넓이를 허리 정도 벌리고 서 있는 것이 바람직하다. 너무 벌리면 긴장이 풀린 듯한 느낌을 주게되며 발을 붙이면 경직된 느낌을 줄 수 있다.

(2) 앉는 자세

앉아 있을 때 어깨를 축 늘어뜨리거나 머리를 떨어뜨리는 사람은 불만이 있어 보이거나 건방져 보이므로 결코 좋은 이미지를 줄 수 없다. 따라서 서 있을 때와 마찬가지로 바른 자세의 상체를 유지하면서 앉도록 한다.

① 의자 깊숙이 엉덩이가 등받이에 거의 닿도록 앉는다.
② 등과 등받이 사이에 주먹 하나가 들어갈 만큼 사이를 떼고 허리를 편다.
③ 양손은 무릎 위에 올려놓는다.

여성	• 스커트가 접힐수 있기 때문에 한쪽 발을 반보 뒤로 하고 어깨너머로 의자를 보며 한쪽 스커트 자락을 살며시 눌러 깊숙이 앉고 뒤에 있던 발을 앞으로 나란히 붙혀 가지런히 모아준다. • 두 손을 모아 공손히 올린다.
남성	• 깊숙이 앉은 후 무릎을 어깨너비로 벌려준다. • 가볍게 주먹 쥔 손을 양 무릎위에 올린다.

(3) 바르게 걷는 자세

걷는 모습만 봐도 그 사람이 어떤지를 판단할 수 있으며 힘이 넘쳐 보이는 활기찬 걸음걸이는 다른 사람들에게 좋은 이미지를 줄 수 있다. 승무원들은 회사에서 플랫폼으로 유니폼을 입고 이동하는 경우가 많으므로 이동 시 머리에서 발끝까지 당당하고 자연스러운 바른 자세로 걷는 모습은 상당히 중요하다.

① 바르게 선 자세를 기본으로 하고, 양 무릎을 스치듯 걷도록 한다.
② 팔은 겨드랑이에서 15도 정도로 자연스럽게 흔들며 나가는 발의 반대 손이 앞으

로 나가도록 한다.

③ 양발의 무게 중심을 두고 적극적이고 진취적인 모습으로 자연스럽게 걸어 준다.

④ 턱과 시선은 약 5도 정도 위로 향하게 하고 당당한 모습과 미소 띤 얼굴을 유지한다.

TIP 열차 객실승무원 보행 시 매너

• 보행 중 유니폼은 항상 바른 상태가 유지되고 있는지 수시로 점검을 해야 하며 2인 이상 이동 시에는 2열 종대로 질서 있게 보행을 해야 한다.

• 열차 내 같은 좁은 복도나 공간에서 고객 또는 상대와 동선이 겹칠 경우에는 상대가 지나갈 수 있도록 배려해주는 자세가 필요하다.

• 업무상 급히 지나가야 할 경우에는 "잠시 지나가겠습니다." 라는 양해를 구하는 것도 중요하다.

• 보행을 하면서 사적인 대화나 긴 이야기를 삼가고 휴대전화도 사용하지 않는다.

• 고객을 안내하며 보행 시에는 몸의 방향을 고객에게 열고 고객을 위해 사선으로 걷는다.

3 안내 시 정중한 자세

승무원들에게 고객이 가장 많이 물어보는 질문은 열차 위치나 열차 좌석안내에 관한 것이다. 이때 고객을 편안하게 응대하는 자세가 중요하다. 고객 스스로가 부담스러워 하거나 불편하지 않고 편안함을 느낄 수 있도록 해야 한다.

(1) 방향을 나타내는 기본 자세

안내를 할 때 시선 처리가 중요하며 3점법이라고 한다. 정확하고 정중한 안내를 하기 위해서는 3점법 시선의 움직임이 매우 중요하다.

① 손가락이 아니라 손바닥 전체로 안내한다.

② 손에 너무 힘을 주면 칼날처럼 곧게 펴지기 때문에 물 한 방울 담고 있는 듯 살짝 힘을 빼고 둥그렇게 손을 모으도록 한다.

③ 안내를 할 때에는 왼손, 오른손 모두를 사용할 수 있으며, 손등이 아닌 손바닥이 보이도록 안내해야 한다.

④ 같은 방향이라 할지라도 거리의 정도에 따라 가까운 거리와 먼 거리를 안내할 때가 있다.

가까운 거리 안내 시	팔꿈치를 구부린다.
먼 거리 안내 시	팔을 좀 더 펴준다.

⑤ 안내 자세에 있어서 주의할 점은 손목이 꺾이지 않도록 정중하고 바른 자세를 유지하는 것이다.

⑥ 고객이 문의하는 것에 대해 곧바로 대답하기 보다는 "네, 고객님, 매표소 위치 찾으십니까?" 하고 고객이 질문한 내용을 다시 한번 확인해 줄 필요가 있다. 이러한 태도는 고객의 가치를 인정하면서도 동시에 보다 분명하고 정확한 응대를 하고 있다는 신중함을 나타낸다.

⑦ 안내 시 중요한 3점법 시선의 움직임은 고객이 질문할때는 고객을 바라보며 질문을 듣고 안내할 목적지 방향으로 시선을 돌려준다. 다시 한번 고객의 눈을 마주치면서 마무리한다.

TIP 열차 객실승무원 승차권 수수 시 매너

승무원의 경우 승차권을 수수하는 경우가 많다. 물건을 수수할 때에는 양손을 사용하고 작은 물건을 주고 받을 때에는 한손을 다른 한손으로 받쳐서 공손히 전달한다. 또한 받는 사람의 입장을 고려하여 글자의 방향이 상대방을 향하도록 전달하는 것이 좋다.

2 인사하기

우리는 매일같이 눈을 뜨자 마자 가족부터 시작해서 이웃주민, 동료, 친구, 고객 등 수많은 사람들을 만나게 된다. 이렇게 많은 사람들을 만날 때 자연스럽게 주고 받는 행위가 바로 인사이다. 인사(人事)라는 것은 한자에서도 그 의미를 볼 수 있듯이 사람이 해야하는 일, 즉 일상 생활에서 빼 놓을 수 없는 우리의 모습이다.처음 만나는 사람들 사이에서 새로운 인간관계가 시작됨을 나타내는 신호가 되는 것이 바로 인사이다. '안녕하세요'라는 간단하고 작은 행위이지만 인사를 하는 것과 하지 않는 것의 결과 차이는 매우 크다고 볼 수 있다. 더욱이 서비스인들에게 가장 중요하게 생각되는 서비스 태도 중 하나가 바로 인사이다. 인사는 미소와 함께 친절함을 전달할 수 있는 가장 기본적이면서도 적절하고 중요한 수단이다.

1 인사의 기본적인 기능

① 인사는 모르는 사람과 만나는 과정에서 발생할 수 있는 불안감을 감소시켜주며, 인사를 통해 모르는 사람과의 처음 관계를 알리는 것으로 상대에게 다가갈 수 있는 기회가 열리게 되는 것이다.

② 인사는 상대방에 대한 호의를 표현하는 기능을 하며 상대를 인정하고 존경한다는 표현을 전달하기 때문에 인사를 함으로써 상대로부터 호감을 얻을 수 있다.

③ 누군가에게 인사를 한다는 것은 인사말을 건네거나 허리를 구부리는 가벼운 동작이지만, 인간관계에서는 매우 중요한 역할을 한다.

2 인사 기본 자세

① 먼저 바른 자세로 선다.

② 발 뒤꿈치는 붙이고, 발의 앞부분은 약간 간격을 유지하며 남자는 30도 여자는 15도 정도가 적당하다.

③ 두 다리는 힘을 주고 서서 다리 사이로 뒤 배경이 보이지 않도록 무릎을 붙이는 것이 더 보기 좋다.

④ 손의 자세는 남녀가 다른데 여성의 경우 공수자세로 오른손이 위로 가도록 하여 엄지손가락은 엇갈려 깍지를 끼고 네 손가락을 모아서 포개어 아랫배에 갖다 대고 팔은 힘을 뺀 상태로 자연스럽게 골반뼈에 올려 놓는다.

⑤ 남성의 경우 차렷자세가 기본자세로 양팔을 자연스럽게 늘어뜨린 상태에서 손은 계란을 쥔 듯한 모양을 한 다음, 엄지손톱이 앞을 향하도록 하고, 바지 옆 재봉선에 갖다 댄다.

⑥ 인사의 준비 자세에 있어 마지막으로 가장 중요한 것은 바로 표정과 시선처리로 밝고 부드러운 미소와 상대의 눈이나 미간을 부드럽게 바라봐 준다. 이후 목례, 약례, 보통례, 정중례에 따라 허리를 숙여주면 된다.

⑦ 인사를 한 후 다시 바르게 선 정자세로 돌아왔을 때 역시 부드러운 미소로 상대를 바라보면 된다.

❸ 인사의 종류

인사의 종류에는 목례, 약례, 보통례, 정중례가 있으며 각각 열차 내 상황에 따라 어떤 인사를 하는지, 인사방법은 어떻게 되는지를 알아본다.

목례	약례	보통례	정중례

(1) 목례

① 눈으로 예의를 표시하는 방법으로 상체를 숙이지 않고 가볍게 머리만 숙여서 하는 인사법이다.

② 고객과 복도에서 마주 칠 경우나 객실 통로에서 고객과 눈맞춤이 있을 때 사용한다.

(2) 약례

① 허리를 15도 정도 숙여서 짧은 시간에 이루어지는 인사법이다.

② 상사나 고객을 여러 차례 만난 경우, 친한 동료를 만나는 경우, 회의 및 면담 대화의 시작과 끝에 약례를 한다.

③ 승무원의 경우는 객실순회 시 문을 열고 나가기 전 뒤돌아서서 또는 문을 열고 들어가기 전 고객에게 약례를 시행한다.

(3) 보통례

① 인사 중 가장 많이 하는 인사로 허리를 30도 숙여서 하는 인사법이다.

② 승무원도 영접인사 시 보통례를 시행한다.

③ "행복을 드리겠습니다. 고객님." 또는 "안녕하십니까 고객님"과 같은 인사말과 함께 한다.

④ 보편적으로 처음 만나 인사하는 경우나 고객을 배웅하는 경우에 많이 사용한다.

(4) 정중례

① 허리를 45도 숙여서 하는 인사법이다.

② 정중한 인사 표현으로 간곡한 인사법이기도 하다.

③ 깊은 감사의 뜻을 전하거나 사과를 해야 할 경우로 인사 중 웃는 표정은 삼가 해야 한다.

▇4 대표적인 영접인사법

신입 객실승무원들이 가장 많이 연습하는 인사법은 고객을 맞이하는 영접인사법으로 30도 보통례를 하고 4박자 인사법을 사용한다. 인사말과 동시에 상체를 숙이고, 잠시 멈춘 후 상체를 세우는 인사법이다.

(1) 4박자 인사법

인사말 "행복을 드리겠습니다. 고객님"을 먼저 한 후 상체를 숙였다 일어나는 것이다.

① 두 손을 모아 쥐고 허리를 굽힌 자세로 1초 정도 그대로 있다가 다시 허리를 펴는 것으로 머리를 숙이는 것이 아닌 허리와 머리가 일직선이 되도록 한다.

② 상체를 숙인 후 바로 튕기듯이 일어나는 것이 아니라 잠시 1초간 멈추었다가 허리를 펴고 다시 상대방을 바라보는 것이 바른 자세이다.

③ 허리를 굽혔을 때의 시선은 자기 발끝으로부터 1.5~2m 전방을 보듯이 한다. 이때 고개를 숙였다면 자동적으로 자기 발을 보게 되므로 잘못되었다는 사실을 스스로 알 수 있다.

(2) 인사 시 억양 및 표정

인사의 자세와 더불어 중요한 것이 인사할 때의 목소리와 표정, 눈 맞춤이다. 좋은 인사의 3박자는 올바른 자세, 눈의 표정, 경쾌한 목소리라고 할 수 있다.

① 눈빛은 상대에게 자신의 감정을 정확하게 전달하는 역할을 한다.

② 인사를 하며 다른 곳을 처다보는 것은 뭔가 숨기고 있거나 거짓 행동을 연출하고 있다는 오해를 살 수 있다.

③ 가끔 면접장에서 인사를 하고 정 자세로 돌아왔을 때 눈을 아래로 내리고 정면을 바라보지 않는 경우들이 있다. 눈을 맞추지 않고 하는 인사는 기계적으로 보이기도 하고 의미가 없는 인사라고 여겨지기 쉬우므로 주의를 기울여야 하며 항상 밝은 목소리로 인사하는 것이 좋다.

**핵심
포인트**

- 커뮤니케이션이 무엇인지 이해한다.
- 고객 응대 서비스 커뮤니케이션에 대해 이해한다.
- 보이스 트레이닝에 대해 이해한다.
- 열차 내 안내방송에 대해 이해한다.

1 서비스 커뮤니케이션

1 커뮤니케이션

인간에게 있어 커뮤니케이션 능력은 반드시 갖추어야 할 기본 소통능력으로 아주 어릴 적부터 언어를 배워서 사용하고 있으며, 언어를 통해 의사소통을 하고 있다. 일반적으로 인생의 75% 이상의 시간을 의사소통에 할애하고 있다는 통계는 커뮤니케이션이 얼마나 중요한지를 잘 표현하고 있는 증거이다.

1 커뮤니케이션의 정의

① 커뮤니케이션의 어원은 '나누다'라는 의미인 라틴어 'communicare'로부터 유래가 되었다. 이는 서로 다른 생각, 경험을 가진 두 사람 이상이 어떤 특정 사항에 대해 의미와 이해를 만들어 가는 과정으로 다른 사람과의 정보를 서로 주고 받는 과정이라 할 수 있다.

② 커뮤니케이션은 개인이 사회적 활동을 영위하는 기본적 수단이며 인간관계를 구성하는 기본 요소이다.

2 언어적 커뮤니케이션과 비언어적 커뮤니케이션

(1) 언어적 커뮤니케이션

- 일반적으로 커뮤니케이션이라고 하면 '말이 통한다, 말이 통하지 않는다' 등과 같이 언어적 의사소통을 뜻하며 커뮤니케이션에는 언어적 요소뿐만 아니라 비언어적 요소도 함께 존재한다.
- 커뮤니케이션은 말하는 내용에 의한 의미 전달을 뜻하며 언어를 통해 자신의 생각을 전달하고 다른 사람의 생각 또한 언어를 통해 수신하여 이해한다.
- 듣는 사람이 정확하게 이해할 수 있도록 정확하고 명확한 언어 메시지를 사용해야 한다.

- 듣기, 공감, 맞장구치기, 말하기가 서비스 언어적 커뮤니케이션의 기본요소가 될 수 있다.

(2) 비언어적 커뮤니케이션

- 비언어적 커뮤니케이션은 언어 사용 없이 바디랭귀지나 표정, 눈빛 등으로 감정이나 생각을 소통하는 방법이다.
- 언어와 더불어 여러 가지 기능을 수행하며 정보전달에 있어서 상황이나 해석에 대한 중요한 단서가 될 수 있다.

3 커뮤니케이션을 잘 하기 위한 중요 포인트

(1) 경청

커뮤니케이션의 시작은 듣는 것으로부터 시작이 되며 성공적인 커뮤니케이션을 위해서는 상대방의 이야기를 듣고 그 입장을 이해하는 것부터 시작해야 한다. 적극적인 경청을 하기 위한 방법으로 1.2.3.화법이 있다. 1.2.3.화법은 1분 말하기, 2분 들어주기, 3번 맞장구 치기이다. 따라서 말을 하기 전에 먼저 듣는 습관을 갖도록 노력해야 하며 1.2.3화법을 계속 반복하면 상대방은 존중과 관심을 받고 있다고 느끼게 되며 서로 기분 좋게 대화할 수 있게 된다.

(2) 눈 맞춤

이야기를 나눌 때는 적당한 아이컨텍, 따뜻한 눈 맞춤 등을 통해 상대에게 관심을 기울이고 있다는 표현을 하는 것이 좋다. 따뜻한 눈 맞춤은 대화에서 가장 중요한 부분으로 상대방의 마음을 여는 데에 많은 도움을 준다.

(3) 질문

서로가 올바르게 이해했는지 질문을 통해 확인하는 것이 좋다. 질문은 상대가 말하려는 바를 우리가 올바르게 이해했는지 확인하도록 도와주며 상대의 의견에 관심을 가지고 있음을 보여 줄 수 있다.

4 서비스 커뮤니케이션 기본원칙

열차 객실승무원이라면 고객의 입장, 역지사지의 마음으로 고객이 원하는 서비스가 무엇인지를 잘 파악해야 한다. 또한 고객에게 정보를 제공할 때에도 분명하고 명확하게 이야기를 할 수 있어야 한다.

(1) 고객의 이야기 파악하기

서비스 커뮤니케이션에서 가장 중요한 것은 고객이 어떤 서비스를 원하는지를 잘 파악하는 것이다. 고객의 언어를 역지사지의 마음으로 이해하고, 고객의 숨은 의도까지 잘 파악하기 위해서는 적극적 경청이 꼭 필요하다. 따라서 고객과의 상호 서비스 작용 시, 적극적 경청은 고객과의 원활한 라포형성(Rapport; 상호신뢰관계)을 할 수 있게 되므로 결과적으로 고객을 리드하는 서비스를 유도해 나갈 수 있게 된다.

1) 적극적 경청

- 커뮤니케이션에 있어 적극적인 청취 태도에 대한 사고방식이다.
- 비지시적 카운셀링의 칼 로저스가 창시하였다.
- 듣는 방법에는 '귀로 듣다'와 '귀를 기울이다' 2종류가 있으며 경청은 후자에 속하며 관심을 갖고 상대방의 말을 들어주며, 그의 생각과 감정을 그의 입장에서 이해하는 것이다.
- 상대방이 전달하고자 하는 말의 내용은 물론 그 내면에 깔려 있는 기분, 감정, 의미에 귀를 기울여 듣고 이해한 바를 상대방에게 피드백 해주는 것이다.
- '진짜듣기'의 한 형태로 목적을 가지고 듣는 행위이다.
- 서비스인이 자신의 특별한 감각, 태도, 신념, 직관 등을 가지고 듣는 것을 뜻하며 숨은 의도까지도 파악하는 것이다.

🚇 적극적 경청의 예시

상황 1

직원 : 팀장님, 이 일을 오늘내로 모두 마쳐야 합니까?
팀장 A : 네, 오늘 마쳐야 합니다.(X)
팀장 B : 이번 일이 예상과는 다르게 변수가 있어 좀 무리가 있지만, 힘을 내서 함께 금일까지 마쳐야 합니다.(O)

상황 분석

직원의 질문은 단순히 오늘 내로 마무리를 해야하는 건지를 묻는 단순 질문이 아니다. 따라서 적극적인 경청을 통해 팀장 B와 같이 이번 일이 무리라고 생각하는 직원의 기분, 감정까지 이해한 피드백을 주어야 한다.

상황 2

고객 : 입석도 아니고 자유석 승차권을 소지했는데, 또 이렇게 서서 가야 하나요?
승무원 A : 자유석은 지정되어 있지 않기 때문에 먼저 오신 분이 앉으시거든요. 기다리시다가 좌석이 생기면 앉으시면 됩니다. (X)
승무원 B : 자유석 승차권을 소지하고 서서 가셔서 다리가 많이 아프시죠. 전 객실이 만석이여서 현재 좌석이 없는 점 조금만 이해 부탁드릴게요. 제가 순회하면서 간이석이라도 자리가 나면 빠르게 고객님께 안내드릴게요.(O)

상황 분석

고객의 질문은 단순한 질문이나 불평이 아니다. 따라서 승무원 B와 같이 적극적인 경청을 통해 '다리가 아프니 간이석이나 자유석에 앉게 좀 도와 주세요.'라는 속마음까지 이해한 피드백을 주어야 한다.

---

2) 분명하고 명확하게 말하기

- 서비스인은 고객에게 정보를 제공하거나 고객의 니즈를 파악할 때 분명하고 명확하게 이야기할 수 있어야 한다.
- 자신은 똑똑하고 분명하게 말한다고 생각해도 듣는 사람 입장에서는 말이 제대로 안 들릴 수 있다.
- 말을 할 때 말꼬리를 흐리거나 불분명하게 말하지 않도록 주의해야 한다.
- 유아적 말투나 문법에 맞지 않는 경어는 사용하지 않으며 '좌석은 이쪽이십니다.' 와 같이 사물에 존칭을 붙이면 안 된다.

  예 좌석은 이쪽이십니다.(X) 좌석은 이쪽입니다.(O)

TIP 띄어 읽기와 쉼표의 위치에 따른 문장의 의미

- 우리말에는 '띄어 읽기'와 쉼표의 위치에 따라 문장의 의미가 완전히 달라지는 특징이 있다.

  예 '아버지가 방에 들어가신다' 와 '아버지 가방에 들어가신다'

- 시종일관 같은 속도의 같은 톤이 아닌 변화있게 말하는 것도 필요하다. 적절한 속도를 사용하여 전달력을 높이도록 하며, 속도는 말하는 빠르기와 리듬을 뜻한다.

- 말을 멈추거나 천천히 말하기를 통해 강조를 하거나 자신이 한 말을 상대가 받아들일 시간을 주는 것도 중요하다.

표를 보고 매우 그렇다는 5점, 그렇다는 4점, 보통이다는 3점, 그렇지 않다는 2점, 매우 그렇지 않다는 1점을 부여하여 총점을 합산하면 된다.

	질문	매우 그렇다	그렇다	보통	드물게	결코아님
1	상대방이 말하는 동안 아이콘택트를 잘 하는가?					
2	나의 이야기를 많이 하기보다 상대가 편안하게 이야기를 할 수 있도록 분위기를 만드는 편인가?					
3	상대방의 말을 중간에 가로막지 않고 끝까지 말할 수 있도록 하는가?					
4	상대의 말의 의미를 명확히 하기 위해 상대방 말을 다시 확인하는가?					
5	상대의 의견이 나와 일치하지 않을 때 흥분하거나 화를 내는 것을 피하려 하는가?					
6	상대방 말의 숨은 뜻을 이해하려 하는가?					
7	상대방의 말을 공감하며 경청하려 하는가?					

결과표

- ■ 31점 이상 : 소통 잘함
- ■ 23점~30점 : 일부 개선 필요
- ■ 22점이하 : 시급한 개선 필요, 경청 집중

2 고객 응대 서비스 커뮤니케이션

열차 내에서 많은 고객들과 소통하는 업무를 주로 하고 있어 고객 응대 화법도 적절하게 사용할 수 있어야 한다. 고객 응대 중 사소한 단어나 화법 차이로도 고객이 체감하는 서비스 만족감은 크게 달라질 수 있다.

1 열차 객실승무원의 서비스 화법

(1) I-message 화법

I-message 화법은 대화의 주체가 '너 You'가 아닌 '나 I'로 하여 전달하고자 하는 내용을 표현하는 방법이다. 대화의 주체가 '너 You'가 되면 행동의 원인과 결과가 상대방의 탓이 되므로 듣는 입장에서 기분이 상할 수 있다. 즉 'You-message' 화법이 상대방을 주어로 해 상대방을 평가하는 표현 방식이라면 'I-message' 화법은 나를 주어로 해 상대방의 행동에 대한 나의 생각이나 감정을 표현하는 방식으로 상대방의 감정을 덜 자극한다는 큰 장점이 있다.

🚆 You-message 화법과 I-message 화법 예시

> **You-message 화법**
> 전화를 안 받으셔서 문자 남깁니다.
>
> **I-message 화법**
> 제가 바쁜 시간에 전화를 드린 것 같습니다. 통화가 어려워 문자를 남깁니다.
>
> ――――――――――――――――――――――――――――――――――――――
>
> **분석**
> You-message 화법은 상대방이 주체가 되어 '당신이 전화를 안 받아 문자를 남기게 되었다.'라는 의미로 해석되어 행동의 원인과 결과가 그의 탓, 즉 상대방이 되는 것이다.
> I-message 화법은 듣는 사람 입장에서 생각해 보면 You-message 화법보다 훨씬 더 매너있고 친절하게 느껴지게 된다.

🚦 **TIP** 열차 객실승무원이 자주 사용하는 문장 I-message 화법

• 열차 객실승무원이 실무에서 자주 사용하는 다음 문장을 You-message 화법과 I-message 화법으로 비교해 보자.

You-message 화법	아까 주무시고 계셔서 승차권 확인을 못했어요. 승차권 보여주세요.
I-message 화법	제가 고단한 고객님을 깨운 게 아닌 지 걱정이 되네요. 혹시나 가시는 목적지를 지나치지 않으셨는지 염려했어요. 승차권을 한번 확인해드려도 될까요?"

• 대화의 주체를 나로 하고, 사실과 나의 바람, 감정을 표현하면 I-message 화법으로 표현이 된다. I-message 화법은 서비스 현장에서, 친구와의 관계에서, 가정에서, 직장에서 어디서든 처음에는 어색하고 어려울 수 있지만 습관화해서 사용하다 보면 상당히 좋은 방법인 것을 알게 될 것이다.

(2) 레이어드 화법 (청유형·의뢰형 표현)

레이어드 화법은 청유형이나 의뢰형, 질문 형식으로 바꿔 말하는 방법이다. 간혹 승무원들이 많은 고객의 질서유지를 하다보니 자신도 모르게 무심코 명령조의 표현을 사용하는 경우가 있다. 하지만 승무원의 부탁을 듣고 고객이 스스로 결정해서 행동할 수 있도록 상대방의 의견을 구하는 청유형 표현을 사용하는 것이 좋다.

일반화법	레이어드 화법
고객님 , 줄 좀 서 주세요.	고객님 줄 좀 서주시겠습니까?
기다리세요.	고객님 조금만 기다려 주시겠습니까?

(3) 긍정적인 표현으로 말하기

고객 서비스의 고객 응대 화법 중 서비스 금기어가 있다. "안돼요, 글쎄요, 잘 모르지만 안되는 것으로 알고 있어요"와 같은 표현들은 지양하는 것이 좋다. 이러한 부정적인 표현은 고객의 기분을 상하게 할 수 있고 불쾌감을 느끼게 하여 이전까지 승무원, 서비스인에게 가지고 있던 친밀감을 떨어뜨리면서 상대방에 대해 부정적인 태도를 보이게 하는 경우가 많다. 노력해 보지도 않고 부정적인 말을 즉각적이고 반사적으로 한다면 그 누구라도 감정이 상하게 되는 것은 당연한 결과이다.

부정적인 표현	긍정적인 표현
저는 모릅니다.	제가 알아봐 드릴게요.
안됩니다.	제가 다른 방법이 있는지 찾아 보고 안내해 드리도록 하겠습니다.
열차 내에서는 담배를 피우 실 수 없습니다.	흡연공간이 도착역 별도 공간에 마련되어 있습니다. 모든 고객의 건강하고 안전한 여행을 위해 협조 부탁드리겠습니다.

(4) 맞장구 화법

맞장구 화법은 고객의 의견과 대화에 관심이 있다는 것을 표현하기 위해 가벼운 맞장구나 고개의 끄덕임, 고객의 말에 재복창하여 이해와 공감을 얻는 방법이다. 고객의 말에 맞장구를 치며 한 번 더 복창하는 것은 고객의 공감과 이해를 크게 얻을 수 있으며 좀 더 고객에게 친밀하게 다가가서 열린 대화를 가능하게 해 준다.

가벼운 맞장구	• 그렇군요. • 아, 그렇습니까? • 그러셨어요? 고객님께서 승차권을 분실하셨던 말씀이시죠?
동의의 맞장구	• 정말 그러셨겠어요. • 아 ~ 잘 하셨습니다.

맞장구 화법은 화가 난 고객이나 민원 고객, 불만 고객과의 응대에서 활용하면 정말 효과가 좋다. 고객이 불편한 상황을 설명할 때 '네, 네'라고 단순히 대답하기 보다는 '아, 그러셨어요?, 네, 자유석인데 가시는 내내 서서 가셨단 말씀이시죠? 등으로 맞장구와 재복창, 정리의 맞장구 등을 사용하면 어려운 상황들을 좀 더 슬기롭게 해결해 나가는 데 많은 부분 도움이 된다.

(5) 쿠션언어의 사용

고객과의 대화에 있어서 충격을 줄일 수 있는 효과를 주는 것이 바로 쿠션 언어이다. 상대방이 기분이 상하지 않게 하면서 자연스럽게 마술처럼 상대방을 설득시킬 수 있다는 의미에서 '매직워드'라고도 한다. 고객의 마음을 움직이는 것은 바로 표현하는 방법에 달려 있다. 예를 들어 열차 내 승차권을 확인할 경우에 '승차권 확인 좀 하겠습니다' 보다는 '실례합니다. 고객님 번거로우시겠지만, 승차권 확인 좀 부탁드리겠습니다'라고 표현하는 것이 좋다. 쿠션언어는 비록 한 마디의 말에 불과하지만 이 한 마디의 말을 하고 안하고의 느낌 차이는 상당히 크다는 것을 기억하고 습관화 할 필요가 있다.

쿠션언어 사용 예시

- 미안합니다만
- 죄송합니다만, 고객님~
- 실례합니다만
- 바쁘시겠지만
- 번거로우시겠지만
- 힘드시겠지만 부탁 좀 드리겠습니다.

2 열차 객실승무원의 어투와 음성

(1) 어투

고객을 대하는 서비스 담당자가 말하는 단어 하나하나의 억양과 어투는 그 사람의 태도가 드러나기 때문에 동일한 말일지라도 다른 의미로 메시지가 왜곡되지 않도록 주의가 필요하다. 말하는 단어 억양과 단어에 대한 강세를 통해서 소통되는 전체 메시지의 내용을 바꾸어 놓을 수 있다.

억양과 어투에 따른 의미 차이

칭찬의 의미	잘하셨어요. 고객님!	비꼬는 의미	잘~ 하셨어요. 고객님.

(2) 음성

① 무뚝뚝한 음성이 아닌 고객을 부르는 음성은 부드럽고 밝고 변화가 있으며 미소가 담긴 음성이어야 한다.

② 호감 주는 음성을 위해서는 복부 아래에서부터 올라오는 발성이 중요하다.

③ 목소리가 작거나 일정한 크기로 동일하게 말하면 전달력이 없고 신뢰감을 느끼기 어렵다.

④ 여성들의 경우 흉식 발성이 습관화되어 목에 힘을 주는 발성에 익숙하여 깊지 못한 발성과 함께 작은 목소리로 유아스러운 느낌을 주기 쉽다.

⑤ 복부 발성을 잘 지키고 자신감 있는 목소리 톤을 유지하는 것이 중요하다.

⑥ 음성 크기를 조절할 수 있는 연습을 하며 소리가 커진다 해서 톤이 올라가는 것은 아니다. 소리 크기의 차이이지 음의 높고 낮음이 아님을 기억한다.

⑦ 복부에 힘을 주고 명치에 집중하여 소리의 크기를 조절하도록 한다.

열차 내 고객과 대화 시 주의 사항

- **발성을 준비하고 대화 전 미소를 짓는다.**
  - 미소를 지으며 대화할 때도 좀 더 밝은 톤의 음성을 연출하는 것이 좋다.
  - 기쁠 때는 밝은 톤으로 사과할 때는 진중한 톤으로 진심을 담아 대화한다.
- **승객과 아이콘텍트는 필수이다.**
  - 진심 없는 대화는 고객에게 친절하게 느껴지기 어렵기 때문에 아이컨텍을 하며 집중하고 경청한다.
- **고객의 입장을 더 듣도록 노력한다.**
  - 서비스인의 입장을 더 많이 말하지 않도록 주의해야 한다.

---

2 보이스(Voice) 트레이닝

열차 객실승무원의 여러 자질 중 방송능력은 꼭 필요한 자질이다. 열차 객실승무원의 업무 중 고객에게 제공되는 중요한 서비스 중 하나는 열차 내 안내방송이며, 방송을 위한 보이스 트레이닝이 필요하다.

1 목소리의 중요성

미국의 사회심리학자 앨버트 메라비언은 메시지를 전달할 때 목소리가 38%, 표정 35%, 태도 20% 등 보디 랭귀지가 55%이며, 말하는 내용은 겨우 7%의 비중을 차지한다고 하였다. 무슨 말을 하든지 목소리가 좋으면 메시지 전달에 3분의 1 이상 성공한 것이다. 그렇다면 과연 좋은 목소리는 어떤 목소리일까? 대다수의 조사결과 좋은 목소리의 조건은 아래와 같다.

통계적으로 선호하는 목소리의 조건

- 중저음의 목소리(신뢰감을 줌)
- 밝고 맑은 목소리
- 적당한 성량
- 억양이 풍부하고 음질이 깨끗한 목소리
- 부드러운 목소리와 정확한 발음

■ 좋은 목소리의 특징

(1) 공명을 가진 목소리는 편안하다.

공명을 가진 목소리는 복식호흡을 통해서 폐에 숨을 많이 담아 울림이 있고 듣기에 거슬림이 없다. 마음이 불안할 경우 말을 할 때 숨을 깊게 쉬지 못하기 때문에 호흡이 짧게 되며 말이 빨라지게 된다. 신뢰감 있는 목소리를 만들기 위해서는 호흡 연습을 통해 공명을 가진 목소리가 되도록 연습을 해야 한다.

(2) 긍정적이고 자신감이 있는 목소리는 신뢰감이 있다.

전문가답게 믿음이 가는 발성과 발음, 억양, 강조를 통해 당당하고 자신감 있게 호감을 주는 목소리로 어떠한 새로운 방송 문안이 주어져도 자신이 원하는 대로 전달력 있게 표현해야 한다.

■ 좋은 목소리를 위한 보이스 트레이닝

(1) 좋은 생각과 좋은 자세에서 나온다.

목소리를 만드는 공명기관은 악기와도 같아서 구부러지면 좋은 소리를 낼 수 없게 된다. 먼저 거울을 옆에 두고 귀와 어깨가 일직선이 되는지 자신의 자세를 확인해 본 후 어깨와 가슴 등 불필요하게 긴장하고 있는 곳은 없는지, 혹시 근육이 뭉쳐있는 곳은 없는지를 확인하고 긴장을 풀 수 있도록 어깨 돌리기 등 간단한 체조를 하는 것도 좋다.

(2) 자신의 목소리를 객관적으로 평가해 본다.

좋은 목소리를 내기 위해서는 무엇보다 자신의 목소리를 객관적으로 듣는 것이 중요하므로 자신의 목소리를 녹음해서 들어 보는 것이 좋다. 대부분의 사람들은 자신의 목소리를 녹음해서 듣게 되면 생소한 느낌을 받게 된다. 이러한 현상은 소리를 듣는 기능에 의해 녹음된 목소리와 실제의 목소리를 다르게 느끼기 때문이다.

(3) 호흡, 발성, 발음 등 단계를 나누어 체계적으로 학습한다.

좋은 목소리는 선천적인 부분도 있지만 후천적 노력으로 얻어질 수 있는 기술이다. 자신만의 목소리를 만들기 위해서는 자신의 목소리를 이해하고 호흡, 발성, 발음 등 단계를 나누어 체계적인 나만의 맞춤 훈련학습으로 보이스 트레이닝을 실천해야 한다.

2 ▶ 보이스 트레이닝 실전

■ 호흡

'말'은 '들숨'이 아닌 '날숨'에서만 할 수 있다. 즉, 숨을 내뱉으면서 말을 하는 것으로 음성의 근원지는 폐에서 성대로 올라오는 공기가 진동되어서 공명의 도움을 받아 소리가 되는 것이다.

(1) 호흡 훈련의 필요성

보이스 트레이닝에서 호흡훈련은 기본으로 자신의 호흡을 자유롭게 활용할 수 있게 하기 위해서 꼭 필요하다. 호흡이 짧으면 소리가 작고 말하고자 하는 문장을 한 번에 표현할 수 없기 때문에 전하고자 하는 내용이 끊어지는 듯한 느낌이 들며 어두에 불필요한 강조를 하거나 어미를 흐리게 되어 의미가 잘 전달되지 않는다.

🔘 TIP 호흡 훈련의 중요성

호흡은 발음과 발성을 담는 그릇이기 때문에 한 호흡이 길어야 좋은 목소리를 낼 수 있다. 하지만 호흡 훈련에서 중요한 것은 인위적으로 폐활량을 무조건 늘리는 것이 아니라 자신의 호흡량을 얼마나 경제적이고 효율적으로 사용하느냐에 달려 있다.

(2) 복식호흡

숨을 폐에 가득 채울 정도로 들이마시면 배가 불룩하게 나와서 마치 배까지 가득 찬 것처럼 된다. 이와 같이 배의 힘으로 폐의 공기를 천천히 내뱉으면서 호흡하는 것을 복식호흡이라고 한다.

1) 복식호흡 연습

① 3초 동안 코로 공기를 들여 마시고 잠깐 멈추었다가 '스~' 하고 3초 동안 입으로 숨을 뱉는다.

② 숨을 들여 마실 때에는 배가 볼록 나오고 숨을 내쉬면 배가 들어가도록 연습한다.

③ 처음에는 3초, 다음은 6초 이렇게 점점 날숨의 길이를 늘려 20초 이상 가능하도록 연습한다.

2) 복식호흡의 효과

① 복식호흡을 하면 더욱 힘 있고, 분명한 소리를 낼 수 있다.

② 복식호흡은 훨씬 더 많은 공기를 안으로 넣어 풍성한 소리, 여유있는 소리를 낼 수 있도록 도와준다.

2 발성

호흡을 통해 들숨과 날숨이 이루어질 때, 성대를 이용해 소리가 나는 것을 '발성(phonation)'이라고 한다. 공기가 통하면서 나오는 소리는 떨림판을 떨게 해주거나 공기의 양을 조절함으로써 음정이 생기고 음폭이 생기게 된다. 발성은 호흡의 양과 성대 조절로 여러 가지 소리와 톤을 만들어 준다.

(1) 목소리가 나오는 원리

목의 볼록 나온 부분을 후두라고 하는데 그 안에 성대가 있으며 폐에 담긴 숨이 올라오면서 성대를 진동시키면서 나오는 것이 소리이다. 성대는 엘리베이터 문처럼 되어 있어 울림을 만들어내며 후두에서 목소리를 떨리게 한다. 우리 입은 확성기에 해당하여 입을 다물고 말하는 것보다 입을 크게 벌리고 말을 하면 입안에서 진동하는 소리

가 커지면서 소리가 나오게 된다. 폐에 있는 숨이 올라와서 성대를 울려 입안에 있는 공간을 확장해서 나오는 것이 바로 소리의 매커니즘이다.

(2) 아치 넓히기 훈련

① 공명의 울림소리를 만들기 위해서는 아치 넓히기 훈련이 필요하다. 아치는 입을 크게 벌렸을 때 목구멍 입구에서 목젖이 내려오는 부분까지의 둥근 부분을 말한다. 입 안의 목젖이 보이도록 입을 벌려준다. 아~하고 소리를 내면 혀가 아래로 내려가면서 목의 아치가 보인다.

② 복식호흡으로 음 하나 하나가 앞으로 쭉 밀고 나간다는 것을 이미지화하면서 한 글자씩 발성한다. 그냥 가.갸.거.겨.가 아니라 한 음절씩 가! 갸! 거! 겨! 이런식으로 복식호흡으로 음을 멀리 던지면서 연습한다.

③ 음의 고저를 만드는 과정에 대해 연습한다.
  5단계로 나누어서 점점 커지도록 연습을 한다.

🚈 발성연습

`예시 1`
아치를 넓게 확장시킨다는 느낌으로 발성연습을 한다.

가, 갸, 거, 겨, 고, 교, 구, 규, 그, 기

`예시 2`
5단계를 나누어 점점 커지도록 연습한다.

하나하면 **하나**요 → 둘하면 **둘**이요 → 셋하면 **셋**이요 → 넷하면 **넷**이요 → 다섯하면 **다섯**이요

---

❸ 자기 목소리 찾기 훈련

진짜 자기 목소리란 가식적이고 불편한 목소리가 아니라 듣는 사람도 편안한 균형 잡힌 목소리를 말한다. 자신의 진짜 목소리를 찾았다면 연습을 통해서 자신의 목소리를 가꾸며 된다. 중요한 것은 목소리에도 표정이 있다는 점을 기억하며 항상 밝은 표정으로 목소리를 내도록 노력하는 것이 중요하다.

① 목을 쭉 훑어 내려가면서 불룩 튀어나온 부분을 찾는다.
② 그 부분에 검지와 중지를 대고 노래 부르듯이 도, 레, 미, 파, 솔, 라, 시, 도를 해본다.
③ 특정 음을 지나갈 때 성대가 훅 올라가는 것을 확인할 수 있다.

④ 성대가 올라가기 전의 음이 자신이 자연스럽게 낼 수 있는 소리의 음역대로 진성이다.
⑤ 누구나 좋은 목소리는 타고 난다.

4 발음

발음을 명료하게 할수록 지적인 이미지와 프로페셔널한 이미지를 준다고 한다. 조음기관을 게으르게 사용해서는 정확한 발음을 할 수 없다. 발음하기 전에 얼굴과 턱, 혀를 충분히 풀어준 후 발음연습을 하도록 한다.

(1) 발음을 명료하게 하는 비법

1) 입을 크게 벌리기

발음에서 제일 기본이자 중요한 비법으로는 입을 크게 벌리는 것이다. 입을 크게 벌리지 않고서는 발음을 정확하게 할 수 없다. 입을 크게 벌려 입안의 아치를 크게 열어주고 혀는 최대한 아래로 내려 공기를 아래로 보내고 모음을 정확하게 발음하는 연습을 한다.

2) 조음점을 정확히 파악

두 번째 비법은 자음이 만들어지는 위치인 조음점을 정확히 파악하는 것이다. 자음(19개)은 목, 입, 혀 따위의 발음기관에 의해 구강 통로가 좁아지거나 완전히 막히는 따위의 장애를 받으며 나는 소리를 말한다. 'ㅅ' 발음이 새는 분들을 보면 혀의 위치가 윗잇몸이 아니라 치아에 붙는 경우가 있다. 발음할 때 혀가 정해진 자리에 위치해 있는지 한 번 점검해 보면 정확하게 발음할 수 있을 것이다.

양순음	두 입술을 붙였다 떼는 양순음	ㅁ, ㅂ, ㅃ, ㅍ
치조음	윗잇몸과 혀끝이 만나는 치조음	ㄴ ㄷ ㄸ ㄹ ㅅ ㅆ ㅌ
경구개음	경구개와 혓바닥이 만나는 경구개음	ㅈ ㅉ ㅊ
연구개음	연구개와 혀 뒷부분이 만나는 연구개음	ㄱ ㄲ ㅋ ㅇ
성문음	목구멍으로 나오는 소리로 성문음	ㅎ

3) 첫 음절에 악센트 주기

발음 비법의 마지막은 첫 음절에 악센트를 주는 것이다. 첫 음절에 악센트를 넣게 되면 전체적으로 말에 힘이 들어가게 되어 소리가 더욱 커져 명료하게 들리게 된다. 발음하기 어려운 단어는 끊어서 악센트를 주면서 읽으면 어려운 단어도 발음하기 쉬워진다.

예시

> [자, 지금부터 첨단의료복합단지 조성에 관한 프레젠테이션을 시작하겠습니다.]
> 줄줄 읽어지죠. 그럼 첫 음절에 악센트를 주고 읽어보겠습니다.
> [**자**, 지금부터 **첨**단의료**복**합단지 **조**성에 관한 **프**레젠테이션을 **시**작하겠습니다.]

리듬스피치 훈련 5단계를 연습하게 되면 어떤 문안이라도 전달력 있고 자신감 있게 표현할 수 있게 된다.

1 1단계

문안 내용을 파악하여 어떤 내용인지 천천히 읽어본다.

> • 오늘 새벽 동해안에 약한 황사가 찾아왔습니다.
> • 황사는 중부지방 등으로 확산되겠고 남부지방에는 비가 꽤 많이 오겠습니다.

2 2단계

모음만 따로 떼어서 호흡, 발성, 발음에 신경쓰며 한 음절씩 읽어본다.

> • 오늘 새벽 동해안에 약한 황사가 찾아왔습니다.
> • 황사는 중부지방 등으로 확산되겠고 남부지방에는 비가 꽤 많이 오겠습니다.
> • 오으 애여 오애아에 야아 와아아 아아와으이아
> • 와아으 우우이아 으으오 와아외에오 아우이아에으 이아 왜 아이 오에으이아

3 3단계

모음과 자음을 붙여서 한 음절씩 읽어본다.

> • 오 늘 새 벽 동 해 안 에 약 한 황 사 가 찾 아 왔 습 니 다.
> • 황 사 는 중 부 지 방 등 으 로 확 산 되 겠 고 남 부 지 방 에 는 비 가 꽤 많 이 오 겠 습 니 다.

4 4단계

의미 단위로 자연스럽게 끊어서 둥근 억양으로 읽어본다.

> • 오늘 새벽 동해안에 / 약한 황사가 찾아왔습니다.
> • 황사는 중부지방 등으로 확산되겠고 / 남부지방에는 비가 꽤 많:이 오겠습니다.

5 5단계

강조법을 활용해서 읽어본다.

> • 오늘 새벽 동해안에 / 약한 황사가 찾아왔습니다.
> • 황사는 중부지방 등으로 확산되겠고 남부지방에는 비가 꽤 많:이 오겠습니다.

3　열차 객실승무원의 열차 내 안내방송

열차 안내방송은 음성언어로만 전달되기 때문에 목소리가 중요한 부분을 차지하며 효과적인 전달을 위해서는 적당한 속도와 정확한 발음이 필수적이다. 정보의 전달과 더불어, 밝고 친절한 느낌도 함께 전달해야 하므로 표정이 보이지는 않지만 목소리를 통해 그 느낌은 그대로 전달되기 때문에 밝은 표정으로 방송을 해야 한다. 안내방송이 적시적소에 정확하게 이루어질 때 고객만족이라는 결론에 다다를 수 있다.

1　열차 내 안내방송

1 열차 내 안내방송 목적

열차 내 안내방송은 사람이 하는 서비스로 자동 안내방송과는 다른 따뜻한 음성이 중요하며 정보전달이 끝이 아니라 한발 더 나아가, 서비스로서의 방송을 할 수 있도록 해야 한다. 그렇다면 열차에서 안내방송을 하는 가장 큰 목적은 무엇인가요? 바로 고객에게 신속하고 효과적인 정보를 전달하는 것이다. 운행정보와 서비스 안내, 안전에 관련된 내용 등 열차이용 중 발생하는 모든 상황에 대한 정보를 적시에 전달하고, 필요 시 안전관련 통제수단으로도 활용할 수 있으며 궁극적 목적은 고객에게 편안하고 안전한 여행을 제공하는 것이다.

2 열차 내 안내방송의 중요성

열차 내 안내방송은 열차의 서비스 수준을 결정짓는 중요한 요소이다. 열차 운행 중 계속해서 밝고 친절한 목소리의 세련된 방송이 흘러나오면 고객들은 수준 높고 고급스러운 서비스라는 느낌을 받을 수가 있다. 방송하는 승무원의 발음이 정확하지 않거나 억양이 부자연스럽고, 이례상황이 발생했는데도 안내방송을 통한 안내가 제대로 이루어지지 않는다면 고객들은 수준 낮은 서비스라는 인상을 받게 된다. 따라서 방송을 담당하는 승무원은 무엇보다도 자긍심과 책임감을 가지고 안내방송에 임해야 한다.

3 열차 내 안내방송의 특성

안내방송은 고객과의 비대면 상황 커뮤니케이션으로 방송에서 사용하는 말은 일상 대화에서 쓰는 문자 언어와 달리 음성 언어로 구어체를 사용하며 다음과 같은 특성이 있다.
① 억양이나 강약, 완급의 변화가 있는 **안락성**
② 적절한 타이밍에 방송을 시행했는가가 결과를 좌우하는 **적시성**
③ 방송 후에는 정정이 불가능하기 때문에 **정확성**
④ 공간적으로 미치는 범위와 전달받는 대상에 제한이 없는 **비선택성**

④ 안내방송 문장의 특징

① 안내방송 문장은 공공성이 강하고 이성적이고 지적인 문장이다.

② 어휘 사용이나 문장 구성이 가장 규범적이고 쉬워야 한다.

③ 표준어 규정이나 맞춤법에 맞게 어휘를 사용해야 한다.

④ 안내방송 금기어는 당연히 사용하면 안 되며, 외국어나 외래어, 어려운 한자어의 사용은 가능한 피해야 한다.

⑤ 어휘는 중학생 정도가 알아들을 수 있는 정도의 수준으로 사용한다.

⑤ 열차 내 안내방송 기본요령

안내방송을 시행할 때 방송 담당자가 고려해야 할 것들은 어떤 것이 있는지 안내방송 기본요령은 다음과 같다.

(1) 간결(Conciseness)

필요 없는 수식어로 내용이 길어질 경우, 내가 전달하고자 하는 내용이 정확하게 전달되지 않을 수 있기 때문에 고객이 정말 필요로 하는 내용을 애매한 표현이 아닌 구체적이고 간결하며, 정확한 문장을 사용하여 전달하여 정보의 공정성과 정확성을 기해야 한다.

(2) 배려(Consideration)

고객들이 원하는 정보는 적절한 타이밍에 전달해야 하며 때를 놓치는 안내방송은 의미가 없다. 고객이 원하는 안내방송을 원하는 시기에 신속하게 전달해야 고객의 불만을 최소화 시킬 수 있다. 또한 고객이 이해하기 쉽도록 복잡한 말이나 전문용어는 피하고 순화한 철도 용어를 사용한다.

(3) 명확(Clarity)

안내방송의 기본적인 목적은 정보를 전달하는 것이다. 말하고자 하는 내용을 정확한 발음과 적절한 속도로 명확하게 안내한다. 반드시 작성된 원고에 따라 시행하고 잘못된 내용을 전달하여 정정할 경우, 안내방송에 대한 신뢰성이 떨어질 수 있기 때문에 신중을 기해야 한다.

(4) 정중(Courtesy)

적절한 속도로 부드럽고 정확한 발음을 사용하여 신뢰감 있게 1분 동안 약 260~270음절을 전달할 수 있는 속도로 안내방송을 시행해야 한다. 성의없이 안내방송을 하는지 정중하게 안내방송을 시행하는 지는 듣는 사람이 확실히 느낄 수 있음을 인지해야 한다.

⑥ 열차 내 안내방송 구분

열차 내 안내방송은 자동 안내방송, 영상 안내방송, 육성 안내방송이 있다.

자동 안내방송	사전에 녹음된 음성으로, 위치 확인 시스템이나 표준 안내방송 시스템을 이용하여 지정된 시점에서 자동으로 송출되는 방송이다.
	예 열차 내 정차역이나 종착역 안내방송 등
영상 안내방송	열차 내 모니터를 통해 영상이나 문자로 송출되는 방송이다.
	예 이례사항 안내방송, 명확한 정보전달이 필요한 안내방송 등
육성 안내방송	승무원이 방송기기를 이용하여 직접 육성으로 시행하는 안내방송이다.
	예 기본 안내방송, 홍보 안내방송, 안전관련 안내방송, 이례상황 안내방송 등

2 안내방송 표현기법

평소 말할 때의 상황을 생각해 보면 어떤 부분은 강조를 하고, 어떤 부분은 음이 높아지고 어떤 부분은 천천히 말을 한다. 리듬감 있는 안내방송이라는 것은 말의 생동감을 주는 것처럼 진짜 말을 하는 것에서 시작된다. 실전에서 효과적이고 세련된 안내방송을 하기 위한 조건은 아래와 같다.

1 구어체 사용

우리나라는 표준 발음법에 의해 문자언어를 음성언어로 읽을 때 연음이나 된소리 등 다양하게 표현이 되며 문자언어를 그대로 발음하지 않는다.

방송에서 많이 쓰는 단어

표기된 문자 그대로 읽는 것이 아니라 음성언어로 발음을 한다.

서울역	[서울역]이 아니라 **[서울력]**
쾌적한의 경우	[쾌적한]이라고 읽지 않고 **[쾌저칸]**
도착하는	[도착하는]이 아니라 **[도차카는]**
확인	[확인]이 아니라 **[화긴]**

2 음운의 생략

문어체로 작성하지만 구어를 사용하기 때문에 의미를 삭감하지 않는 범위에서 음운이나 음절을 생략하고 발음한다.

축약 예

축약해서 발음을 하고, 축약된 부분은 장음을 적용한다.

~해, ~하였습니다	**[했습니다]**	열차입니다	**[열찹니다]**

3 [의] 발음

'의'는 세 가지로 구분된다.

첫음절에 오는 '의'	첫소리에 오는 의는 [의] 그대로 발음한다.	• **의자**, **의사** 등
둘째음절 이하 '의'	둘째 음절 이하는 [이]로 발음한다.	• **[주의]**해 주시기 바랍니다라고 하지 않고 **[주이]**해 주시기 바랍니다. • **[유이]**해 주시기 바랍니다.
조사로 쓰이는 '의'	조사로 쓰이는 [의]나 [에]로 많이 발음한다.	• 고객 여러분**[에]** 협조 부탁드립니다.

4 잘못 사용하고 있는 어휘

굳어진 표현처럼 사용되고 있으나 실제로는 잘못 사용하고 있는 어휘들이 있다.

(1) 삼가주시기 바랍니다.

삼가주시기 바랍니다는 '삼가하다'를 잘못 덧붙이고, 불필요한 보조동사 '주다'까지 붙인 말이다.

삼가주시기 바랍니다. (X)	삼갑시다, 삼가시기 바랍니다(O)

(2) 안내말씀 드리겠습니다.

'안내말씀 드리겠습니다'의 '말씀 드리겠습니다'는 말하는 직원의 의지가 아니고 정해진 사실을 안내하는 내용이므로 '드립니다'로 해야 한다.

안내말씀 드리겠습니다. (X)	안내말씀 드립니다.(O)

(3) 즐거운 여행 되십시오

즐거운 여행 되십시오는 '물이 얼음이 되다'와 같은 구조로 '당신이 즐거운 여행이 되다'라는 뜻을 가지게 되므로 의미론적으로 맞지 않는 문장이다.

즐거운 여행 되십시오. (X)	즐거운 여행 하십시오.(O)

5 장음 이용

좀 더 세련된 안내방송 표현을 위해 장음을 이용할 수 있다. 장음의 표현은 발음의 정확성과 적정 속도 유지의 역할을 하며 보통의 음절보다 1.5배의 길이로 여유 있게 발음한다. 숫자의 경우는 2:, 4:, 5: 를 장음으로 발음한다.

🚄 장음의 예시

열차 내 방송은 열차번호나 시간을 표현하는 숫자를 많이 사용하므로 익혀두는 것이 좋다.

> • KTX 124열차입니다
> → KTX **12:4:[백이:십사:]**입니다.

6 강조법

강조는 중요한 부분을 찾아 크고 천천히 표현하면 된다. 발성을 크게 하는 강조는 가장 흔하게 사용할 수 있는 강조법으로 강조하고 싶은 곳에 힘을 주어 발음한다. 열차출발 시간과 목적지와 같이 중요한 부분은 발성을 크게 하여 강조하는 것이 좋다.

🚊 강조법의 예시

> • 우리 열차는 **10시 15분**에 **서울**로 가는 KTX **126** 열차입니다.

7 포즈(Pause)

포즈를 이용해서 강조하는 것으로 포즈를 주는 뒷부분이 강조되는 굉장히 세련된 강조 법이고 갑자기 말을 멈추는 순간 청중은 어떤 말이 나올까 기대를 하게 된다.

🚊 포즈의 예시

> • 열차가 **곧** ∨ 출발합니다.

3 ▶ 열차 내 안내방송 실전 문안 연습

1 기본 안내방송

기본 안내방송은 출발 전 안내방송, 정차역 도착 안내방송, 마지막역 도착 안내방송, 환승 안내방송 등 열차를 운행하면서 기본적으로 정보를 제공하기 위해 시행하는 방송 이다. 특히, 출발 전 안내는 출발시간, 목적지, 열차번호, 배웅 나온 고객에게 하차 안내 등을 하기 위한 것이며 중요한 부분은 더욱 잘 들릴 수 있도록 크고 천천히 강조를 하며 시행한다.

🚊 출발 전 안내방송

> KTX의 경우
> 우리 열차는 10시15분에 서울역으로 가는 KTX126 열차입니다. 열차가 곧 출발합니다. 가 지고 계신 승차권을 확인해 주시기 바랍니다. 고맙습니다.
>
> SRT의 경우
> 안내 말씀 드립니다.
> 우리 열차는 10시 10분에 부산역을 출발하여 신경주, 동대구, 대전, 오송, 지제역을 거쳐 수서역까지 가는 SRT 324 열차입니다. 승객 여러분께서는 가지고 계신 승차권에서 가는 곳과 열차시간을 다시 한 번 확인해 주시기 바랍니다.
> 열차가 곧 출발합니다.
> 배웅을 위해 승차한 분은 이제 열차에서 내려주시기 바랍니다.

2 계도 · 공공질서 · 안전관련 안내방송

먼저 방송에서 알리고자 하는 의도를 파악하여 어떤 부분을 강조할지 생각해 보아야 한다. 공공질서유지 안내방송 같은 경우 고객에게 계도의 목적이 있다. 이럴 경우에는 친절하지만 약간은 단호한 톤으로 안내방송을 시행한다.

🚆 공공질서 안내방송

> **KTX의 경우**
> 부탁 말씀 드립니다. 휴대전화 벨소리는 진동으로 바꾸고, 통화를 할 때에는 객실 밖 통로를 이용하시기 바랍니다. 객실 안에서는 조용히 해 주시고, 어린이도 객실 예절을 지킬 수 있도록 보살펴 주시기 바랍니다. 고맙습니다.
>
> **SRT의 경우**
> 승객 여러분, 안전한 열차 이용을 위해 안내 말씀 드리겠습니다.
> 열차를 타고 내릴 때에 사고가 발생하기 쉬우니 유의하시기 바랍니다.
> 특히 객실이나 화장실 출입문에 끼어 다치지 않도록 조심하십시오.
> 선반 위에 물건을 올려 두실 때에는 떨어지지 않게 올려놓으시고, 어린이와 함께 여행하시는 승객께서는 어린이가 다치지 않도록 보살펴 주시기 바랍니다. 응급 상황이 발생하면 승강문 옆에 있는 비상 호출장치를 통해 승무원에게 즉시 알려주십시오. 고맙습니다.

3 이례상황 안내방송

이례상황 안내방송은 열차운행 중 서행, 정차 등 열차운행 관련 갑작스러운 이례상황 발생 시 시행하는 방송이다. 이례상황 방송은 KTX의 경우 열차팀장이, SRT의 경우 객실장이 우선적으로 방송을 하도록 되어 있다. 이례상황 발생으로 열차팀장이나 객실장이 부득이 안내방송을 하지 못할 경우 협의하여 승무원이 안내방송 문안을 작성하고 적시에 방송을 시행한다. 이례사항 발생 시에는 발생사유와 사고 상황 등을 정확하게 파악하여 신속하게 방송을 시행하고 상황을 수시로 파악하여 조치 사항 및 고객 행동 요령에 대한 안내방송을 수시로 시행한다.

4 홍보 안내방송

홍보 안내방송은 여행 질서유지를 위한 안내방송 등 고객들의 쾌적하고 안전한 여행을 위해 필요한 계도성 안내방송, 일정기간 동안 정보전달을 위해 시행하는 캠페인성 안내방송 등이 있다.

5 감성방송

긍정적인 문안으로 고객이 호의적인 이미지를 가질 수 있도록 서비스로서의 방송으로 감성방송을 시행하고 있다. 날씨, 계절, 시간대별 상황에 맞게 다양한 문안을 사용하고 있으며, 열차 정시 도착 시, 마지막 역 안내방송 직후에도 함께 시행한다. 안내방송은 기본적으로 밝은 표정으로 시행하지만, 특히 감성방송 같은 경우는 서비스로서의 방송이기 때문에 고객에게 긍정적 이미지를 전달할 수 있게 문안 단어 하나 하나에 느낌을 표현해 방송한다.

🚆 감성방송

> **KTX의 경우**
> 오늘 하루 한국철도와 함께 해주신 고객 여러분 감사합니다.
> 내일은 더욱 즐겁고 기분 좋은 일이 함께하기를 기원합니다.
>
> **SRT의 경우**
> SRT와 함께 해주신 승객 여러분께 감사드립니다.
> 새해에도 승객 여러분의 행복한 순간, 소중한 기억 속에 SRT가 함께하도록 노력하겠습니다. 새해 복 많이 받으십시오.

PART

III

열차 객실승무원의 직무

- MOT(고객접점) 및 관리에 대해 알아본다.
- 열차 내에서 발생하는 고객 응대 사례 및 대응방법에 대해 알아본다.
- 불만고객 응대 이후 서비스 회복과 서비스인의 감정극복에 대해 알아본다.

1 열차 내 MOT(고객접점)별 서비스

1 MOT(고객접점) 관리

서비스에서 진실의 순간은 고객이 서비스를 제공하는 조직과 그 품질에 대해 어떤 인상을 받는 순간으로 고객접점을 말한다. 15초 내외의 짧은 순간, 작고 사소한 부분에 의해 고객은 서비스 전체에 대한 만족 또는 불만족을 느낄 수 있기 때문에 승무원들은 고객이 서비스와 접하는 모든 접점을 파악하고, 각각의 접점에서 최고의 서비스를 제공할 수 있는 노력이 필요하다.

1 MOT(고객접점)

(1) MOT(고객접점) 어원

MOT(고객접점)는 스페인 투우 용어 'Moment De La Verdad'를 영어로 옮긴 것으로 투우에서 투우사가 소의 급소를 찌르는 순간, 소와 투우사의 운명이 갈리는 순간을 의미한다. '피하려 해도 피할 수 없는' 또는 '실패가 허용되지 않는 순간' 등의 매우 결정적인 찰나를 표현하는 것이다. 이 표현을 바탕으로 훗날 스웨덴의 마케팅 학자인 라처드 노먼(R. Norman) 교수는 서비스에서의 MOT(고객접점) 용어를 다시 제창하였다.

(2) MOT(고객접점) 정의

서비스 품질을 고객이 인식하는 결정적 순간을 우리는 MOT(Moment Of Truth)라 하며 '진실의 순간' 혹은 '결정적 순간'이라고도 한다. 서비스품질관리협회에서는 MOT(고객접점)는 고객이 조직의 어떤 일면과 접촉하는 접점으로서, 서비스를 제공하는 조직과 그 품질에 대해 어떤 인상을 받는 순간이라 하였다. 즉 MOT(고객접점)는 고객이 기업에 대한 견해를 가지게 되는 모든 순간을 말한다고 볼 수 있다.

■2 MOT(고객접점) 사례

MOT(고객접점)가 무엇인지 조금 더 쉽게 이해하기 위하여 패밀리레스토랑 O사의 MOT(고객접점) 사례를 살펴보기로 한다. 패밀리 레스토랑 O사는 'No Rules, Just Right, 고객이 원하면 불가능할 것이 없다' 라는 슬로건과 함께 다양한 서비스로 동종업계의 벤치마킹의 대상이 되었다. 어떻게 이런 결과를 얻을 수 있었을까? O사의 MOT(고객접점) 관리를 살펴보면 그 답이 보인다. O사의 사례는 고객이 문을 여는 순간부터, 문을 닫고 나가는 모든 접점들에서 잘 관리되고 있는 좋은 사례이다.

(1) O사의 주요 MOT(고객접점) 7단계 관리 원칙

O사는 MOT(고객접점) 7단계 관리 원칙에 따른 단계별 서비스 표준들의 명확한 제시로 인해 고객들에게 좋은 인상을 줄 수 있다.

① 매장에 들어서는 순간 서버들이 문을 열어주며 인사를 건넨다.

② 대기하지 않고 바로 입장하는 경우와 대기하는 경우를 구분하여 대기하는 경우에는 '웨이팅 푸드 서비스(Waiting-Food)'를 한다.

③ 좌석이 배정되면 담당서버가 배치되고 담당서버는 고객에게 본인을 소개하고 좌석으로 안내한다.

④ 서버의 안내로 자리에 앉으면, 물과 함께 '부쉬맨 브래드'라는 호밀빵을 서빙해준다.

⑤ 주문을 받을 때에는 고객과 편안히 대화하기 위하여 눈맞춤 서비스를 제공한다.

⑥ 고객의 식사 중에는 담당서버는 음료를 계속 리필해 준다. 더 필요한 사항이나 불편한 점은 없는지 확인하고 고객의 즐거운 식사를 돕는다.

⑦ 계산 시에는 영수증에 짧은 감사의 메시지를 담고 고객에게 감사함을 표현한다. 고객이 원할 경우 '부쉬맨 브래드'와 커피를 'to-go' 용으로 제공하며 환송 업무를 진행한다.

> **◉ TIP**　**그림으로 보는 O사의 MOT(고객접점)별 서비스 표준 사례**

'웨이팅 푸드 서비스(Waiting-Food)'는 O사의 특별한 서비스 중 하나이며, 매장이 만석일 경우 기다리는 고객의 대기시간의 접점관리를 위하여 약간의 음식을 제공하는 서비스이다.

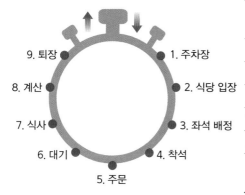

1. 입장	서버들이 문을 열어주고 환대. 대기하는 경우 웨이팅 푸드 제공
2. 좌석배정	담당 서버배치, 본인 소개, 좌석 안내
3. 좌석착석	물, 부쉬맨 브래드 서빙
4. 주문 시	고객에게 눈맞춤 서비스 제공
5. 식사 중	음료 리필
6. 계산 시	영수증에 짧은 감사 메시지
7. 퇴장 시	'to-go'용 음식 원하는지 묻고 원할 시 제공하고, 환송

❸ MOT(고객접점) 관리의 중요성

MOT(고객접점)를 관리해야 하는 이유는 '곱셈의 법칙'으로 설명할 수 있다.

① 모든 숫자에 0을 곱하면 결과 값이 0이 되듯이, 아무리 다른 접점에서 서비스를 잘해도 한 접점의 서비스에서 0점을 받는다면 전체 서비스도 0점이 되는 것을 말한다.

② 고객이 어느 한 접점이 마음에 들지 않으면 좋은 이유가 아주 많더라도 불만족스러운 이유로 인해 그 기업을 다시 찾지 않게 된다.

③ 곱셈의 법칙이 서비스에 적용되기 때문에 기업은 모든 MOT(고객접점) 전체를 관리해야 한다.

④ 모든 단계의 MOT(고객접점)가 모두 중요하게 관리되어야 하지만, 초기 단계의 MOT(고객접점)는 조금 더 신경을 써야 한다.

⑤ 초기 단계의 MOT(고객접점)가 불만족스러우면 후광효과로 인해 모든 접점상황에 영향을 미칠 수 있으므로 첫 고객접점 응대를 중요하게 관리해야 한다.

2 ▶ MOT(고객접점) 분석

❶ MOT(고객접점) 사이클

(1) MOT(고객접점) 사이클 정의

서비스 접점을 분석할 때 가장 기본적인 것이 MOT(고객접점) 사이클이다. MOT(고객접점) 사이클은 고객이 처음으로 서비스를 접촉해서 서비스가 마무리 될 때까지의 전체 과정을 고객의 입장에서 그려보는 방법으로 고객이 경험하는 서비스 접점들을 리스트화하여 고객이 서비스를 받기 시작하는 시점부터 서비스를 완료하는 시점까지를 정리해보는 것이다.

(2) MOT(고객접점) 사이클 장점

① MOT(고객접점) 사이클은 어느 접점에서 주의해야 하는지, 불량 포인트가 무엇인지, 고객의 입장에서 분석해 보는 좋은 접근 방식이다.

② 서비스인들은 실제로 MOT(고객접점) 사이클을 통해 고객이 경험하는 서비스의 전체 흐름과 전체 접점을 이해함으로써 서비스 전달의 전체적인 시스템을 돌아보게 된다. 이때 실패의 포인트는 없는지 고객만족을 위해 더 강화해야 하는 포인트는 없는지를 체크해서 고객들에게 더 나은 서비스를 제공할 수 있게 된다.

❷ MOT(고객접점)를 분석하는 이유

여러 가지 이유로 MOT(고객접점)에서 서비스인이 달성해야 하는 최소한의 서비스 표준(기준)을 마련해야 한다.

① MOT(고객접점) 분석은 서비스 효율을 증대하기 위해서 하는 것이다.

② 고객과 응대하는 모든 상황이 중요하긴 하지만 핵심적인 MOT(고객접점)와 고객이 만족을 느낄 수 있는 차별화된 접점 포인트를 찾아내고 고객의 기대수준을 관리하는 것이다.

③ 접점 포인트별 서비스 표준(기준)을 마련하여 통일된 가이드 라인을 제시한다면 서비스인들은 고객 응대에 대해 매번 고민할 필요가 없게 되어 결국 시간과 노력을 절약할 수 있는 경제적 효율을 달성할 수 있게 된다.

④ 접점 포인트별 서비스 표준(기준) 가이드 라인을 고객이 만족하는 기대 수준으로 마련해 둔다면 일반적으로 제공하는 서비스 메뉴얼만으로도 평균적인 고객만족을 이룰 수 있게 되어 기업의 생산성에도 긍정적인 영향을 주게 된다.

3 열차 내 MOT(고객접점)별 상황 및 서비스 표준(기준)

열차 내 MOT(고객접점)별 세부적 서비스 상황 및 서비스 표준(기준) 기본 원칙은 아래와 같다.

(1) 고객이 승차하기 전, 승무원은 웰컴 서비스 시행

① 많은 고객들의 원활한 안내를 위하여 휴대용 마이크를 착용하고 출발 전 안내와 해당 열차의 정보를 제공한다.

② 좌석 안내, 분산승차 유도 등 적극적으로 안내한다.

③ 고객이 출발역이 아닌 정차역에서 승차하는 경우는 웰컴 서비스는 생략될 수 있지만 적극적인 안내를 시행하도록 한다.

(2) 고객 승차 시에는 영접 인사 진행

① '안녕하십니까 고객님, 행복을 드리겠습니다.'와 같이 정해진 인사 문안과 4박자 인사법을 제공하여 고객에게 좋은 첫인상을 남길 수 있도록 한다.

(3) 객실 순회를 통하여 고객의 편안한 여행 서포트

① 1회 객실순회 주기는 20분 정도이며 객실을 출입하고 나갈 시 인사를 시행한다.

② 객실을 나갈 때에는 뒤돌아서 고객들을 한 번 더 확인하여 승무원의 도움이 필요한 고객이 없는지를 확인 후 인사를 시행한다.

③ 클린업 서비스를 제공한다.

④ 좌석이나 테이블을 정리하고 선반 및 독서, 블라인드 등도 확인한다.

⑤ 고객에게 관심을 표현하고 1-2-3 대면 서비스를 진행한다. 1-2-3 대면 서비스는 한 객실에 1분간 머무르고, 2명의 고객과 스몰톡을 하며 3번의 눈 맞춤을 시행하는 것을 말한다.

⑥ 편안한 여행환경을 조성하도록 한다. 객실을 순회하며 객실 온도 등을 체크하면서 쾌적한 객실환경을 조성하도록 한다.

⑦ 큰 소리로 휴대전화를 사용하거나 어린이 고객 등의 소란이 있다면 정중하게 안내를 시행하여 편안한 여행 환경을 조성한다.

(4) 승차권 안내 서비스 시 쿠션언어 사용

① 승차권 안내 서비스 시에는 쿠션언어를 사용하여 고객의 승차권을 확인하고 좌석 안내를 해야 한다.

② 검표가 아닌 고객과 1:1 상호소통이 이루어지는 MOT(고객접점)로 인식해야 한다.

③ 좌석이용이나 승차권에 착오가 없는지, 불편한 사항은 없는지 서비스 커뮤니케이션을 진행해야 한다.

(5) 열차 내 안내방송 실시

① 정차역 안내방송은 2분 전에 시행하여 고객이 미리 하차준비를 할 수 있도록 한다.

② 열차 내 안내방송은 지정된 안내방송 문안에 따라 정확하게 방송해야 한다.

(6) 정차역 지적확인 및 수신호 진행

① 고객이 안전하게 열차에서 하차할 수 있도록 지적확인한다.

② 더 이상 타고 내리는 고객이 없는지 확인 후, 열차출발을 위하여 근무자간 수신호를 진행한다.

(7) 도착 후, 고객 하차 시

① 고객 하차 시 환송인사를 한다.

② 하차한 후에는 유실물은 없는지, 있다면 유실물 관련 도움 서비스로 진행한다.

■4 서비스 표준화

(1) 서비스 표준화 작업

MOT(고객접점) 사이클이 만들어지면 순서대로 고객의 기대에 부응하는 고객 응대 행동요령과 고객 응대 화법들이 만들어진다. 이 모든 과정을 나열하면 서비스 표준(기준) 및 고객 응대 매뉴얼이 된다. 서비스 표준화 작업은 고객 응대 매뉴얼은 이렇게 해야한다의 기준이라기 보다는 적정수준의 통일성을 규정하는 작업이다.

(2) 서비스 표준화 작업 시 유의 사항

① 모든 고객이 최소한의 서비스를 받을 수 있도록 표준화 작업을 해야 한다.

② 고객이 만족할 수 있는 적정수준의 서비스를 표준화한 기준임을 인지하면서 작성한다.

③ 매뉴얼대로의 서비스는 100점의 서비스는 아니다. 열차 내 서비스를 할 때 서비스의 일관성을 위하여 반드시 서비스 표준화 작업을 시행해야 함을 인식해야 한다.

④ 기본 매뉴얼에 승무원 본인만의 센스와 세심한 고객 응대를 더해주면 좋다.

⑤ 서비스를 제공받는 입장에서 세부적인 사항까지 서비스를 받고 있다는 느낌을 주는 것이 중요하다.

5 MOT(고객접점) 차트

(1) MOT(고객접점)차트 정의

MOT(고객접점)별로 표준화된 표준 서비스가 있다. 표준화된 서비스는 최상의 서비스는 아니며 적어도 최소한으로 제공하는 해야 하는 기준이다. 따라서 서비스 표준화 매뉴얼의 단점을 보완하기 위하여 MOT(고객접점) 차트를 사용한다. MOT(고객접점) 차트는 서비스 표준을 설정한 후 그것을 각 접점별로 (+)요소와 (−)요소로 정리한 것이라 보면 된다.

(2) MOT(고객접점)차트 작성 순서

① MOT(고객접점) 차트를 구성하는 것 중 접점 항목에는 표준을 만들고자 하는 접점을 나열한다.
② 표준 서비스에서는 서비스 표준(기준)에서 설정한 기준을 작성하여, 꼭 해야 하는 표준을 분류하여 넣는다.
③ (+)서비스에는 서비스 표준(기준)에서 설정한 기준에서 추가로 할 수 있는 서비스를 작성하며 꼭 해야 하는 것은 아니지만 하면 좋은 서비스를 넣는다.
④ (−)서비스에는 서비스 표준(기준)에서 벗어난 서비스 오사례나 금지하는 항목을 작성하며 반드시 하면 안 되는 항목을 분류하여 구체적으로 넣는다.

(3) MOT(고객접점) 차트 예시

서비스 MOT(고객접점) 차트를 통해 기본적인 표준 서비스를 정립하고, 그것을 준수한다면 반드시 기본 이상의 서비스를 제공하게 된다. 아래 예시는 승무원들의 경험을 통한 노하우를 정리하여 고객만족에 도움이 되는 (+)서비스와 금기해야 하는 (−)서비스를 정리한 것이다.

	(+)서비스	표준서비스	(−)서비스
객실 환경 조성	• 스몰톡을 통하여 객실 환경을 묻고, 한 번 더 확인한다. (고객 2명 이상) • 매뉴얼 외적인 부분의 요청이나 질문도 적극적으로 응대하려는 노력을 한다.	• 매뉴얼에 맞는 객실 환경을 조성한다. – 객실 내 적정 온도 유지 – 소란 고객 제지 – 클린업 서비스	• 소란 고객이 있는데 제지하지 않고 지나간다. • 아닌데요. 현재 온도는 적정온도입니다. 덥지 않아요.

2 | 서비스 매뉴얼

가장 쉽고 빠르게 고객만족을 실제 업무에 적용할 수 있는 방법은 각 접점에 해당하는 서비스 표준(기준)을 만드는 것이다. 이것을 '매뉴얼'이라 표현하기도 하고 '업무지침'이라 하기도 한다. 서비스 표준(기준)을 만든다는 것은 서비스에 일관성을 유지하는 것이라 할 수 있다. 해당 접점에서 고객에게 제공되는 서비스가 매번 다르고 어떤 승무원을 만나느냐에 따라 서비스가 크게 좌우되는 일은 없어야 한다.

1 ▶ 열차 객실승무원 서비스 이행표준

서비스 이행표준이란 고객 서비스를 위한 기본적인 사항으로 직원과 고객과의 약속처럼 고객의 서비스를 위해 실천하겠다는 다짐, 내용들을 나열한 것이다. 열차를 이용하는 경우의 서비스 이행표준은 아래와 같다.

1 단정한 복장과 밝은 미소

① 규정에 맞는 유니폼을 청결하고 단정하게 착용하고, 호감을 주는 밝은 미소로 고객님의 행복하고 즐거운 여행을 위하여 고객을 맞이하고 응대해야 한다.

② 모두가 알고 있는 내용이지만 MOT(고객접점)에서 굉장히 중요하기 때문에 항상 매뉴얼의 앞장에는 단정한 용모와 옷차림, 표정들이 있는 것이다.

2 객차 당 3명 이상의 고객에게 대화 시도

열차 객실승무원은 객차 당 3명 이상의 고객에게 열차 내 불편한 점은 없으신지, 도움이 필요한 건 없으신지 등의 대화를 시도하며 승무원이 고객에게 먼저 다가가는 서비스를 시행한다.

3 승차권 안내 시 열차 이용약관 및 규정의 상세한 설명

① 승차권 안내 시 고객과의 눈 맞춤과 미소로 15도 인사를 한다.

② 적발 위주의 표 확인이 아닌 1:1 응대가 이루어질 수 있도록 배려해야 한다.

③ 열차 이용약관이나 규정 안내 시에도 정확하고 정중하게 설명한 후 업무를 처리해야 한다.

④ 규정은 준수하되, 고객을 최대한 배려하여 적극적인 안내를 시행한다.

4 매뉴얼 기준에 따른 편안하고 정확한 안내방송

① 안내방송은 열차 내 안내방송 매뉴얼 기준에 따라 편안하고 정확하게 시행해야 한다.

② 출발 전 안내방송, 정차·종착역 안내방송, 감성방송, 지연방송, 열차 내 공공질서 방송, 홍보방송, 때에 따라 이례사항 방송 등을 정해진 문안에 따라 정확하게 시행하도록 해야 한다.

5 쾌적한 객실 환경 조성

① 편안한 여행이 될 수 있도록, 열차 내 온도를 하절기 18~20℃, 동절기 26~28℃를 유지한다.

② 계절이 바뀌는 시기에는 열차 내 온도에 민감할 수 있기 때문에 순회를 늘리고 스몰톡을 강화하여 좀 더 세심히 관리해야 한다.

③ 열차 내 청결한 환경을 위해 순회 시에는 클린업(Clean-up) 서비스를 시행한다.

④ 좌석이나 테이블 등의 쓰레기를 회수하고, 선반이나 독서 등 블라인드, 매거진들을 정리해야 한다.

⑤ 선반 및 통로의 물건을 정리정돈하여 고객 이동 시 불편함이 없도록 해야 한다.

⑥ 자동판매기 이용 시 발생한 불편사항은 열차 내 승무원 및 업무 담당자가 30분 이내 처리 하도록 노력해야 한다.

2 열차 객실승무원 서비스 표준(기준)

열차 객실승무원이 제공하는 서비스는 일정하고 동일해야 하며, 승무원에 따라 서비스 품질에 차이가 있어서는 안 된다. 서비스의 일관성을 위하여 서비스 매뉴얼이 필요하고 그 프로세스에 따라 업무에 임하여 서비스 수행능력을 향상시키려는 자세가 필요하다.

1 서비스 품질 표준화의 필요성

서비스의 품질은 서비스 제공자의 역량과 자질에 따라 차이가 있을 수 있어 이에 대한 문제를 해결하고자 서비스 품질을 표준화해야 한다.

2 열차 객실승무원의 출발역부터 종착역까지의 서비스 표준(기준)

승무원이 고객을 만나는 출발역 고객맞이부터 종착역 환송까지의 서비스 표준(기준)은 아래와 같다.

(1) 출발역 고객맞이

승무원은 열차 출발 점검 후 출발 전까지 고객맞이 인사를 한다. 고객의 이동이 많은 장소, 예를 들어 계단에서 내려오는 곳이나 에스컬레이터 아래에서 고객을 맞이한다.

① 허리와 등을 펴고 발꿈치는 붙여서 바르게 선 후, 밝은 표정으로 고객을 향해 인사한다.

② 고객이 타는 곳을 묻거나 승차권을 보여주며 안내를 원할 때는 고객의 질문을 경청하고 고객의 행선지를 복창하면서 안내한다.

③ 위치 안내 시에는 손으로 방향을 가리키면서 적극적인 서비스 자세로 안내한다.

④ 마지막으로 밝은 미소로 고객님께 마무리 인사를 한다.

🚉 고객맞이

> **고객 :** 여기가 부산으로 가는 열차 타는 곳이 맞나요?
>
> **승무원 :** 고객님, 2시 30분 출발하는 부산행 열차 맞습니다.
> (정확한 안내를 위하여 승차권을 확인할 수도 있다.)
> 소지하고 계신 승차권을 보여주시겠습니까?
> (승차권을 확인한 후)
> 네, 고객님 이 열차에 승차하시면 되고 고객님이 예매하신 11호차 열차는 오른쪽
> 으로 2칸만 더 가시면 됩니다.
> 고맙습니다. 즐거운 여행하십시오.

(2) 객실 순회

객실 8~10량을 열차 객실승무원 1인이 책임지고 서비스를 담당하고 있다. 공동의 팀워크가 아닌 개인 각자에게 주어진 담당구역 업무를 처음부터 끝까지 책임감 있게 수행해야 하는 것이 열차 객실승무원 직무의 특성 중 하나이다. 그렇기 때문에 각 승무원은 객실 순회 서비스를 하며 담당 구역의 객실 전체를 신속히 살피고 도움이 필요한 고객에게
도움을 제공하고, 고객의 질문 및 궁금사항에 대한 고객 응대 서비스를 신속하고 정확하게 진행해야 한다.

1) 객실 순회 시 주요 업무

① 열차 객실승무원은 쾌적한 객실 환경 조성을 위하여 객실 내 온도를 점검해야 한다.

② 열차 내 질서유지나 소란 고객 등은 없는지 열차 내를 세심히 살펴야 한다.

③ 순회 시 불편 요구사항 등을 재차 확인하고 민원이 발생한 경우는 즉시 해결하려는 노력해야 한다.

④ 열차 내 순회 시에도 정중한 자세를 유지하도록 하며 고객안내를 위하여 주기적으로 객실 순회를 시행한다.

⑤ 스몰톡을 사용하여 고객에게 다가가는 서비스를 제공한다.

2) 객실 순회 시 기본 예절

① 순회 시 객실 내 인사는 15도 목례를 한다.

② 객실 입·퇴실 시 인사를 하며 퇴실 시 출입문을 열기 전에 다시 한번 뒤돌아서 객실 전체를 살피고 도움이 필요한 고객이 있는지 확인한 후 고객을 향해 목례를 시행한다.

③ 객실 순회 시에는 밝은 표정으로 고객에게 먼저 스몰톡을 시행하며, 고객의 불편 사항을 먼저 확인하고 즉시 안내할 수 있도록 한다.

④ 특실 승차 고객에게는 승무원이 직접 특실물품을 서비스한다.

⑤ 1-2-3 대면 서비스로 1분 객실에 머무르기, 2명의 고객과 스몰톡하기, 3명의 고객과 눈 맞춤을 한다.

⑥ 고객이 문의하는 경우는 고객의 질문을 경청하며 위치 안내 시에는 제스처도 함께 사용한다.

⑦ 도움이 필요한 교통약자의 경우에는 가능하면 직접 안내하도록 하며 다른 문의사항이 없는지 확인하고 마무리 인사를 한다.

🚂 객실 순회

> **고객** : 스낵 자판기가 없을까요?
> **승무원** : 네, 고객님 스낵 자판기 찾으십니까?
> (고객의 문의사항을 복창하며 한 번 더 확인한다.)
> 가장 가까운 자판기는 몇 호차에 있습니다.

🚦 TIP 고속열차의 순회 시간

고속열차의 경우 속도가 빨라 여행 시간이 짧고 열차운행별 중간 정차역이 상이하기 때문에 순회 시간을 따로 정확하게 정하진 않지만, 보통 15~20분 주기로 순회를 시행한다.

(3) 승차권 안내 서비스

열차 객실승무원만이 가지는 직무의 특성 중 가장 큰 것이 열차 내 승차권 안내 서비스이다. 다른 항공이나 선박 승무원과 마찬가지로 고객을 응대하는 업무를 하지만 업무수행 중 단순 편의를 제공하는 서비스 외에도 열차 운행정보를 활용하여 승차권 안내, 열차 내 승차권 발권, 승차권 변경 및 취소 등의 업무를 열차 내에서 진행한다.

1) 검표업무

승차권 안내 서비스 중 검표업무는 승차권을 검사한다는 시각이 아닌 고객과 상호소통이 이루어질 수 있는 고객과의 MOT(고객접점)로 인식하고 좌석이용에 착오가 없는지, 도와드릴 부분이 없는지 등을 고객과의 인사 및 대화를 통하여 확인해야 한다. 이때 고객이 서비스를 제공받는 기회로 인식할 수 있도록 프로 서비스인의 모습이 필요하다.

2) 승차권 안내

① 승차권 안내는 고객의 입장을 생각하며 정중히 부탁드린다.

② 15도 목례를 드리고 쿠션언어와 완전 높임말을 사용하도록 한다. 이때 고객과의 눈 맞춤 및 미소가 중요하다.

③ 고객이 승차권을 확인해 주면 반드시 감사 인사와 마무리 인사를 한다.

🚄 승차권 안내 고객 응대

> 실례합니다. 고객님. 승차권 안내 도와드리겠습니다.
>
> 아, 네, 고객님, 감사합니다. 광주까지 가시네요. 즐거운 여행 되십시오.

3) 열차 내 승차권 발권

① 열차 내 승차권을 발권해야 할 경우, 먼저 고객의 상황에 대해 공감을 해야 한다.

② 열차 내 결제 시의 운임정산 및 추가운임에 대해 고객이 이해할 수 있도록 정확히 안내해야 한다.

③ 규정 및 제도만을 내세우거나 고객을 의심하려는 태도는 지양해야 한다.

④ 승차권을 발권하면 발권내역을 다시 한번 고객에게 안내하고, 고객이 필요한 사항이 없는지 확인하고 마지막 인사를 한다.

🚄 열차 내 승차권 발권 시 고객 응대

> 네, 고객님. 승차권 구입을 못하셨나봐요. 그런데 어쩌죠. 죄송합니다만, 열차 내 승차권 구입 시 열차 운임 이외에 50%의 추가운임이 발생됩니다.
>
> 서울~대전 운임 구간은 ○○○원이고, 추가운임이 ○○○원 발생되어, 총 ○,○○○원이 됩니다. 고객님 결제는 카드로 하시겠습니까? 현금으로 하시겠습니까?
>
> 카드 받았습니다. 고객님.
>
> 승차권 발권내역 확인 한번 도와드리겠습니다.
>
> 서울~대전 구간 ○,○○○원 카드로 결제되었고, 대전 도착시간은 12시입니다.
>
> 고객님 더 필요하신 것은 없으실까요? 고객님 감사합니다. 즐거운 여행되십시오.

🚦TIP 열차 객실승무원의 승차권 안내 서비스

열차 객실승무원은 각자 소지한 MTIT PDA 내에 있는 열차 운행 정보를 이용하여 열차 내 승차권 정보를 확인할 수 있다. 따라서 빈 좌석에 고객이 승차한 경우 승차권 또는 정기권 소지 여부를 확인할 수 있으며, 해당 열차를 오승(열차를 잘 못 탄) 경우 승차권 변경으로 목적지까지 안전하게 여행할 수 있도록 안내가 가능하다. 여행 여정 변경을 요청하는 고객이 있을 경우에도 열차 내 승차권 변경, 취소 및 발권 안내가 가능하다. 또한 무임고객 발생 시에는 운임 및 부가금을 열차 내에서 부가할 수 있다.

(4) 열차 내 안내방송 서비스

① 열차 내 안내방송은 밝은 표정을 유지하며 편안하고 정확한 안내방송이 되도록 한다.
② 항상 매뉴얼을 소지하여 전 승무원이 통일된 방송을 시행하도록 한다.
③ 안내방송은 고객과의 비대면 커뮤니케이션으로 방송의 적시성, 내용의 정확성, 음성의 명료성이 중요 포인트이며, 명료한 발음과 적절한 속도로 방송을 시행하여 전달력을 높이는 것 또한 중요하다.

(5) 정차역 도착 시 확인사항

① 고객보다 먼저 내려 승강문 개방상태 및 안전상태를 직접 확인해야 한다.
② 만약 고객이 앞에 서 계시다면 "고객님 죄송합니다만, 안전확인을 위해 먼저 내리겠습니다."라고 양해를 구해야 한다.
③ 정차역에서도 바른 자세와 밝은 표정으로 고객 환송 및 고객맞이 인사를 한다.
④ 고객 문의 시 즉시 고객과 눈 맞춤 인사하며 친절하게 응대한다.
⑤ 정차역에서 출발시각 임박 시 뛰어오거나 미승차한 고객이 있다면 안전하게 승차할 수 있도록 안내한다. 간혹 다음 열차인 줄 알고 뛰어 오는 고객이 있을 수 있기 때문에 구입한 승차권이 해당 열차이며 시각이 동일한지 확인하고 고객의 안전한 승차를 도와야 한다.
⑥ 출발 직전까지 승강장을 살펴보며 모든 고객의 안전한 승차를 확인하고, 고객의 안전한 승차를 확인한 후 승무원은 열차에 승차한다.
⑦ 교통약자 고객이나 도움이 필요해 보이는 고객이 보일 경우 고객에게 먼저 도움이 필요한지 의사를 확인 후 도움을 드리는 것이 좋다.

TIP   교통약자의 승하차 도우미 서비스

• 승차역에서 역 직원은 교통약자 고객의 열차 승하차를 돕는다.
• 승강장의 약속된 장소, 휠체어칸에서 고객을 맞이한다.
• 승무원은 역직원에게서 고객정보와 행선지 등을 공유받고, 객실 좌석까지 고객을 안내한다.
• 좌석 안내 후에는 하차 지역에 대한 사전안내와 마무리 인사를 하며 친절하게 응대한다.

(6) 종착역 환송

① 안내가 용이하고 고객이동에 지장을 주지 않는 위치에서 고객 배웅을 한다.
② 바르게 선 자세로 밝은 표정으로 고객을 배웅하고 주기적으로 마무리 인사를 한다.
③ 마지막까지 고객이 서비스를 받고 있다는 느낌을 주기 위해서 친절하게 환송인사

를 한다.

④ 내리지 못한 고객이 있는지 확인하고 고객이 미쳐 가지고 내리지 못한 유실물이 있는지도 확인하는 업무까지 승무원이 진행한다.

3 열차 내 고객 응대법

열차 객실승무원의 가장 주된 업무는 고객 응대이다. 열차 내 많은 고객들을 만나고, 그 안에서 많은 상황들을 접하게 되므로 열차 내 발생하게 될 상황에 대한 고객 응대법을 잘 숙지해 두는 것이 중요하다.

1 승무 시 고객 응대 원칙

고객 응대 시 먼저 인사를 통해 친밀감을 형성한 후 응대하도록 하며 도움이 필요해 보이는 고객에게는 먼저 다가가 도와줄 것이 없는지를 확인한다. 고객의 문의사항에 대한 답변을 가능한 정확하게 하도록 문제가 발생한 경우에는 신속히 해결하도록 한다. 또한 추가적으로 더 필요한 것이 있는지를 물을 경우 성심 성의껏 경청하는 것이 중요하다. 또한 고객에게 양해를 구할 때는 상황에 대하여 구체적이고 정확하게 설명하여 오해나 불신의 여지가 없도록 해야 한다. 최대한 고객이 원하는 사항을 해결할 수 있도록 안내하며 해결하지 못 하였을 경우에는 향후 개선방안을 제시하도록 한다.

> **TIP 고객 응대 핵심 포인트**
>
> • 어린이, 애완동물, 장애고객에 대해 관심을 기울이며 대화를 시도한다.
> • 고객의 불편사항 및 문의사항에 적극적으로 즉시 해결한다.
> • 고객 응대 시 눈높이 서비스를 시행한다.
> • 고객 응대 시 정중한 화법과 자세로 고객을 존중한다.
> • 객실에서 정중하게 인사하며 필요한 사항 확인 후 다른 객차로 이동한다.

2 상황별 고객 응대법

1 열차가 떠나기 직전 고객이 급하게 뛰어오는 경우

출발시각 임박 시 고객이 뛰어오거나 미승차한 고객을 발견하면 고객이 뛰지 않도록 안내하고 고객이 안전하게 승차할 수 있도록 안내해야 한다. 또한 승차 후에는 고객의 입장에서 마음을 표현하는 (+)서비스를 하면 고객들은 오래도록 좋은 기억을 간직하게 된다.

(1) (+) 서비스

- 고객님, 조심히 승차하십시오.
  2시 부산가는 열차타시는 거 맞으시죠?
  안 뛰어 오셔도 승차하실 수 있도록 도와드릴게요.
- 고객님 힘드셨죠? 숨 잠깐 돌리시고 편안히 여행 하시기 바랍니다.

(2) (−)서비스

- 뭐하시다가 이제 오세요.
- 다음부터는 좀 빨리 나와 타세요.
- 미리미리 오셔야죠.

2 고객이 열차를 잘못 탔을 경우

고객이 열차를 잘 탄 경우 고객이 당황하거나 불안해 할 수 있으므로 잘못 승차한 열차에 대한 상황 설명을 친절하게 한 후 이용방법 및 연계시각을 자세하게 안내하여 고객이 조급하거나 당황하지 않도록 한다. 고객의 실수를 빈정대거나 알아서 제대로 열차를 다시 타라는 식의 안내는 절대 해서는 안 된다. 열차 객실승무원은 고객을 목적지까지 편안하고 안전하게 모셔야 하는 업무임을 잊지 말고 오승한 고객에게도 되도록 편안하고 안전한 여행이 될 수 있도록 열차 객실승무원의 배려와 노력이 필요하다.

(1) (+) 서비스

- 고객님 지금 이 열차는 포항행 고속열차입니다. 고객님께서 소지하신 승차권은 부산행 열차라서 잘못 타신 것 같은데요. 제가 다시 잘 갈아타실 수 있도록 도와드릴테니, 당황하지 마시고 우선 자리에 편히 앉아 계세요.
- 고객님, 불편하시겠지만 다음 역에서 내리셔서 전광판을 확인해 보시고 열차 정보를 다시 한번 확인하신 후 부산행 열차를 타시면 됩니다. 고객님 목적지까지 안전히 가십시오. 다음에 또 뵙겠습니다. 안녕히 가십시오.

(2) (−) 서비스

- 열차를 잘 보고 타셔야죠.
- 열차 정보 확인 똑바로 하셔야죠.

3 차내에서 아기가 울고 있는 경우

객실 내에서 아기가 계속 운다면 참 난감한 상황이다. 다른 고객들도 불편하지만, 아기 엄마의 마음은 더욱 난감할 수 있다. 이런 상황에서 열차 객실승무원의 세심한 배려와 고객 응대는 꼭 필요하다.

(1) (+) 서비스

- 안녕하세요. 담당 승무원 심주리입니다. 아기가 참 예쁘게 생겼네요. 제가 뭐 도와드릴 일은 없으실까요? 필요한게 있으시면 말씀해 주세요.
- 힘든 상황이 계속된다면 물이나 물티슈를 가져다 주면서 "객실 안이 좀 답답해서 그럴 수 있으니 객실 밖 통로석으로 가셔서 달래보시면 어떨까요?
- 우리 아기도 힘들지만, 고객님도 힘드시죠? 제 도움이 필요하시면 언제든 말씀해 주세요.
- 어른도 장시간 여행에 지치는데 아기가 얼마나 힘들겠어요. 그래도 잘 참네요. 우리 공주님!
- 고객님, 화장실 가시거나 제 도움 필요하시면 언제든지 도와드릴게요. 불편해 하지 마시고 불러주세요.

4 어린이 고객이 열차 내에서 소란을 피우고 있을 경우

아이들이 지루해서 열차 객실 내를 뛰어다니거나 놀이를 할 때가 간혹 있다. 주변 고객들에게 피해가 가지 않도록 아이들의 소란을 제지하고 관심을 보이고 있음을 표현해 주는 것이 좋다. 아이의 소란을 제지하기 위하여 아이를 다그치거나 아이의 자존심을 상하게 충고하는 일은 없도록 해야 한다. 아이의 관심을 다른 쪽으로 유도하는 방법으로는 아이의 이름을 물어보는 것이 있으며 어린이 고객에게도 정중한 태도와 존댓말로 존중의 표현을 하여 소외감을 느끼지 않도록 배려해야 한다.

(1) (+) 서비스

- 어린이 고객님, 누구누구양, 누구누구군, 왕자님, 공주님
- 우리 왕자님, 많이 심심하죠? 이쪽으로 와 보실래요?
- 창도 크고 열차 밖이 참 예쁘죠? 큰소리로 장난을 치면 같이 여행하시는 분들이 싫어할수 있거든요. 조금 있으면 도착하니까 우리 조금만 참고 조용히 여행해요. 약속할 수 있죠?

5 코를 심하게 골며 자고 있는 고객이 있을 경우

주변 고객들이 불편을 느끼거나 민원을 제기하기 전 고객에게 먼저 다가가 강압적으로 깨우거나 툭 치면 안 되며, 기분 나쁘거나 자존심이 상하지 않도록 어감을 잘 조절하여 세심하게 응대하는 서비스가 필요하다.

(1) (+) 서비스

- 실례합니다. 고객님, 어디까지 가십니까?
- 너무 곤히 주무시고 계셔서 혹시 내리시는 역에 못 내리실까 해서 제가 한 번 더 확인했습니다.
- 고객님, 대전역 하차 맞으시죠? 네. 대전역까지 편히 모시겠습니다. 감사합니다.

6 승차역에 유실물을 두고 왔을 경우

고객의 말에 공감을 표현하며 잃어버린 장소와 잃어버린 물건에 대한 특징을 묻고 메

모한다. 생각보다 유실물에 대한 요청이 많으니 애타게 물건을 찾는 고객의 마음을 헤아려 함께 걱정하고 공감해 주는 것이 중요하며 배웅할 때에도 한 번 더 고객을 기억하고 인사를 해주는 것이 좋다.

(1) (+) 서비스

> • 고객님 그러셨어요? 당황하지 마시고 제가 도와드리겠습니다. 소지품을 두고 오신 장소와 물건의 모양을 말씀해 주세요. 서울역 승강장에 검정색 쇼핑백을 두고 오신 것 같다는 말씀이시죠? 네, 성함과 연락처 알려주시면 제가 역에 메모를 남겨 놓을게요.
> • 역에서 연락을 드릴 때까지 조금만 더 기다려 주시겠습니까? 저희 역 직원이 찾아보고 연락을 주기로 했습니다. 최선을 다해 찾아보고 도움드릴 수 있도록 하겠습니다.

❼ 좌석이 중복되었을 경우

열차에 승차했을 때 자기 자리에 다른 사람이 앉아 있을 경우에는 고객들이 당황하기 마련이다. 먼저 두 고객 모두에게 중복된 좌석으로 인한 불편함을 먼저 사과한 후 빠르게 상황을 판단하여 신속히 좌석을 배정받을 수 있도록 하는 것이 중요하다.

(1) (+) 서비스

> **열차 호차 인지 실수인 경우**
> • 고객님 기다려 주셔서 감사합니다. 죄송합니다만, 먼저 앉으신 고객님께서 승차 호차 착오가 있으셨던 것 같습니다. 고객님께선 이쪽에 앉으시면 되구요.
> • 고객님은 한 칸 더 앞쪽의 호차이기 때문에 제가 안내해 드리겠습니다. 여행 중 불편한 점 있으시면 언제든지 말씀해 주시기 바랍니다.
>
> **발권이 안 된 경우**
> • 좌석때문에 혼란이 일어나는 것을 방지해야 하며 두 고객 모두에게 양해와 이해를 구해야 한다. 혹시 발권이 되지 않은 경우라면 무안하지 않도록 배려하는 것이 필요하다.
> • 고객님 착오가 있었던 것 같습니다. 혹시 승차권 확인 좀 부탁드려도 될까요? 네, 고객님. 승차권 예매는 되었는데, 발권이 안 되어서 좌석 혼란이 있었습니다. 제가 잠시 통로석에서 안내를 해 드려도 될까요?

(2) (−) 서비스

좌석을 잘못 앉았을 경우더라도 고객에게 무안을 주거나 주관적으로 판단하는 것은 금물이다.

> • 여기 고객님 좌석 맞으세요? 남의 자리에 앉으시면 안되죠.

❽ 자유석에 승차했을 경우

자유석 승차권을 소지하고, 자유석에 앉아 여행을 하던 중 잠시 화장실을 다녀와 보니 좌석에 다른 고객이 앉아 있어 승무원에게 도움을 요청하는 경우가 있다.

자유석에 앉는 우선 순위는 따로 지정되어 있지 않지만 그렇다고 만약 고객들끼리 다툼이 벌어졌을 경우에 방관해서는 안 된다. 승무원의 말투, 말 어감에 따라 기분이 달라질 수 있기 때문에 이런 경우 열차 객실승무원은 고객 응대에 더욱 주의를 기울여야 한다.

(1) (+) 서비스

고객의 요청에 도움을 드리면서, 불필요한 불편이 발생되지 않도록 유의하며 세심하게 고객 응대를 해야 한다. 가장 빠르게 앉을 수 있도록 좌석을 안내하는 것이 중요하며 자존심이 상하지 않게 응대해야 한다. 또한 이해에 대한 감사와 서서가는 불편함에 대한 공감을 함께 하는 것이 더욱 좋다.

> • 고객님, 정말 죄송합니다만, 잠시 자리를 비우신 사이 좌석에 앉으신 것 같은데요.
> • 고객님 어디까지 가시죠? 제가 좌석 체크를 해서 비어있는 좌석이 생기면 바로 안내를 드리겠습니다.

(2) (−) 서비스

> 자유석은 일찍 오신 분이 앉는 거구요. 자유석은 지정되어 있지 않기 때문에 좌석을 비우시면 안됩니다. 아무나 앉은 사람이 주인입니다.

9 애완동물과 함께 여행하는 경우

반려동물과 함께 열차에 승차할 때에는 반려동물 전용가방에 넣어 다른 고객에게 불편을 끼치지 않도록 해야 한다. 일반적으로 통로석에 반려동물 전용가방에 보관해야 하지만, 객실 내 좌석에 함께 있기를 원한다면 좌석을 구매하고 전용가방 내에 넣고 가야 한다. 반려동물의 좌석운임은 시각장애인의 반려견 좌석지정권이 아닌 경우 일반적으로 어른 운임을 수수한다. 또한 광견병 등 필요한 예방접종을 해야 여행이 가능하며, 반려동물의 소리, 행동, 냄새로 인해 다른 고객에게 불편을 주지 않아야 한다. 투견종, 맹금류, 뱀 등 다른 고객에게 두려움, 혐오감을 줄 수 있는 동물은 함께 여행이 불가능하다.

(1) (+) 서비스

> 안녕하십니까? 고객님, 실례지만 애완동물은 준비하신 휴대가방에 넣어서 여행하시면 감사합니다. 다른 고객들께 불편을 줄 수 있으니 협조해 주시면 감사하겠습니다. 이해해주셔서 감사합니다.

(2) (−) 서비스

딱 잘라 말하거나 강압적이고 굳은 표정으로 응대하지 않도록 주의해야 한다.

> 휴대가방에 넣으세요. 애완동물을 그렇게 데리고 승차하는 것은 규정에 어긋납니다.

TIP 반려동물

1. 반려동물 동승한 고객의 입장을 조금 더 배려할 경우

애완동물을 개, 고양이라고 칭하지 않고 '애기'라고 칭하며 좀 더 정중하고 친근하게 애완동물 열차 이용안내에 대해 설명할 수 있다.

> 고객님, 아기가 정말 예쁘네요. 저도 강아지를 키우는데요, 전용가방 안에서 아기가 많이 답답해 하죠? 그런데 이전에 강아지와 함께 하셨던 고객님이 내리시고 거기에 남겨진 아기 털로 인해 알레르기가 발생되어 나중에 타신 고객님이 많이 고생한 일이 있으셨거든요. 죄송합니다만, 열차 내에서는 휴대가방에 넣어서 여행을 하셔야 해요. 양해 부탁드리겠습니다. 이해해 주셔서 감사합니다.

2. 반려동물 동승 관련 법 및 규정

> **여객운송약관 제 22조(휴대품)**
> ① 여객은 다음 각 호에 정한 물품을 제외하고 좌석 또는 통로를 차지하지 않는 두 개 이내의 물품을 휴대하고 승차할 수 있으며...
> 2. 동물(다만, 목줄 등 안전조치를 한 장애인 보조견 및 다른 사람에게 위해나 불편을 끼칠 염려가 없는 애완용 동물을 전용가방 등에 넣어 외부로 노출되지 않게 하고, 광견병 예방접종 등 필요한 예방접종을 한 경우 제외)
>
> **철도안전법 시행규칙 제80조(여객열차에서의 금지행위)**
> 법 제47조 제6호에서 "국토교통부령으로 정하는 행위"는 다음 각 호의 행위를 말한다.
> 1. 여객에게 위해를 끼칠 우려가 있는 동식물을 안전조치 없이 여객열차에 동승하거나 휴대하는 행위
>
> **철도사업법 시행규칙(별표4)**
> 철도운수종사자의 준수사항 중 여객의 안전운행 및 여객의 편의 제공을 위한 제지·안내
> 5. 여객이 다음 각 목의 어느 하나에 해당하는 행위를 하는 경우에는 안전운행과 다른 여객의 편의를 위하여 이를 제지하고 필요한 사항을 안내해야 한다.
>   라. 다른 여객에게 위해를 끼치거나 불쾌감을 줄 우려가 있는 동물(장애인 보조견은 제외한다)을 철도차량 안으로 데리고 들어오는 행위

⑩ 교통약자 고객 응대

열차 객실승무원은 장애 고객을 응대할 때 장애인이란 어휘는 사용을 해서는 안 되며, 먼저 자신의 신분을 밝힌 후 어떻게 도와드려야 하는지 물어보고 나서 안내와 도움을 주어야 한다. 마음이 급해 재촉하거나 서두르지 말고 편안한 마음을 갖도록 한다. 객실 순회를 하면서 고객을 한번씩 체크하고 휠체어석 고객이라면 도착 30분 전 역에 확인 전화를 하여 고객이 안전하게 하차할 수 있도록 도와야 한다. 승무원들은 연 1회 3시간 이상 교통약자 이동편의에 대한 교육을 받아야 하며 실질적으로 기업도, 직원도 교통약자들이 어떻게 하면 더 편히 이용할 수 있을까를 고민하는 배려가 있어야 한다.

(1) (+) 서비스 예시

> 고객님 담당 승무원입니다. 대전역에 하차하시는거 맞으신가요? 제가 도착 5분 전에 와서 안내해 드리겠습니다. 혹시 필요하신 거 있으시면 말씀해 주세요. 안내해 드리겠습니다.
>
> **시각이 불편한 경우**
>
> 승무원의 팔을 잡을 수 있도록 배려한다.
>
> > 고객님 괜찮으시다면 제 팔을 잡으시겠습니까? 제가 안전하게 안내해 드리겠습니다. 고객님 제가 한걸음 앞쪽에서 내리겠습니다. 바로 밑에 계단 3개가 있습니다.하나~, 둘~, 마지막 세 번째 계단입니다.
>
> **청각이 불편한 경우**
>
> 청각이 불편한 고객이라면 가능한 말을 하지 않되 부득이 말을 해야 한다면 입모양을 크게 하고 문자나 메모지를 이용하여 대화를 한다.

TIP 교통약자 이동편의 증진법

2020년 4월부로 「교통약자 이동편의 증진법」이 개정되었다. 이 법은 교통약자가 철도 등 대중교통 이용을 보다 편리하게 할 수 있도록 하자는 취지에서 생겨난 것으로 교통약자는 장애인, 고령자, 임산부, 영유아를 동반한 사람, 일상생활에서 이동을 하면서 이동에 불편을 느끼는 사람을 말한다. 장애인이라고 하면 막연하게 도와주어야 하는 대상이라고 생각하지만 그런 생각을 하는 자체만으로도 장애인에 대한 인식이 개선되어야 하며 승무원들은 장애인에 대한 편견과 차별을 없애고 장애인 고객이 보다 편리하고 안전하게 열차를 이용할 수 있도록 최선의 노력을 해야 한다.

---

4 열차 내 불만고객 응대법

서비스직을 준비하는 사람이라면 보통 일반 고객을 응대하는 데는 큰 어려움이 없을 것이다.여기서 일반 고객이라 함은 단순 문의를 하거나 문제가 없는 편안한 상태의 고객을 말하며 사실 불만고객 응대의 핵심은 불만을 느낀 고객을 어떻게 응대하는가에 달려 있다.

1 불만고객 관리의 중요성

간단한 불평부터 악의적인 악성민원 응대까지 서비스 현장에서 불만고객 응대 업무는 다양하다. 이들은 본인의 불만이 제대로 해결되지 않을 경우 고객이 아닌 테러리스트로 변하기도 하기 때문에 불만고객 관리를 소홀히 하면 절대 안 된다. 서비스 현장에서의 테러부터 나쁜 구전과 다양한 반(反)기업 활동으로까지 테러를 할 수 있기 때문이다. 좀 더 구체적인 불만고객 관리의 중요성은 깨진 유리창 법칙과 D사의 사례를 통해 설명할 수 있다.

■ 깨진 유리창 이론

(1) 깨진 유리창 의미

미국의 범죄학자 제임스 윌슨과 조지켈링은 1982년 월간 애틀란틱에 '깨진 유리창'이라는 제목의 글을 발표하였다. 그들의 '깨진 유리창'은 경영학 분야에서도 큰 호응을 얻은 이론으로 깨진 유리창처럼 사소한 것들이 중요한 메시지를 전달하고 있음을 강조하는 것이다. 즉 건물 주인이 깨진 유리창에 관심을 주지 않고 방치하고 있다면 그것은 절도나 폭력 같은 강력범죄에 대해서도 대비가 미비하다는 시그널이고, 지나가는 사람들도 그 깨진 유리창을 보며 건물 주인과 주민들이 이곳을 포기하였고, 이 지역은 무법천지라는 '인식'을 하게 된다는 내용이다.

(2) 깨진 유리창 이론의 메시지

깨진 유리창이 전하는 메시지는 '아무도 관심을 갖지 않아요. 당신 마음대로 해도 좋습니다.'라는 것으로 아주 사소한 틈 하나로 시작되는 무질서로 인해 모든 것이 망가질 수 있다는 것을 의미한다.

(3) 열차 객실 내에서의 깨진 유리창 사례

① 열차 화장실에 휴지가 없거나 객실 내 떨어진 쓰레기를 보고 고객들은 승무원이 고객의 욕구에 전혀 관심을 기울이지 않는다고 생각하거나, 고객에게는 관심이 없다라고 인식할 수 있다. 사소한 기본도 관리가 되고 있지 않으면서 서비스를 제대로 할까라는 불안한 의구심으로 승무원의 전문성도 의심하게 될 것이다.

② 고객의 사소한 불만이 승무원들에게는 익숙하여 사소한 일로 보이는 등이 조직 및 회사의 사활을 결정짓는 문제가 되는 깨진 유리창이 될 수도 있는 것이다.

(4) 깨진 유리창의 대표적인 사례

깨진 유리창은 문자 그대로 깨진 유리창을 의미할 수도 있고 다른 문제들을 상징할 수도 있다. 어떤 이유에서든 유리창이 깨졌다면 빨리 갈아 끼워야 한다. 그러나 대부분의 경우 작고 사소해서 간과하기 쉬운 문제로 생각하고 그대로 방치하는 경우가 많다. 깨진 유리창을 본 고객들은 무심한 서비스인에게 실망하게 되고, 그 기업은 고객 만족에 최선을 다하지 않을 것이라는 이미지를 갖게 된다. 이러한 작은 인식이 거대한 기업을 굴복시킨 대표적 사례가 'D'사이다.

🚂 'D'사 사례

직원 : 상품도 인간과 마찬가지로 수명이란게 있다네, 이사람아 사과를 하라고 하는데 도 대체 무엇을 사과하란 말이야, 수리는 이미 끝났어. 대답 좋아하네, 당신 같은 사람은 고객 이 아니라 생떼쟁이야. 이런 전화 자꾸 걸면 당신, 경찰에 업무방해죄로 잡아 넣을거야.

상황 분석

1999년 7월, D사 비디오 수리 상담전화 중 담당직원의 폭언과 불친절에 화가 난 30대 회 사원 고객이 그 전화내용을 녹취하여 인터넷에 올리는 사건이 일어났다.인터넷에 올린 D 사의 '폭언녹취' 파일은 올린 지 한 달만에 접속건수가 200만 건에 달하고 일본 소비자운 동단체 홈페이지에는 연일 항의성 메일이 접수되는 등 해당 기업에 대한 고객 항의가 빗 발쳤다. D사의 사장이 직접 나와 사과를 하였으며 전 세계 홈페이지를 통해 '폭언이 있었 던 것은 사실'이라고 인정하고 "많은 고객들에게 걱정을 끼쳐드려 정말 죄송하다" 고 사과 하였다. 힘 없는 한 명의 고객이 매출 3조 7,000억 엔의 거대기업을 굴복시킨 것이다. 우리 나라에서도 이러한 사례를 어렵지 않게 찾아 볼 수 있으며, 매장 직원의 작은 실수나 갑질 이 전체 기업의 이미지로 전락되고 고객들로 하여금 불매운동이나 반기업 활동들이 일어 난 경우들이 많았다. 작은 불친절한 말투와 행동이 조직 및 회사 전체 이미지로 평가될 수 있다는 사실을 유념해야 한다.

2 불만고객 전파효과

불만의 정도에 따라 여러 행동이 나올 수 있겠지만, 업종에 관계없이 평균적으로 다 음과 같은 행동을 한다고 미국의 연구기관 TARP(Technical Assistance Research Program)는 발표하였다.

① 불만을 느끼는 고객 100명 중 불만을 말하는 고객은 대략 4명에 불과하다.

② 나머지 96명은 불만을 직접 표출하지는 않지만, 91명은 거래중단을 하거나 더 이상 이용하고 싶지 않다는 의사를 갖게 되고 이들은 평균적으로 9명에게 그 불만을 공유 한다.

③ 13%는 20명 이상에게 불만을 전한다.

④ 결국 1명의 불만고객이 있다고 가정할 때, 1명의 불만경험이 주위 20명에게 전파되 고 이것을 들은 20명은 또 다시 주위 5명에게 전달하여, 결국 한 번의 불친절 사례는 100여 명에게 전파될 수 있다는 것이다.

⑤ 반대로 불만을 표출했던 4명은 실제로 본인이 납득할 만큼 불만이 해결되지 않아도 표출하지 않은 96명보다 재거래하려는 경향이 높으며 불만이 신속하게 해결되어 만 족할 경우에는 그 어느 고객보다 높은 충성심을 발휘하는 경향을 보인다.

> **TIP** 만족스러운 서비스
>
> 만족스러운 서비스는 고객 스스로 최상의 서비스라고 느끼는 순간이며, 이는 굉장히 주관적인 기준이기 때문에 불만고객을 그들이 만족할 만한 서비스로 극복하는 것은 어려울 수 밖에 없다. 하지만 고객과의 절대적인 공감을 찾으며, 고객의 상황과 입장을 이해하기 위해 조금 더 진정성있게 노력한다면, 불만고객과도 원활한 상호작용이 가능하고 점차 단단한 유대관계를 형성하여 서비스를 회복할 수 있다.

2 불만고객의 원인 및 유형

1 불만고객의 정의

서비스를 제공하는 과정에서 고객의 불만이 발생되는 경우 고객이 본인의 기대에 못 미치는 서비스를 받았거나 이견이 있을 때 회사를 상대로 불만을 표현하고, 해결을 요구하는 고객을 '불만고객'이라 한다.

2 불만고객의 원인

불만고객의 원인은 크게 회사 문제, 직원 문제, 그리고 고객 문제로 나눌 수 있다. 이 중 고객에게 불만이 발생되는 가장 큰 원인은 직원들의 고객 응대 과정에서 비롯되는 것으로 조사가 되었다. 실제로 2019년 열차 내 객실승무원에 대한 불만요소 분석결과를 보아도 비슷하다. 전체 불만 중 승차권 안내 시 승무원 서비스의 불편과 고객 응대 불친절이 전체의 45%이고, 그 외 업무부족 포함 인적 서비스에 대한 불만이 전체 대비 60%를 차지하고 있다. 대부분 직원의 응대가 불친절하거나, 규정만 내세우거나, 업무처리가 미숙하거나, 타 부서나 다른 사람에게로의 책임회피 등이 불만의 이유이다.

(1) 서비스 직원으로 인한 불만의 주요 원인

한국소비자원이 서비스 불만의 원인을 조사한 적이 있다. 업종에 관계없이 서비스 직원에 의한 불만의 주요 원인은 아래와 같다.

① 고객 기대에 미치지 못하는 서비스 응대

② 서비스의 지연

③ 직원의 실수와 무례한 태도

④ 약속 미이행

⑤ 직원의 단정적 거절

⑥ 조직이나 타 직원으로의 책임 전가

(2) 인적 서비스 불만 대응의 중요성

처음에는 불만고객 대부분이 검표나 부가운임 등 회사의 제도적 문제로 인한 불만을 제기하는 경우가 많다. 하지만 승무원과 상호작용을 하면서 승무원의 불성실한 태도나 책임을 전가하는 자세로 인해 처음 제기했던 회사에 대한 불만은 잊어버리고 직원에 대한 불만만 기억하며 결국은 다른 요소가 아닌 직원의 문제, 인적 서비스에 대한 불만으로 남게 된다. 이는 접점 서비스인의 불만고객 응대 방법이 매우 중요하며, 실제적이고, 구체적인 불만고객 응대 방법 훈련이 필요한 이유가 된다.

(3) 서비스 칠거지악

고객의 화에 불길을 더하는 7가지 태도를 '서비스 칠거지악'이라고 하며 이는 불만고객 응대 시 반드시 피해야 하는 행동으로 무관심, 무시, 냉담, 거만, 경직화, 규정 제일, 발뺌 등이 있다.

고객의 화에 불길을 더하는 7가지 태도

칠거지악	내용	예시
무관심	• 자신의 소관 및 책임이 아니며 자신과는 상관 없다는 태도 • 고객과 조직에 대한 소속감과 책임감이 없는 경우	승무원이 순회를 하다가 객실 내에서 물을 흘린 고객을 발견하였다. 그런데 괜찮으세요? 라는 말 한마디 없이 그냥 지나가 버리거나 상관없다는 태도로 보고는 그냥 지나치는 상황
무시	• 고객의 불만을 못들은 척하거나 별 것 아닌 것을 문제삼고 있다는 식으로 대하는 태도 • 자신의 불만을 고객이 이야기할 때 못 들은 척 하고 바로 다른 고객을 응대하는 태도	
냉담	• 웃지도 않고 고객을 귀찮고 성가신 존재로 취급하여 차갑고 퉁명스럽게 대하는 태도	
거만	• 고객을 오히려 무시하고 어리석게 보는 태도	타는 곳을 잘못 찾았거나, 다음 열차를 탔어야 하는데 시간을 보지 않고 잘못 열차를 탄 오승고객에게 '열차를 잘 보고 타셔야죠.'라며 고객을 어리석게 보는 태도
경직화	• 로봇처럼 기계적이고 의례적인 서비스 태도	
규정제일	• 회사의 규정만 내세우고, 자신은 규정대로 처리해서 잘못이 없다는 태도	고객님 규정에 의하면, 고객님 규정 때문에 등 말끝마다 규정만 앞세우는 태도
발뺌	• 자신의 업무영역, 책임 한계만을 내세우며 타 부서로 떠넘기는 태도	매표쪽에서 고객에게 승차권을 잘못 발행해 주어서 곤란함을 겪다가 승무원에게 와서 이야기를 할 경우 승무원이 자신이 한 일이 아니고 자신의 업무 영역이 아니라는 책임 한계만을 내세우며 매표창구에 직접 가서 알아보라고 하는 태도

3 불만고객의 유형

모든 고객의 소리를 중요시하고 귀 기울여야 하지만, 좀 더 효율적으로 불만고객의 유형을 구분하여 진짜 필요한 개선과 필요하지 않은 개선을 구분할 필요가 있다. 현장에서의 불만고객의 유형에는 정말 개선이 필요한 부분에 불만을 가지고 컴플레인을 하는 도움이 되는 고객, 말 그대로 지극히 개인적인 본인의 단순 불만족을 불평하는 고객, 고의적인 악성 고객으로 구분할 수 있다.

(1) 개선이 필요한 부분을 컴플레인 하는 경우

개선이 필요한 부분을 말해주는 고객은 보통 예의를 갖추고 불만에 대해 명확하게 전달하며 이와 같은 고객은 절대적으로 필요하다. 대부분의 고객은 불만사항을 말해주지 않고 그냥 이용을 하지 않거나 억지로 이용하는 경우가 대다수이지만 불만사항을 말해 주는 참된 고객의 경우에는 불만에 대한 명확한 이유를 최대한 정확하게 전달해 준다. 즉 대충 말해버리는 것이 아니라 명확히 어떤 부분이 문제가 되는지를 알려준다는 것으로 단순히 불만사항을 조목조목 말하는 것이 아니라 문제가 되는 부분의 주제가 확실하고 그 주제에 따른 설명을 첨부한다는 것이다.

1) 고객의 특징

① 불만에 대해 명확하게 전달한다.

② 시스템에 대한 의견을 말한다.

③ 불만을 가지게 된 주제가 확실하다.

④ 불만을 이야기 할 때 예의를 갖춘다.

2) 고객 응대법

열차 내 현장에서 불만이 도움이 되는 고객들을 승무원들이 접하게 되면 당장 그 자리에서 개선할 순 없는 사항들이 대부분이다. 따라서 불만고객과 접점에 있는 승무원들은 고객의 불만 의견을 잘 경청하여 메모하고, 조직 내 서비스 개선 부서에 전달해주는 역할을 해주어야 한다. 이후 해당 부서에서는 불만고객의 의견을 잘 수렴하여기업이 성장할 수 있도록 개선노력을 해야 한다.

(2) 단순 불만족을 컴플레인 하는 경우

지극히 고객의 입장에서만 표출하는 불만이다. 즉 문제가 있긴 하지만 그 문제가 정말로 문제인건지, 단순히 고객이 불만족을 토로하는 것인지가 명확하지 않다. 정말로 문제가 있어 불만을 토로하는 고객과 단순히 고객의 단순 불만족에 의한 것인지를 구별할 수 있는 특징이 있다.

1) 고객의 특징

① 무엇이 문제인지를 이야기한다. 예를 들어 상품이면 그 상품이 불량이라든지 배송이 3일 이내로 된다고 했는데 일주일이 넘었다는 등을 언급한다.

② 불만에 대한 주체가 명확하게 있다.

2) 고객 응대법

> • KTX 열차 내 냄새가 나서 불편하니 음식 섭취를 금해 달라고 하는 고객
> • 이전에는 있던 카페칸이나 카트 판매가 왜 없느냐고 불만하는 고객
> • 열차 내 적정 온도를 유지하고 있는 상황에서 한 고객은 덥다고 다른 고객은 춥다고 불만하는 고객

① 열차 내에서 위와 같은 상황에서 불만의 주체는 명확하지만, 이것이 정말 문제인

지 아니면 개인이 기대한 서비스에 대해 충족하지 못해서 생긴 불만인지 애매한 경우가 있다.

② 개개인 모두의 욕구를 채워주기는 어렵다. 하지만 고객의 심정이나 화가 난 상황에 대해 공감하고 경청하는 것만으로도 불만고객의 화를 누그려 뜨릴 수 있기 때문에 고객의 말을 잘 들어주는 공감능력이 필요하다.

(3) 고의적인 악성 고객

반드시 조취를 취해야 하는 유형으로 거짓말을 한다거나 거짓 리뷰를 올리는 등의 행위를 하며 상담 시에 무엇이 문제인지를 언급하지 않고 기업의 전체적인 틀에 대해 전문가처럼 이야기를 하거나 빈정대며 시비걸듯이 말을 한다. 정말 불만을 가질만한 부분이 있어서 일 수도 있고 감정이 상해서 그럴 수도 있으므로 이는 고객의 잘못이라기보다 기업의 잘못이므로 잘 체크해 보아야 한다.

1) 고객의 특징

장황하게 이야기 하거나 침소봉대하여 끊임없이 말하려는 경향이 강하다.

2) 고객 응대법

악성고객 유형의 승객들에게도 중요한 포인트는 공감이다. 따라서 존중하는 고객 응대법을 적절히 활용하여 악성 고객과 응대하는 시간을 줄여 불필요한 감정노동에서 벗어날 수 있도록 노력한다.

3 불만고객 기본 응대법

■ 불만고객 응대 시 3변의 법칙

(1) 사람

불만고객은 자신의 문제를 해결해 줄 수 있는 사람과 대화하기를 원한다. 그렇기 때문에 최초 응대자가 바로 응대를 하는 것 보다는 책임자나 선임이 나서서 응대를 해주는 것이 필요하다.

(2) 장소

불만고객은 큰 소리로 불만을 토로하며 다른 고객의 동조를 구한다. 그렇기 때문에 흥분한 고객의 기분을 가라앉히고, 다른 고객들에게 영향을 미치지 않을 별도의 공간으로 이동하는 것이 좋다. 또한 자리를 이동하면서 불만고객의 불만은 쉴 틈이 생기기 때문에 다소 흥분이 가라앉을 수도 있다.

(3) 시간

불만고객의 불만은 어느 정도 시간이 지나면 가라 앉는 경우가 많다. 그렇기 때문에 시간 차를 두는 것도 좋은 방법이다. 그렇다고 너무 오래 기다리게 하는 것은 바람직하지 않다. 문제해결을 위해 어느 정도의 시간이 소요되는지 안내하고, 응대자 역시

이 문제를 언제까지 해결할 것인지 먼저 생각하고 행동해야 한다.

2 불만고객 응대법 E.A.R.

화가 난 고객을 진정시키는 것은 참 어려운 일이며 불만고객의 응대법은 E.A.R라고 한다. E.(Empathy)-공감, A.(Attention)-경청, R.(Respect)-존중의 자세이다.

(1) E.(Empathy)-공감

상대방의 상황에 대하여 공감(Empathy)을 표현한다. 고객의 심정이나 화난 상황에 대해서 공감하고 이해해야 하지만 주의할 점은 만약 고의적인 악성고객이라면 불만에 대해서는 공감을 하지만 그들의 주장 또는 의견에 동의하지는 않는 것이 중요하다. 자칫 잘못하면 고의적인 악성고객의 주장에 힘을 실어주는 행위가 될 수 있기 때문이다.

🚈 **덥다고 불만을 표시한 경우**

> • 적정온도인데요? (X)
> • 냉방이 좀 불편하셨어요? 더우셨나요?(O)
> • 고객님, 온도로 인하여 불편하시고 화가 나신 상황은 충분히 이해합니다만, 여객운송약관에 따라 환불은 어렵습니다.(O)

(2) A.(Attention)-경청

경청이라는 것은 부정적인 감정에 휩싸여 있는 사람에게 반응하는 기술이다. 상대방의 감정을 완화하는 동시에 문제를 해결하는 데 중요한 역할을 하며 맞장구나 역질문을 통해서도 감정을 진정시킬수 있다.

🚈 **맞장구, 역질문을 활용하는 경우**

> 맞장구
> 아! 그러셨군요.
> (고객과의 눈 맞춤)
>
> ───────────────────────────
>
> 역질문
> 고객님, 직원이 불친절하다고 하셨는데, 좀 더 구체적으로 말씀해주시겠어요?

(3) R.(Respect)-존중

불만고객이지만 이들도 존중을 받아야 한다는 점을 인정하고 지속적으로 유지하는 것이 중요하며, 상대방의 상황에 대해서 존중(Respect)하는 자세를 지속적으로 유지하는 진정성 있는 모습을 보여주는 것이 필요하다.

아래 상황에서 E.A.R.기법을 활용하여 어떻게 대처해야 할지 생각해 보자.

상황

역방향으로 앉아 있는 고객이 좌석을 정방향으로 바꿔달라고 불평하는 상황으로 정방향은 만석이다.

승객 : 열차가 여유 좌석이 없는 거 아는데요.
열차가 뒤로 가 어지러워서 여행을 못하겠어요.

E.A.R.기법으로 대처하는 예시

E.A.R.기법으로 공감하고 경청하고 존중하며 불만고객에 대한 기본 응대법을 기억한다. 표정과 행동으로 충분히 공감과 경청의 태도를 가지며, 구체적으로 원하는 상황에 대하여 물어보고 , 구체적인 해결방안과 진심어린 사과의 모습을 보인다. 고객님께 양해를 구한 후 마무리 인사를 잊지 말아야 하며 끝까지 고객을 존중한다는 모습을 보이는 것이 중요하다.

승무원 : 그러세요? 고객님 좌석이 역방향이여서 어지럽고 불편하신거죠?
그런데 어쩌죠. 고객님, 지금은 전 열차에 여유석이 없습니다. 저도 옮겨드리고 싶지만, 정말 죄송합니다. 제가 좌석변경이 가능한지 확인을 하고 말 씀드리겠습니다.
이해해주셔서 감사합니다. 고객님이 최대한 편하게 가실 수 있도록 노력해보겠습니다.

주의사항

예매를 늦게 한 고객의 탓으로 돌리거나 고객을 무시하는 말을 해서는 안 된다.

승무원 : 미리 예약을 하셔야죠. (X)
요즘은 금새 매진이에요. (X)

1. _____
_____
_____
_____

2. _____
_____
_____
_____

3. _____
_____
_____

4 ▶ 불만고객 응대 시 주의사항

서비스 현장에서 서비스인들은 고객이 문제제기 및 불만을 표출하면 마치 무언가 보상을 원하거나 과도한 서비스를 원해 접근하는 블랙 컨슈머로 오인하여 잘못 대응하는 경우가 종종 있다. 접점직원의 초기 대응이 미숙하거나 블랙 컨슈머 취급을 한다면 여파가 정말 커질 수 있다. 모든 고객이 보상을 원해 불만을 제기한다는 편견을 버리고, 그들이 주는 메시지를 정확히 인지하고 내부 클레임 대응 절차를 잘 숙지하여 신속하고 정확하게 대응해야 한다.

1 고객의 불만 제기 목적

고객들이 불만을 제기하는 목적은 4가지로 적절한 보상을 원하는 경우, 서비스 개선을 원하는 경우, 분노를 표출하는 경우, 타 고객의 피해 방지를 위한 경우이다.

(1) 적절한 보상

① 서비스가 제대로 이뤄지지 않았을 경우, 고객은 손해에 따른 적절한 보상 또는 해당 서비스를 다시 제공받기 위해서 불만을 제기하는 경우이다.

② 예를 들어 열차 내 좌석이 고장나서 이용이 불편한 경우 다른 좌석으로의 변경을 요구하거나 다른 교통수단으로 변경인 환불을 요구한다.

③ 서비스 피해에 대한 적절한 보상요구는 진상고객이 아니며 고객의 정당한 권리이다. 실제적으로 피해가 있거나 손해가 있다면 보상기준을 세워서 적절한 보상이나 재서비스가 반드시 시행되어야 한다.

(2) 서비스 개선

① 불만을 표출하는 고객 중에 대가를 바라지 않고 서비스 개선을 위해서 피드백을 주는 경우도 있다.

② 예를 들어, 하차하면서 '열차 안이 조금 더운거 같아요.' 또는 '10호차인데 아이들이 너무 떠들어서 조금 불편했어요. 승무원님 지나가실 땐 조용한데 또 그러네요. 주의 방송 한번 해주면 좋을 것 같아요.'라고 말하며 내리는 고객이 있다면 먼저 사과와 감사의 표현으로 '어머 그러셨어요. 죄송합니다. 고객님 주의 안내방송 바로 하겠습니다, 앞으로도 쾌적한 객실 유지에 힘쓰겠습니다, 말씀주셔서 너무 감사합니다. 더 노력하겠습니다.'라고 표현하는 것이 좋다.

③ 이러한 고객들은 기업에 관심과 애정이 있는 고객들이므로 고객에 대한 피드백을 흘려 듣지 않고 즉각적인 개선 노력과 감사함을 표현한다면 이들은 불만을 표출하기는 했지만 단골고객이 될 확률이 훨씬 더 높으며 기업 입장에서도 효과적인 고객관리를 할 수 있게 된다.

(3) 분노 표출

① '서비스가 왜 이래? 나 원하는 거 없어! 근데 이건 아니지' 라고 분노를 표출하는

고객이다.

② 서비스를 제공받는 과정에서 불공정한 서비스 또는 불친절한 응대를 받게 되었을 때, 무시당했다는 느낌이 들거나 자존심이 상해 분노를 느끼는 경우가 있다. 이에 따른 자존심 회복 및 분노 표출을 하기 위해 불만제기를 하는 경우이다.

③ 이러한 고객들에게는 '서비스 칠거지악'에 있는 내용대로 예를 들어 '고객님 죄송하지만 전 규정대로 했어요. 규정이 제일 중요해요.' 또는 '제가 도와드릴 수 있는 방법은 없구요. 정 그러시면 매표소 가서서 문의해 보세요.'라고 응대한다면 오히려 고객을 더 화나게 하는 응대가 될 수 있다.

④ 이런 경우에는 진심어린 사과와 재발방지를 위한 조치 또는 개선으로 '고객님 말씀하신 부분 공감합니다. 불편드려 너무 죄송합니다. 열차 내 질서가 유지될 수 있도록 주의 안내방송 시행하고, 순회를 늘리도록 하겠습니다. 좀 더 쾌적한 여행되실 수 있도록 신경을 더 쓰겠습니다. 대단히 죄송합니다.'라고 표현하는 것이 좋다.

⑤ 소리를 크게 지르고 무리한 사과요구를 하는 등 폭언을 일삼는 고객이라면 단호한 중단요구 또는 서비스 거절은 필요한 부분이다. 하지만 고객이 고의적인 악성고객이라고 해서 그가 제기한 문제까지 무시하면 안 되며 문제는 바라보되 잘못된 고객의 행위까지는 수용하지는 말아야 한다.

(4) 타 고객의 피해 방지

① 다른 고객이 본인과 같은 피해를 받지 않게 하기 위해서 예방차원으로 불만을 제기하는 경우이다.

② 여기서 문제가 되는 것은 직접 대면으로 하지 않고, 소셜 미디어, 온라인 커뮤니티 등을 이용해서 불만을 공유해 기업을 위기로 모는 사례들이 많아지고 있다는 것이다.

③ 이러한 온라인 불만 플랫폼이 확산되면서 고객불만이 점차 집단화가 되고 있어 소비자 분쟁에 파급력이 훨씬 더 확대되고 있다.

2 고객불만의 종류

고객불만의 종류에는 컴플레인과 클레임 2가지가 있다. 언뜻 보면 비슷해 보이지만 이 2가지 사이에는 큰 차이가 있다.

컴플레인	고객이 불만, 항의, 불평, 시정을 요구하는 것 자체이다.
클레임	불만사항에 대해서 금전적 배상이나 물질적 책임을 요구하는 것이다.

3 고객불만에 대한 접점직원 초기 응대의 중요성

기업의 입장에서는 컴플레인보다는 클레임이 훨씬 더 문제가 크다. 정당한 서비스를 받지 못해 컴플레인을 했을 경우, 돌아온 피드백이 마음에 들지 않으면 컴플레인이 클레임으로 발전하는 경우가 많으므로 접점직원의 1차적 초기 응대는 매우 중요하다.

(1) 초기 대응의 중요성의 예시

작은 클레임을 처리하고자 고객들에게 최대한 예의를 갖추고 상황에 대한 설명과 내부 클레임 기준에 대해 상세히 설명을 할 경우 다음과 같은 말을 많이 듣는다.

> 접점에서도 이렇게 충분히 이야기 해 주었으면 그냥 넘어갔을 일이다. 하지만 내가 자존심이 너무 상하고 괘씸해서 클레임 요구를 끝까지 한 것이고 환불은 물론 피해보상도 하라고 한 것이다.

(2) 불만고객 응대 시 서비스인들의 자세

① 서비스인들은 고객의 불만이 예견되는 사항들에 대하여 미리 파악하고 그것에 대해 대비하여 응대해야 한다.

② 화재도 작은 불씨 때 잡지 않고 그 타이밍을 놓치면 큰 사고가 되는 것처럼 초기에 불만의 불씨를 자르는 것이 매우 중요하며 처음부터 빠르고 신속하게 처리해야 한다.

5 열차 내 불만사례와 사례별 응대

1년 동안 발생한 열차 내 객실승무 불만 발생요소를 분석해 보면 가장 큰 비중을 차지하는 것이 승차권 검표안내 유형이다. 검표는 제도적인 부분으로 승무원이 해결하지 못하는 부분이 많다. 예를 들면 왜 열차 내에서는 부가운임을 내야 하는지, 열차 내 승차권 발권 시에는 왜 할인 적용이 안 되는지 등이다. 하지만 고객입장에서는 제도적인 부분보다는 검표과정에서의 승무원 태도에 대한 불만을 많이 언급한다.

■ 인터넷 발권을 했으나 자동 취소된 고객 사례

(1) (−) 서비스로 불만을 제기한 고객

인터넷 발권을 했으나 자동 취소된 승차권을 소지한 고객의 불만 사례이다.

> 저는 인터넷으로 발권하고 분명 화면에 완료되었다고 하여 또 발권해야 하는지를 모르고 기차에 탔습니다. 승무원이 다가와 승차권 검표를 하기에 제 승차권을 보여주었더니 제 승차권이 취소가 되었다고 합니다.
> 제 입장에서는 이게 무슨 일인가 싶었지만 이런 저런 상황 설명을 했습니다.
> 상황 설명 중에 '내가 이 사람한테 뭐 빚졌나 싶기도 하면서 자존심 상하는 일도 있었습니다. 하지만 사전에 잘 알지 못한 제 실수도 있으니 손해없게 잘 해달라고 사정을 했습니다. 그러나 승무원은 어쨌든 승차권이 취소된 상황이니 다시 결제하라고 하더군요. 어쩔 수 없는 상황이구나 싶어 그러면 할인 카드가 있으니 적용할 수 있겠냐고 물었습니다. 승무원은 기차 안에서는 안 된다고 답을 하더군요. '왜, 안되느냐'고 물었더니 자세한 설명도 없이 귀찮은 듯 '원래 그렇다'고 했습니다. 순간 '이 상황이 뭐지?' 싶었지만 참고 결제했습니다. 그런데 생각하면 할수록 화가 나네요. 정말 제가 제 돈 내고 타면서 왜 이런 대접을 받아야 하는지 모르겠습니다. 해당 승무원에 대한 시정을 요구합니다.

(2) (+) 서비스로 칭찬글을 올린 고객

인터넷 발권을 했으나 자동 취소된 승차권을 소지한 고객의 칭찬 사례이다.

> 회사에서 인터넷으로 표를 발권하고 시간이 없어 표를 출력하지는 못했습니다. 역에 가서 해야지 생각을 했지만 잊고 바로 좌석을 찾아 탔죠. 그런데 열차가 출발하자마자 승차권 결제 취소 문자가 왔습니다. 어떻게 해야할지 모르는 급한 마음에 다음에 오는 기차를 옮겨 타야겠다 싶어서 다음 열차를 예매하고 있는데 때마침 지나가던 승무원이 보여 문의를 하였습니다. 승무원께서는 차분하게 현재 상황에 대한 대처 방안을 제시하였고 그에 따르는 불편사항에 대해서도 친절히 안내 해주었습니다. 시간적 여유가 없었던 저는 현재 타고 있는 열차가 자유석까지 매진상태여서 서서 가야하는 상황을 알았지만 승차권 발권을 요청하였습니다.
> (중략)
> 서서 가던 중 승무원이 다시 다가와 저희가 하차해야 하는 대전역까지 자리가 비어있는 동반석을 안내해 주었습니다. 너무 감사했죠. 짧은 시간이었지만 높은 하이힐 덕분에 다리가 통통 부어있던 저에게는 정말이지 꿈같은 시간이었습니다. 정확하게 안내해 주시고 마지막까지 세세하게 챙겨주시는 KTX 서비스에 반했습니다. 승무원님 정말 감사드립니다.

(3) 인터넷 발권을 했으나 자동 취소된 경우의 응대법

위 사례와 같이 같은 상황이지만 승무원의 응대법에 따라 불만 사례와 칭찬 사례로 구분되었다. 불만 사례에서 고객이 처음 당황한 이유는 열차를 자주 이용하지 않기 때문에 정확히 규정약관을 알지 못해서 발권을 하지 못한 상황이었던 것이지 승무원에게 화가 난 것은 아니었다. 하지만 승무원의 고객 응대 과정 태도로 인하여 마음이 상하게 된 것이다.

1) 공감 표시하기

고객의 이야기를 들어주고, 충분히 공감을 표시하는 것이 가장 중요하다. 충분한 이해과 공감을 통해서 고객을 안심시키고, 마음의 문을 열게 하는 것이 필요하다.

> **승무원** : 잘 모르셨죠? 고객님. 그 부분에 대해 숙지를 못하시는 고객분들이 간혹 계시더라구요.

2) 현재 문제가 되는 상황에 대한 명확한 설명

고객의 승차권은 이미 취소가 되었고 취소되면서 이미 15% 수수료는 지불되었으며 계속해서 여행할 수 있는 방법은 열차 내 발권뿐이다. 고객에게 정확한 현재의 상황을 이해시키고, 고객의 문제를 해결하는 방향으로 포커스를 맞추어 설명하면서 고객의 사항을 다시 한번 확인하는 모습이 반드시 필요하다.

> **승무원** : 고객님, 안타까운 말씀이지만, 고객님께서 발권하셨던 승차권은 자동취소가 되었습니다. 15% 수수료를 제외한 나머지 운임은 환불처리되는 것으로 확인됩니다. 번거로우시겠지만, 열차표를 다시 발권하셔야 하는 상황입니다. 또한 지금 열차 정방향 좌석은 매진이고 역방향 좌석만 남아 있는 상황입니다.

3) 발생한 고객의 문제를 해결하기

발생한 문제에 대해 가능한 방법을 이용하여 신속하게 문제를 해결해 주려는 노력이 필요하다.

> **승무원** : 승차권 여기 있습니다. 고객님. 결제 금액 다시 한번 확인부탁드립니다. 오늘 여러 가지 불편겪으신 점 죄송한 말씀드립니다. 이 좌석은 목적지까지 앉아가실 수 있으시고 역방향이 불편하시면 동대구 지나 손님이 많이 내리시니 정방향 쪽 빈자리로 옮겨 앉으셔도 됩니다. 혹시 좀 더 필요한 사항 있으실까요? 그럼 편안한 여행되시기 바랍니다.

4) 한 번 더 고객 불편사항 확인하기

마지막으로 한 번 더 고객 불편사항에 대해 피드백하고 세심하게 확인하는 것이 필요하다.

> **승무원** : (동대구 지나면서) 역방향이라 좀 불편하진 않으셨어요? 지금 고객들이 많이 내리셔서 빈자리가 많으니 좀 더 편안한 여행되십시오. 고맙습니다.

2 할인금액 적용 불가 승차권을 소지한 고객 사례

(1) (−)서비스로 불만을 제기한 고객

> KTX 열차를 이용한 학생의 보호자입니다.
> 제가 발권하여 승차자를 아들로 표시하여 기차에 타도록 하였습니다. 그런데, 승무원이 와서 사용이 불가능한 승차권이며 벌금을 내야 한다고 하였습니다. 이유는 할인금액이 아들에게 적용되지 않기 때문이라는 겁니다. 저희 아들이 갑자기 잘못한 사람으로 몰리면서 당장 결제를 해야 서울까지 갈 수 있다고 하니 어린 아들이 얼마나 당황했을까요?
> 착오가 있었을지도 모르는 일이니 우선 학생을 안심시키고 보호자에게 별도 연락을 하여 조치를 해야 하는 것이 승무원의 자세가 아닌가 생각됩니다. 부가운임을 포함해서 표를 발권해야 하는 규정약관에 대해서는 역에 확인해 보라고 하기에 서울역에 전화했더니 그런 업무는 보지 않는다고 했습니다. 그렇다면 도대체 어떻게 하라는 것인지 도무지 알 수가 없었습니다. 결국 아들 앞에서 좋지 않은 모습 보이고 부가금 포함해서 73,500원을 지불했습니다.제가 할인되는 내용을 속이려고 했다면, 학생 이름을 승차자에 표시 했겠습니까? 어린 학생의 입장을 고려하지 않은 승무원의 응대 태도에 유감을 표합니다. 향후에도 이러한 경우가 생긴다면, 고객의 입장을 충분히 이해하시고 가급적 해결방안을 제시해 주셨으면 좋겠습니다.

(2) 할인금액 적용 불가 승차권을 소지한 경우의 응대법

위 사례를 보면 달리고 있는 KTX 열차 내에서 도움을 줄 수 있는 사람은 승무원뿐이다. 이런 상황에서 승무원의 태도에 화가 나는 건 당연한 일이다. 승객이 화가 난 이유는 부가운임보다는 아이에게 무심한 승무원의 태도이다. 고객이 환불을 원하든 보상을 원하든 「여객운송약관」에 따른 부분들은 도움을 줄 수 없지만 고객에 대한 배려와 관심은 결국 승무원의 몫이다. 승무원은 열차 내 도움을 원하는 고객들에게 최선을 대해 목적지까지 안전하게 여행할 수 있도록 안내해야 하는 의무가 있다.

1) 승객과의 갈등 시 적절한 언어 사용

승객과 갈등이 있을 때에는 적절한 언어를 사용하여 최대한 정중한 표현을 유지하도록 노력해야 한다.

> **승무원** : 승차권 다시 확인하고 해결해 줄테니, 일단 걱정하지 마세요. 서울역에 가서 아빠 만나면 되니 우선 여기 앉아서 가세요.

2) 청유형이나 의뢰형 표현

청유형이나 의뢰형 표현을 사용하여 고객으로 하여금 정중함을 느낄 수 있도록 해야 한다.

> **승무원** : 뭐 필요한 것은 없나요?

3) 부정 언어나 책임 회피성 단어 금지

부정적인 언어나 책임 회피성 단어, 한정어, 고객을 판단하는 언어표현 등은 사용하지 않도록 한다.

4) 고객의 입장에서 문제를 해결하려는 자세 유지

충분한 공감과 설명으로 이해를 돕고, 「여객운송약관」에 대한 설명보다는 고객의 입장에서 문제를 해결하려는 자세가 필요하다.

> **승무원** : 걱정하지 마세요. 고객님 아드님은 제가 안전하게 모시고 갈게요.

🚦TIP 검표 시 발생되는 문제에 대한 승무원의 자세

검표 시 발생되는 고객들의 불만은 제도가 아닌 승무원의 태도를 문제 삼는 경우가 대부분이다. 이를 해결하는 것이 승무원들의 큰 솔루션이며 불만고객 응대 중에 클레임으로 옮겨지지 않도록 하는 것이 매우 중요하다. 이를 위해서는 고객에 대하여 충분히 공감을 표현하고 정확한 설명을 통해 고객의 이해를 도와야 한다. 제도적 부분이나 부가운임 부분에 초점을 맞추지 말고 고객의 문제를 해결해 주고자 노력하는 것이 중요하다. 그리고 역지사지로 고객의 입장을 이해하는 마음까지 더하여 끝까지 최선을 다한다면 고객도 어느새 승무원을 이해하게 된다.

> **문제가 되는 승무원의 태도 예시**
> - 그 승무원의 태도와 눈빛이 불쾌했다. (X)
> - 실수로 다른 승차권을 끊고 탔는데 일부러 악의적인 의도가 있는지 의심부터 했다. (X)
> - 범죄자 취급했다. 왜 그 금액이 나왔는지 모르겠다. (X)
> - 설명도 해주지 않고 다짜고짜 얼마라고 했다. (X)

5 서비스 회복과 감정극복

불만을 가진 고객들의 예리한 지적은 기업경영과 서비스 개선에 있어 중요한 역할을 담당한다. 또한 불만을 터뜨리는 고객들은 근본적으로는 해당 회사에 대한 친근감이나 애정이 있다는 것을 기본적으로 이해하고 그들을 바라보면 그들이 귀찮고 힘든 존재가 아니라 귀한 존재라고 여겨질 것이다.

1 서비스 회복

1 서비스 회복의 개념

불만은 발생할 수밖에 없다. 즉, '100-1=0'의 의미는 서비스는 네거티브적 성격을 가지고 있기 때문에 100을 잘하더라도 1이 부족하면 0점이 된다. 또한 서비스는 이질성이 높고 인적 접촉이 많은 특징을 가지고 있기 때문에 각 고객접점마다 실패의 가능성이 내재되어 있다. 모든 서비스 현장에서는 서비스의 이러한 특성으로 불만이 일어날 수 있으며 서비스 현장에서 불만이 일어났을 때 1차적으로 잘 응대해야 한다. 또한 같은 상황이 발생하지 않도록 서비스 현장의 문제점을 해결하고, 서비스를 제공하는 시스템과 프로세스를 개선해야 하며 이러한 것을 '서비스 회복(Recovery)'라고 한다.

2 효과적인 서비스 회복전략

(1) 불만고객 발생 원인 및 개선방법 모색

불만고객 발생 원인이 시스템 문제인지, 프로세스 문제인지, 인적요소 문제인지 등의 근본적인 원인을 분석해서 개선방법을 모색한다.

(2) 문제 발생지인 현장에서 처리

효과적인 서비스 회복을 위해서 가장 중요한 것은 고객문제가 발생한 1차 접점인 현장에서 신속하고 정확하게 문제가 해결되도록 즉각적인 조치를 하는 것이다.

(3) 서비스인의 실제적이고 구체적인 훈련

고객불만을 신속히 해결하기 위해서는 서비스인의 실제적이고 구체적인 훈련이 필요하다. 도시바의 사례처럼 호미로 막을 것을 가래로 막는 것은 현명하지 못한 일이다.

3 접점직원의 서비스 회복 훈련법

서비스 회복을 위해 접점 직원이 기억해야 하는 리커버리 스텝 4단계이다.

단 계	서 비 스 내 용
감정제어 (자기감정 다스리기)	• 보상을 원하나? 악성고객인가 등을 생각하게 되는 경우가 많으나 고객에 대한 편견을 버리고 감정을 제어한다. • 간혹 무자비한 언어폭력으로 감정이 상하는 경우에도 낙관적이고 긍정적인 마음을 가지도록 노력한다.
사실전달	• 발생한 사실에 대한 인정 또는 공감을 한다. • 감정이나 예측 등이 아닌 정확한 사실을 전달하려고 노력한다.
진상조사 (신속한 문제해결)	• 고객이 무엇 때문에 화가 났고 또한 어떻게 고객을 도울 수 있는지 파악하기 위하여 질문한다. • 주로 열린 질문법을 사용하고 고객을 문제해결에 적극적으로 개입시켜 고객 스스로 선택할 수 있게 문제를 조사하고 풀어나간다. • 적극성과 융통성을 발휘하여 신속한 문제해결 방법을 모색한다. • 신속한 문제해결은 충성고객을 만드는 비결이다.
긍정적 마무리	• 문제를 해결하고 난 후 한 번 더 확인하고 고객에게 감사 인사로 마무리함으로써 서비스 회복을 이루어 낼 수 있다. • 남들과 다른 서비스 비법 1%에 해당하며 그 고객을 평생고객으로 남겨둘 수 있게 된다.

2 ▶ 감정극복 및 스트레스 관리

열차 객실승무원들은 불만고객의 서비스를 회복하기 위하여 많은 노력을 기하면서 문제를 해결하기 때문에 승무원들의 마음 상태는 이미 벌집이 되어 있다. 사해라는 바다는 '죽을 死'를 사용해 '사해'라고 한다. 바다 지형의 특성상 한번 바닷물이 들어온 후에는 다시 나가지 못하고 염분이 계속 쌓여 죽은 바다가 되어서 아무런 생명체가 살지 못하게 되는 것이다. 열차 객실승무원들도 불만고객을 응대한 후에는 들어온 짠 바닷물이 나갈 수 있도록 물꼬를 터 줄 필요가 있다. 스트레스를 계속 받으며 해소하지 못하면 언젠가는 폭발하여 고객의 불평만 들어도 스트레스는 계속 쌓이고 짜증이 나는 악순환이 지속된다.

1 불만고객 서비스 회복 후의 감정관리

① 각자 자기에게 맞는 스트레스 해소 방법을 찾아야 한다.

 운동, 노래를 부르기, 힐링 마사지 받기 등

② 이미 해결되거나 종료된 불만고객 상황에 갇혀있지 않는 것이 중요하다.

③ 불만고객 응대 후 지친 감정과 정서, 그리고 육체는 반드시 다스려야 한다.

② 감정노동

표준 직업분류에서 본 감정노동에 종사하는 직업군은 콜센터 직원, 텔레마케터, 서비스 직종, 판매직, 은행 창구직원, 운수, 선박 등이 있으며, 열차 객실승무원도 고용노동부와 근로복지공단에서 감정근로 노동자로 분류를 하였다. 또한 2015년 한국고용정보원이 730개 직업 종사자 2만 5천 명의 감정노동 강도를 분석·비교한 결과 감정노동의 강도 가 가장 높은 직업은 텔레마케터였으며 다음은 호텔리어 등으로 나타났다.

(1) 감정노동 정의

감정노동의 업무가 전체 직무의 40% 이상이 될 때, 우리는 그들을 감정노동자라 정 의한다. 감정노동이란 직업상 자신의 감정을 억누르고, 고객에게 맞추어 정해진 감정 표현을 연기하는 근로이다.

(2) 감정노동의 배경

사회생활을 하는 대부분의 사회인들, 직장인들은 감정노동을 하고 있다. 조직의 목표 를 위해 자기가 맡은 업무를 하면서 그 일에 맞는 역할을 수행하기 위해 자신의 감정 보다는 보여주어야 하는 감정을 행할 때가 많다. 특히, 서비스 기업이 원하는 규범에 의해 행동해야 하는 고객 만족을 위한 서비스 마인드를 강조한다. 또한 조직 차원에 서 원하는 서비스가 잘 이루어지고 있는지 확인을 위한 관리 모니터링이 있다. 이러 한 이유로 서비스인들은 대부분 자신이 느끼는 감정을 억누른 채, 자신의 직무에 맞 게 정형화된 서비스 행위를 해야 한다. 배우가 연기를 하듯이 직업상 속내를 감춘 채 다른 얼굴의 표정과 몸짓으로 고객을 대하고 있는 것이다. 서비스인의 감정이나 기분 보다는 고객들의 감정을 더 중요하게 여겨야 하고, 떼를 부리는 고객들을 만나도 우 선 최대한 감정을 숨기고 친절하게 응대해야 한다. 일명 이것을 '스마일마스크 증후 군'이라고 한다.

> **TIP** 감정 노동자로서의 열차 객실승무원
>
> 열차 객실승무원은 감정 노동자로 감정 노동으로 인한 스트레스가 크다. 서비스는 보통 사람에 의해 생산되기 때문에 서비스인에 대한 의존성이 매우 높다. 서비스에 대한 평가기준도 매우 주관적이어서 모든 고객들을 만 족시켜야 하는 서비스인들은 많은 스트레스를 받고 있다. 최근에는 「감정 노동자보호법」이 생기면서 점차 감 정노동에 대한 이슈와 관심이 많아지고 있다.

(3) 엘리 러셀 혹실드의 감정노동

① 감정노동은 미국의 사회학자 엘리 러셀 혹실드(Arlie Russell Hochschild)의 저서 「관리된 마음(The Managed Heart)(1983)」에서 처음 소개된 개념으로, 감정을 억압 하거나 실제 느끼는 감정과 다른 감정을 표현하는 노동을 말한다.

② 감정노동은 표면행위와 심층행위로 분류된다.

③ 엘리 러셀 혹실드는 감정노동이 임금이나 보상을 제공받는 대가로 제공되는 것으로 교환가치를 가진다고까지 주장하였다. 이후 다양한 연구가 이루어졌고 2000년에 그

랜디(Grandey)는 감정노동이 조직의 목표를 달성하기 위해 감정과 표현을 통제하는 과정이라 표현하였다.

④ 개인이 회사에 나와 업무를 수행함에 있어 감정을 조절하는 것은 조직의 목표 달성을 위한 자발적 노력 혹은 타의적으로 내재화된 과정으로 볼 수 있다.

표면행위	감정노동자가 불쾌감과 같은 속마음을 드러내지 않은 채 겉으로 드러나는 표정, 말투를 꾸며 고객을 대하는 것을 의미한다.
심층행위	표면적인 행동만이 아니라 실제 마음까지도 고객의 감정상태에 맞춘 채 자신의 감정에 대해서는 부인하거나 인지하지 못하는 상태를 의미한다.

3 감정노동에 대한 관리

(1) 감정노동 관리의 필요성

한국산업안전보건공단의 조사에 따르면 감정노동자 2만 5천 명 중 평소에 건강 상태가 좋지 않은 남성은 13%, 여성은 25%로 일반 노동자에 비해 높게 나타났다. 감정근로에 따른 스트레스가 영향을 미친 것으로 파악되며 감정노동에 따른 스트레스 반응으로는 생리적 반응, 감정반응, 인지적 반응, 행동반응이 있다. 감정노동이 장기간 지속될 경우 정서적 소진, 자아존중감의 저하, 거짓된 자아에 대한 느낌을 받을 수 있으며, 심할 경우 신체적 증상과 함께 외상 후 스트레스 장애(PTSD), 우울증, 불안장애와 같은 다양한 질환 등으로 악화될 수 있다. 따라서 이러한 이유들로 우리는 감정노동에 대한 관리가 필요하다.

(2) 감정노동 관리 방법

① 개인적·조직적 차원에서 서비스인은 감정노동에 관심을 기울여야 한다.먼저 조직적 차원에서는 감정노동을 이해하고 인정하여, 조직원들의 스트레스를 줄일 수 있는 여러 가지 방안들을 마련해 주어야 한다.

② 업무 시 생긴 문제들에 대해 사업주는 감정노동자를 보호할 의무가 있으므로 치료를 적극적으로 지원하거나 업무 전환, 휴식시간 등을 제공해야 한다.

③ 각 조직원들은 스스로 스트레스가 어디서부터 오는지를 이해하고 스트레스를 관리하는 능력을 갖추어야 한다.

④ 조직원들은 자신의 직무를 이해하고 효과적인 대응방법까지 숙지해야 한다.

⑤ 스스로를 다독이고 자존감을 높이기 위해서는 스트레스 조절하기, 예의바른 거절하기, 창조적 에너지 쏟기, 긍정적 태도 갖기 등 감정조절법에 대한 꾸준한 훈련이 필요하다.

4 열차 객실승무원의 감정스트레스 관리방법

감정스트레스를 관리하기 위해서는 근본적으로 스트레스 요인에 대한 조직적 차원의 대응도 필요하지만 개인적 차원의 스트레스 완화를 위한 자기 관리방법이 매우 중요하다.

승객이 무리하게 요구하고, 반말하는 막무가내 상황

승객 : 나 이런 사람인데, 열차표가 왜 이렇게 되었는지 모르겠지만, 일행이랑 이렇게 떨어져 앉게 되었으니 동석할 수 있게 변경해 놓으세요.

승무원 : 아, 그러셨어요? 제가 확인해 본 뒤 말씀드려도 될까요?
잠시만 기다려주세요.

승객 : 뭘 기다려. 지금 당장 해 내라니까. 할 줄 몰라? 직원 아니야? 여기 서비스 책임자 누구야? 불러줘.

승무원 : 제가 서비스를 담당하고 있는 승무원입니다. 제가 확인하고 말씀드릴게요.

승객 : 니가 뭘 안다고, 됐어. 필요없어. 책임자 없어? 책임자 불러. 너랑 이야기 하기 싫어.

(1) 감정스트레스 관리방법

승무원들은 스마일증후군으로 무례한 고객에게도 끝까지 친절하며 자신의 역할을 수행하는 경우가 많다. 내 감정이 상했더라도 끝까지 고객에게 그 감정을 표출하지 않고 정제된 감정만을 표현해야 한다.

1) 사고 멈추기

① 먼저 '사고 멈추기'를 해야 한다. 생각이 무의식적으로 흘러 자동적으로 어떤 결론에 이르기 전에 그 생각의 과정을 멈추어서 방향을 바꾸는 방법이다.

② 계속적인 부정적인 사고와 무의식 중 독백은 본인도 모르는 사이 의지를 저하시키고 심신의 능력도 감소시키게 되므로 생각을 멈추어야 한다.

2) 일과 나의 구분

① 업무라는 무대에서 유니폼을 입고 내가 서비스하는 것으로 일은 일이고, 나는 나이다라고 생각해야 한다.

② 업무를 하며 놓인 힘든 상황은 실제 나의 모습이 아니며 꾸준한 훈련을 통해 일과 나를 반드시 분리해야 한다.

③ 감정노동은 배우가 연기를 하듯 정해진 감정을 표현하는 것이다.

3) 스스로 격려하기

자신의 이름을 부르며 스스로를 격려하고 보듬어주고 칭찬해 준다.

- 주리야 오늘 고생 정말 많았다. 너 진짜 대단해. 고생했어, 수고했어.
- 너 진짜 대단하다. 거기서 어떻게 그렇게 잘 참았니?

4) 감정조절하는 훈련

① 코로 들이마시고, 입으로 내쉬는 심호흡을 하며 자극을 피하고 관심을 바꾸기 위해서 그 자리를 피하는 것이 좋다.

② 열차 간이석 통로에서 잠시 머리를 비우고 창 밖을 보거나, 화장실에 가서 잠시 손을 씻고 오는 것도 좋은 방법이다.

③ 간혹 악한 심정이 있는지 의심이 들 정도로 따라다니면서 힘들게 하는 분들이 있을 경우에는 최대한 고객을 피하고, 마주치지 않는 것이 좋다

④ 자신을 힘들게 했던 고객을 용서하는 것도 필요하다.

TIP 감정노동자법

2018년 10월 18일부터 감정노동자들을 위한 「감정노동자법」이 시행되었다.

> 사업주는 「산업안전보건법 시행규칙」 제26조의2 제1항에 따라 건강장해를 예방하기 위하여 다음 각 호의 조치를 하여야 합니다.
> 1. 법 제26조의 2 제1항에 따른 폭언등을 하지 아니하도록 요청하는 문구 게시 또는 음성 안내
> 2. 고객과의 문제 상황 발생 시 대처방법 등을 포함하는 고객 응대 업무 매뉴얼 마련
> 3. 제2호에 따른 고객 응대 업무 매뉴얼의 내용 및 건강장해 예방 관련 교육 실시
> 4. 그 밖에 법 제26조 1항에 따른 고객 응대 근로자의 건강장해 예방을 위하여 필요한 조치

Chapter 2 열차 객실승무원의 직무 지식 및 실습

핵심 포인트

- 철도차량의 종류 및 차내 설비에 대해 알아본다.
- 여객운송약관 및 운임 요금에 대해 알아본다.
- 운임 요금에 대한 기준에 대해 알아본다.
- 열차 내에서 발생될 수 있는 응급상황에 대한 대처법에 대해 알아본다.

1 열차 구조와 기능

2004년 4월 1일 고속철도 KTX가 개통한 이후 철도여객에 관한 많은 변화가 있었고, 열차 객실승무원도 열차 내 서비스 승무 업무를 시작하였다. 현재 열차 객실승무원들이 승차하고 있는 열차는 크게 3부류이며, 고속열차인 KTX와 SRT, 고속화 철도차량인 ITX-새마을 그리고 일반선로를 달리는 일부 관광열차이다.

1 KTX 종류 및 구조와 기능

1 KTX 소개

① KTX는 Korea Train eXpress의 약자로 최고속도 300km, 평균시속 200km 이상의 고속으로 달리는 우리나라의 고속철도이다.

② 우리나라는 일본, 프랑스, 독일, 스페인에 이어 세계 5번째 고속철도 보유국이며, 세계 4대 고속철도 기술 보유국이다.

③ KTX는 2종류의 차량으로 전기로 동력을 전달받아 운용되는 고속열차인 프랑스 TGV 기술을 도입해 개발된 20량 편성의 KTX(1)과 국내 현대로템사에서 개발한 10량 편성의 KTX-산천 2종류의 차량이 있다.

④ KTX-산천은 산천어 형상에서 영감을 얻어 우리나라 독자기술로 만든 고속열차로 2010년 3월부터 운행을 시작하였다. 이 둘의 가장 큰 차이는 크기와 길이이다.

KTX(1)	KTX-산천
KTX(1)은 1편성이 총 20량으로 동력차 2량과 객실 18량으로 구성되어 있다.	KTX-산천은 1편성이 총 10량으로 동력차 2량과 객실 8량으로 구성되어 있다.

(1) KTX(1)

1) KTX(1)의 구조

① KTX(1)의 전체 차량의 길이는 388m, 총 중량은 692톤이다.

② 좌석수는 특실이 90석, 일반실이 865석(전동휠체어석 2석 포함)으로 총 955석이며 특실은 2호차에서 4호차 3량으로 구성되어 있다.

③ 객실 천장에 영상모니터와 오디오 설비는 물론 통로에 인터콤과 방송시설이 설치되어 있으며 승강대 통로에는 음료, 스낵 자판기가 설치되어 있다.

④ 좌석은 한국인의 체형에 맞는 인체공학적 설계로 편안함과 안락함을 줄 수 있도록 설계 되었으며 통로바닥에는 안전성을 위해 카페트 부착과 불연소재를 사용하였다.

2) KTX(1) 특실 특징

① 특실의 좌석배열은 2 by 1의 형태로 1열 3석(1+2 / 1열 통로 2열), 좌석수는 90석으로 앞뒤 간격은 112cm이다.

② 특실 좌석이 일반석과 다른 점은 넓은 공간을 사용할 수 있으며, 좌석 등받이를 좀 더 조절할 수 있다.

③ 보통 모든 좌석이 열차진행방향(순방향)이며, 특실에는 생수, 특실패키지(쿠키, 견과류, 물티슈로 구성), 신문 및 미니 도서관 이용이 가능하다.

④ 2호차 특실에는 교통약자 편의를 위하여 장애인을 위한 전동휠체어 고정석, 전용 휠체어좌석, 장애인 전용화장실이 있으며 전동휠체어석 2석과 전용 휠체어석 3석은 별도로 지정되어 있다

3) KTX(1) 일반실 특징

① 일반실은 1호차와 5호차부터 18호차로 지정되어 있으며, 총 좌석수는 865석이다.

② 좌석의 배열은 2 by 2 형태로 1열 4석(2+2 / 2열 통로 2열)으로 구성되어 있으며, 의자가 반씩 마주보고 있고, 앞뒤 간격은 93cm이다.

③ 중앙의 테이블 좌석, 8석은 4인 가족의 여행이나 미팅에 이용이 편리하며 동반석이라는 이름으로 4좌석 1세트로 할인 판매되고 있다. 또한 이 중앙 테이블을 기준으로 정방향, 역방향의 좌석을 배치하였다.

4) KTX(1)의 환경

① KTX(1) 내부공기는 공기조화장치를 통하여 실내공기를 고객들이 가장 쾌적하게 느낄 수 있도록 객차 컴퓨터와 센서에 의해 자동으로 제어되어 최적의 실내온도와 습도가 유지된다.

② 객실 온도는 항상 최저 22도를 유지하도록 설계되어 있으며, 평균적으로 객실 내

온도는 하절기 22도, 동절기 24도의 적정 온도가 유지되도록 승무원이 순회하며 확인하고 체크하고 있다.

③ 객실온도는 플러스 2도, 마이너스 2도 범위 내에서 승무원이 수동으로 조절할 수 있다.

④ 계절이 바뀌는 시기에는 고객들의 온도관련 요청이 많기 때문에 좀 더 온도유지에 신경을 써야 한다.

5) KTX(1) 고객 편의시설

① KTX(1)에는 열차 내 편의시설이 있는데 화장실, 장애인 관련시설, 수유실, 물품보관소, 자동제세동기(AED)와 자동판매기 등이 있다.

② KTX(1)을 기준으로 화장실은 일반적으로 2객실당 1개 정도로 1호차, 2호차, 4호차, 6호차, 8호차, 11호차, 13호차, 15호차, 17호차, 18호차에 있으며 객실마다 진행방향 앞쪽에 화장실 안내가 있다.

③ 장애인 관련시설로는 화장실과 휠체어석 등이 특실인 2호차에 위치하고 있으며 수유실은 8호차와 16호차 사이에 위치하고 있다.

④ 응급상황에 대비한 자동제세동기(AED) 3대는 4호차, 10호차 15호차 좌석 위 선반에 위치해 있다.

(2) KTX-산천

KTX-산천은 동력차를 포함하여 10량으로 중련 편성이 가능하며, 단편성 전체 길이는 201m이며 총 중량은 403톤이다. 객실은 특실 1량과 일반실 7량으로 특실좌석 30석과 일반좌석 349석으로 총 379석으로 구성되어 있으며 프랑스에서 도입한 기존 KTX 차량보다 차내 시설은 현실에 맞게 업그레이드된 사양으로 설치되어 있다.

1) KTX-산천 환경 및 고객 편의시설

① KTX(1)열차와 보통 좌석의 구조와 편의시설 등은 비슷하지만, KTX-산천에는 3호차가 특실로 운영되며 장애인 관련 시설, 장애인 화장실 및 전동휠체어석은 1호차에 마련되어 있다.

② KTX(1)와는 달리 전 객실 좌석이 회전 가능하여, 역방향 좌석이 없다. 전 좌석 앞 좌석 하단부에 220V 콘센트가 설치되어 있어 노트북이나 휴대폰을 이용하는 고객들이 좀 더 편안하게 열차를 이용할 수 있다.

③ KTX-산천에도 KTX(1)과 마찬가지로 열차 내 편의시설이 있는데 화장실, 장애인 관련시설, 수유실, 물품보관소, 자동제세동기(AED) 등이 있다.

④ KTX-산천 화장실은 3호차, 5호차, 6호차, 8호차에 마련되어 있다.

⑤ 장애인 화장실은 KTX-산천은 1호차에 있으며, 수유실은 4호차에 위치하고 있다.

⑥ 자동제세동기(AED)는 4호차에 있다.

SRT 구조와 기능

1 SRT 소개

① SRT는 Super Rapid Train의 약
자로 2016년 12월 9일 오전 5시
10분 수서역을 출발하여 목포로
향하는 열차를 시작으로 본격적
인 운행을 시작하였다.

② SRT는 운행속도 300km, 최고
속도 330km로 설계된 열차로
KTX와 함께 우리나라의 대표 고
속열차이다.

③ 전체 차량의 길이는 201m, 총 중량은 406톤이다. 차량 편성은 1편성 10량으로
KTX-산천과 마찬가지로 중련과 복합 운행이 가능한 열차이다.

④ SRT는 KTX호남 열차 일부와 SRT전용 열차 2가지 종류가 있으며 모두 KTX-산천
의 개량형이라고 할 수 있다.

⑤ KTX-산천은 모델에 비해 가감속 성능을 향상하고 좌석 간격이 조금 더 넓어지는 등
개선된 부분이 약간 있으나, 기본 구조와 기능은 KTX-산천과 동일하다.

2 SRT 구조 및 고객 편의시설

① SRT 객실도 KTX-산천과 같이 특실 1량과 일반실 7량으로 구성되어 있다.

② 특실좌석 33석과 일반좌석 377석, 전체 410석이다.

③ 총 편성 수는 32편성이며 관절형 대차 연결방식으로 KTX-산천과 마찬가지로 승객
수요에 따라 중련 운행, 즉 두 열차를 붙여 운영하는 것이 가능하다.

④ 내부 편의시설도 KTX-산천과 동일하나 SRT열차가 KTX와 다른 점은 3호차 특실의
선반이 항공기타입의 폐쇄형으로 구성되어 있다는 것이다.

⑤ 화장실은 1호차, 3호차, 5호차, 6호차, 8호차에 있으며, 3호차에는 2개 화장실이 마
련되어 있고, 장애인 화장실은 1호차에 있으며, 수유실은 5호차에 위치하고 있다.

⑥ 자동제세동기(AED)는 5호차, 7호차에 마련되어 있다.

3 ITX-새마을 구조와 기능

1 ITX-새마을 소개

ITX-새마을은 Intercity Train eXpress 의 약자이며 새마을호를 대체할 목적으로 2014년 5월 12일부터 경부선, 호남선, 전라 선, 경전선, 중앙선 등 주요 간선에서 운행 을 시작하였다. ITX-새마을과 KTX열차의 가장 큰 차이점은 최대 속도가 150km라는 점과 객차가 6량으로 구성되어 있고, 특실이 없으며, 좌석수가 376석이라는 점이다.

2 ITX-새마을 구조 및 고객 편의시설

ITX-새마을 화장실은 1호차, 3호차, 4호차, 6호차에 있고, 장애인 시설은 3호차에 위치해 있다. 수유실은 6호차, 자동제세동기(AED)는 3호차, 자동판매기는 3호차, 4호차에 있다. KTX보다 ITX-새마을이 더 넓고 좋다고 하는 분들이 많은데, 최근에 만들어진 신형 열차여서 시설이 좋은 것도 있겠지만, ITX-새마을의 좌석 간격이 98cm로 KTX 일반석보다 5cm가량 넓기 때문이다.

4 관광열차 구조와 기능

해랑열차	바다열차

1 관광열차 소개

승무원이 승차하는 열차 중에는 관광열차가 있다. 관광열차는 여러 형태로 운영되고 있고, 이들 열차에 충당되는 차량은 처음 제작할 당시부터 특수 목적을 위하여 만들어진 차량들이 아니라, 일반열차의 여분객차를 사용하거나 일부 관광목적에 부합되도록 차내 설비 일부를 개조하거나 전면적으로 개조하여 특정 관광열차로서 운영하고 있다. 해랑열차와 바다열차는 모두 관광목적에 부합되게 열차 내 설비를 개조한 열차이다.

2 관광열차 구조 및 고객 편의시설

(1) 해랑열차

① 해랑열차의 차량은 전체를 개조하여 최고급 관광열차로 운용하고 있으며, 객차 8량으로 조성되어 있다.

② 전체 23개 객실에 54명이 정원이며, 주로 가족 동반의 1박 2일과 2박 3일 코스의 숙박형 관광전용 열차로서 운용되는 최고급 관광열차이다.

③ 열차 내부에는 기본적으로 2인 이상의 객실 및 레스토랑, 카페라운지 이벤트실이 설치되어 있으며 각 객실에는 침대, 응접쇼파, 화장실, 샤워실, 미니냉장고, TV 등이 설치되어 있다.

🚄 해랑열차

해랑열차와 승무원	해랑 열차 내 객실

> **🚦 TIP   해랑열차 좀 더 알아보기**
>
> • 해랑은 해와 더불어 아름다운 금수강산을 유람하는 최고의 열차라는 의미의 순우리말이다.
> • 레일 크루즈 해랑은 동부권, 서부권 1박 2일 코스와 전국 일주의 2박3일 코스로 상품이 구성되어 있다.
> • 전문교육을 이수한 당사의 승무원들이 승차하여 모든 일정을 함께 한다. 국내 최고의 럭셔리 기차여행을 지향하는 만큼 열차 내에서 다양한 이벤트를 진행하고 있으며, 정차하는 지역의 명소에서 최고의 식사와 서비스를 제공한다.

(2) 바다열차

바다열차는 2007년 여름부터 삼척–동해–강릉 구간 전용으로 운행되고 있다. 청정 동해의 해안선을 따라 펼쳐지는 낭만 기차여행으로 대형 창을 통해 시원한 동해바다와 갈매기를 조망할 수 있다. 전체 4량으로 구성되어 있으며 연인을 위한 프로포즈룸, 가족을 위한 별실, 이벤트실 등을 갖추고 있다.

카페칸	가족석	객차 내부

PLUS 표로 정리하는 열차 내 편의시설

1 KTX(1) 편의시설

승무원들은 편의시설에 대한 문의가 많기 때문에 반드시 숙지하고 있어야 하는 내용이며, 고객에게 현재 승차하고 있는 객실 호차와 가깝게 안내하는 서비스 센스가 있어야 한다.

편의시설 구분	해당 호차	편의시설 구분	해당 호차
화장실	1호차, 2호차, 4호차, 6호차, 8호차, 11호차, 13호차, 15호차, 17호차, 18호차	자동제세동기(AED)	4호차, 10호차, 15호차
장애인시설(화장실, 휠체어석)	2호차	특실 생수 자판기	3호차, 4호차, 5호차
수유실	8호차, 16호차		

2 KTX-산천 편의시설

편의시설 구분	해당 호차	편의시설 구분	해당 호차
화장실	3호차, 5호차, 6호차, 8호차	수유실	4호차
장애인시설(화장실, 휠체어석)	1호차	자동제세동기(AED)	4호차

3 SRT 편의시설

편의시설 구분	해당 호차	편의시설 구분	해당 호차
화장실	1호차, 3호차, 5호차, 6호차, 8호차(3호차 2개)	수유실	5호차
장애인시설(화장실, 휠체어석)	1호차	자동제세동기(AED)	5호차, 7호차

4 ITX-새마을 편의시설

편의시설 구분	해당 호차	편의시설 구분	해당 호차
화장실	1호차, 3호차, 4호차, 6호차	수유실	6호차
장애인시설(화장실, 휠체어석)	3호차	자동제세동기(AED)	3호차

5 KTX(1), KTX-산천, SRT, ITX-새마을 비교표

구분	KTX(1)	KTX-산천(원강)	SRT	ITX-새마을
1편성 구성	20량(동력차 2, 객실 18)	10량(동력차 2, 객실 8)	10량(동력차 2, 객실 8)	6량
총 좌석수	955석(특실 90석)	379석(특실 30석)	410석(특실 33석)	376석
특실	3량(2호차~4호차)	1량(3호차)	1량(3호차)	특실 없음
최대 운용속도	305km (최고 속도 330km)	305km (최고 속도 330km)	305km (최고 속도 330km)	150km (최고 속도 165km)
총길이	388m	201m	201m	140m

2 여객운송약관 및 운임 정산

열차는 항공기와 다르게 중간 정차역이 있어, 도중 하차하거나 구간 연장 등이 가능하기 때문에 열차 내에서 승무원에게 발권을 요청하는 경우가 많으므로 여객운송약관을 정확히 인지하고 있어야 한다.

1 여객운송약관의 이해

1 여객운송약관의 정의

여객운송약관은 「철도사업법」 제5조에 의하여 철도사업면허를 취득한 기관에서 운영하는 철도의 여객운송 및 이에 부대되는 서비스에 대한 기관(운영자)과 이용고객의 권리의무, 책임 준수사항 등을 규정해 놓은 것이다. 즉, 승차권 운임 및 요금, 환불 위약금, 수수료 등 사업자와 이용자 간의 공정한 거래 질서 확립을 위해 만든 약관인 것이다.

(1) 여객운송약관의 규범적 성격

철도청에서 운영하였을 때에는 여객영업규정이 국민들이 반드시 지켜야 하는 고시사항으로 구분되었으나, 현재에는 당사자 간 계약에 관한 사항을 정하고 있는 것으로 법적 구속력은 약화되었다. 이것은 계약 관계이므로 명시된 사항에 대해 책임과 의무를 부담하지만, 규정사항을 반드시 지켜야 하는 규범적 성격은 약하다는 것을 의미한다.

(2) 여객운송약관의 기능

고객이 승차권을 구입하거나 열차에 승차하였다는 것은 이 약관에 동의하였다는 것을 의미하며 이 약관이 고객 서비스의 기준이 되는 것이다. 따라서 고객과 분쟁발생 시 여객운송약관이 해결의 기준이 된다. 약관은 고속열차, 준고속 열차, 일반열차에 적용된다.

> **TIP KTX와 SRT 약관의 차이**
>
> 공정거래위원회에서는 2017년 1월 13일 복수 운영사의 철도 서비스가 이용자 중심의 공정한 거래질서가 확립되도록 표준약관을 제정하였다. 운영사가 달라 약관이 별도로 있지만 기본적으로 표준약관을 따르기 때문에 내용은 거의 비슷하고 각 운영사마다 이용하는 고객 중심사항에 약간의 차이가 있다.

2 여객운송약관의 적용

여객운송약관은 운송 업무 중 발생이 예상되는 일을 기준으로 미리 작성하는 것이며, 철도는 항공과는 다르게 이용방법 및 운송구간 등이 복잡 다양하여 포괄적인 개념으로 구성되어 있다.

(1) 항공과 철도의 적용 범위 차이점

항공과 철도와의 차이점을 간략히 살펴보면 항공의 경우 출발지와 도착지가 1개이나 철도의 경우는 도중 정차를 하기 때문에 출발지와 도착지가 고객마다 다르다. 항공의 경우는 항공권과 탑승권을 이원화하고 있으며 구입할 때부터 당사자가 정해져 있는 기명식이다. 또한 항공권은 미리 구입한 후 출발 전에 탑승권으로 교환이 가능하지만, 철도의 경우는 승차권이 일원화되어 있고 당사자가 정해져 있지 않은 무기명식이기 때문에 전매나 양도가 가능하며 여행 중에도 구간 연장이나 도중 하차 등의 변경이 가능하다.

항공	철도
• 기명식 채권(본인만 이용 가능)	• 무기명식 채권(전매·양도가능)
• 항공권과 탑승권으로 이원화(출발 전 탑승권으로 교환)	• 출발역과 도착역 내 승차역 다수
• 출발지, 도착지 1개	• 구간연장, 도중하차 등 변경 가능

(2) 위약금과 부가금 감면 불가능 이유

① 고객들은 운영사에서 위약금 혹은 부가금에 대해 고지하지 않았다는 것을 내세우며 위약금이나 부가금이 있을 경우 감면을 요청하는 경우가 많다. 이와 같은 경우에는 「약관의 규제에 관한 법률 및 동법 시행령」을 따라서 해결해야 한다.

② 여객운송업에 대하여 약관에 관한 설명 등의 의무가 배제되어 있다. 「철도사업법」 제11조에 근거하여 제정한 여객운송약관 제3조 약관의 적용 등에서도 운송계약의 성립시기를 승차권을 발행받은 때로 규정한다. 즉, 고객이 결제를 했을 때 이미 운송계약 제14조 운임·요금의 환불 계약내용에 동의한 것으로 취급되므로 위약금 감면은 사실상 불가능하다.

③ 코레일톡, 홈페이지 승차권 구매과정 중 팝업 안내 또는 승차권 뒷면 안내사항에 이런 부분에 대하여 안내하고 있다.

(3) 위약금 및 부가금 감면 불가능에 따른 안내

① 승무원들은 위약금 및 부가금의 감면이 불가능한 이유를 고객들이 쉽게 인지하고 이해할 수 있도록 중재의 노력을 해야 한다.

② 근거를 요구하는 고객들에게 "원래 그래요. 규정이 그렇답니다." 라는 설명보다는 정확한 근거를 제시하면서 도와드릴 수 없는 것에 대한 양해와 고객 입장에 대해 공감하는 자세가 필요하다.

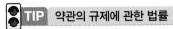**TIP** 약관의 규제에 관한 법률

제3조(약관의 작성 및 설명의무 등) ① 사업자는 고객이 약관의 내용을 쉽게 알 수 있도록 한글로 작성하고, 표준화·체계화된 용어를 사용하며, 약관의 중요한 내용을 부호, 색채, 굵고 큰 문자 등으로 명확하게 표시하여 알아보기 쉽게 약관을 작성하여야 한다.

② 사업자는 계약을 체결할 때에는 고객에게 약관의 내용을 계약의 종류에 따라 일반적으로 예상되는 방법으로 분명하게 밝히고, 고객이 요구할 경우 그 약관의 사본을 고객에게 내주어 고객이 약관의 내용을 알 수 있게 하여야 한다. 다만, 다음 각 호의 어느 하나에 해당하는 업종의 약관에 대하여는 그러하지 아니하다.

1. 여객운송업 2. 전기·가스 및 수도사업 3. 우편업 4. 공중전화 서비스 제공 통신업

③ 사업자는 약관에 정하여져 있는 중요한 내용을 고객이 이해할 수 있도록 설명하여야 한다. 다만, 계약의 성질상 설명하는 것이 현저하게 곤란한 경우에는 그러하지 아니하다.

④ 사업자가 제2항 및 제3항을 위반하여 계약을 체결한 경우에는 해당 약관을 계약의 내용으로 주장할 수 없다.

❸ 여객운송약관의 용어

(1) 용어의 정의

여객운송약관을 쉽게 이해하기 위하여 먼저 용어를 이해하는 것이 중요하다.

승차권	• 승차권은 철도를 이용하는 사람 사이의 운송계약 체결에 관한 증표 **예** 모바일 티켓, 종이 승차권, 출력한 홈티켓, 자기정보 승차권, 휴대폰문자 승차권		
운임	• 열차를 이용하여 장소를 이동한 대가 **예** 서울–부산 운임은 59,800원		
요금	• 열차에서 부가적으로 이용하는 서비스의 대가 **예** 특실요금 서울–부산 83,700원(서울–부산 운임은 59,800원 + 특실에 대한 요금은 23,900원)		
위약금	• 승차권 유효기간 이내에 운송계약 해지를 청구함에 따라 수수하는 금액		
여객구분	• 철도 이용자의 연령이나 관계법령에 따라 여객구분		
	유아	만 6세 미만	
	어린이	만 6세부터 13세 미만	
	성인	만 13세부터 만 64세 까지	
	경로	만 65세 이상	

(2) 여객구분이 중요한 이유

여객구분이 중요한 이유는 승차권 할인제도와 연계가 되어 있기 때문이다. 승차권 할인제도 중 공공할인은 사회복지 정책 또는 정부 정책에 따라 노인, 장애인, 유공자 등에게 철도 운임을 할인해 주는 것을 말하며 관례법령에 따라 할인율을 규정하고 있다.

(3) 여객구분에 따른 공공할인

1) 만 6세 미만 유아의 경우

좌석지정을 하지 않으면 무임승차가 가능하고, 좌석지정을 원할 때는 운임의 75% 할

인이 적용된다.

2) 어린이의 경우

① 50%의 운임할인이 가능하다.

② 만 13세 이상을 성인으로 보기 때문에 청소년은 운임할인이 적용이 되지 않고 성인 승차권을 이용해야 한다.

3) 경로

경로는 만 65세 이상부터이며, 30% 운임할인이 되나 고속열차나 ITX-새마을 경우 주말이나 공휴일에는 할인이 제외가 된다.

4) 기타

① 기타 여객 구분에는「장애인복지법 및 동법 시행령」에 정한 장애인 중에서 중증장애인은 운임의 50%를 할인적용 받을 수 있으며, 보호자 1인도 함께 할인이 적용된다.

② 경증 장애인은 고속열차나 ITX-새마을의 경우 운임의 30%, 무궁화호의 경우 운임의 50% 할인이 적용되며 주말이나 공휴일은 제외된다.

③ 유공자는 연 6회까지 무임으로 이용할 수 있으며, 6회 초과시부터는 50%할인이 가능하다.

TIP 승차권의 종류

스마트폰에서 발행받은 모바일 티켓, 역 창구에서 발행한 종이 승차권, 철도공사 홈페이지에서 예매 후 인쇄장치로 출력발행한 홈티켓, 역 자동발매기에서 운송에 필요한 사항을 뒷면 자기정보에 기록하여 발행하는 자기정보 승차권, 휴대폰문자 승차권 등이 있다.

2 승차권 이용안내

❶ 철도운임 및 요금

철도라는 운송수단을 이용하여 고객을 목적지까지 안전하게 수송하고, 이에 고객은 운송의 대가로 운임 및 요금을 지불한다.

(1) 운임 및 요금의 의미

운송의 대가를 운임이라 하고, 부대시설과 부가 서비스의 대가를 요금이라고 한다. 여기서 말한 부대시설과 부가 서비스는 좀 더 넓은 좌석공간, 특실 서비스, 서비스 물품 제공 등이며, 이 요금부분은 할인이 불가하다. 예를 들어 어린이, 경로, 장애인 등 공공할인으로 특실을 승차한 경우 운임에 대한 할인은 적용이 되나, 특실요금에 대한 할인은 적용이 불가하다.

특실요금 = 운임 + 요금		
운임	운송의 대가	할인가능
요금	부가 서비스 이용의 대가 (부대시설과 부가 서비스 이용에 대한 별도 요금)	할인 불가능

(2) 운임 산정 방식

좌석승차권에 따른 철도의 운임은 일반열차의 경우 거리에 비례하여 운임이 증가되는 것으로 거리비례제로 거리에 임률을 곱하여 계산한 금액이 운임이 된다.

1) 철도운임 및 요금

① 고속열차의 경우는 시장가격제 운임방식을 따른다. 거리, 소요시간, 타 교통수단과의 경쟁력 등을 반영하는 시장가격제의 운임체계로 각 구간별 운임이 정해져 있다.

② 임률은 1인 1km당 금액으로 고속열차는 약 164원, ITX-새마을은 약 100원, 무궁화호 약 64원, 통근열차 약 31원으로 지정이 되어 있으며, 임률은 약간의 변동을 보일 수 있고 제시한 임률은 2020년 7월1일 기준이고 열차마다 최저운임이 있다.

③ 고속열차는 8,400원, 새마을호는 4,800원, 무궁화호는 2,600원, 통근열차의 경우 1,600원이다. 예로 서울역-영등포 단구간 고속열차를 이용했다면 아마 임률로 따지면 그 비용이 나오지 않더라도 최저운임이 8,400원이기 때문에 8,400원의 운임이 나온다.

■ 임률 및 최저운임

〈2020년 9월 현재 기준〉

구분	KTX	새마을호	무궁화호	통근열차	비고
고속선임률 **(기존선임률)**	16,414원	9,636원	6,478원	3,169원	1인 1km당
최저운임	8,400원	4,800원	2,600원	1,600원	(어른좌석 기준)

＊ 교통시장에서의 경쟁력 확보 및 단거리 이용고객을 유인하기 위해 새마을호와 무궁화호의 최저운임을 인하 (2008. 6. 1부터)

2) 특실승차권의 운임 및 요금

① 특실승차권의 운임 및 요금은 좌석승차권의 운임과 함께 특실요금을 합산한 금액을 수수한다.

② 특실요금은 KTX는 구간운임의 40%, SRT는 45%, 새마을호, 무궁화호의 경우 15%이다

③ 운임에 특실요금을 추가하면 특실승차권의 운임요금이 된다.

■ 특실요금

구분	KTX	새마을호	무궁화호
특실요금	구간운임의 40% 추가	구간운임의 15% 추가	구간운임의 15% 추가
최저요금	4,800원	3,600원	1,600원

* 자유석은 주중 출퇴근시간에 운영을 하며 5% 할인
* 입석은 주중 자유석을 운영하지 않는 시간대와 주말과 공휴일에 운영하며 15%할인

3) 자유석 및 입석의 운임

① 자유석은 공휴일 제외 일반실 좌석운임 5% 할인을 적용하며 토,일,공휴일 등 공급 좌석수가 부족할 경우 운영하는 입석은 일반실 좌석운임의 15%를 할인한다.

② 자유석과 입석은 최저운임 이하로 할인하며, 공공할인과 영업할인과 중복할인도 가능하다.

2 승차권의 종류

승차권이란 철도운영사와 고객과의 운송계약 체결의 증표를 말하며 출발 1개월 전부터 열차 출발 5분전까지 상시 구매가 가능하고, 모바일 앱에서는 출발시각 전까지 판매하고 있으며, 정기승차권은 사용시작일 5일 전부터 구매가 가능하다.

(1) 이용방법에 따른 승차권 구분

승차권은 여객운송약관 제2조에 정한 승차권 및 입장권을 통칭하는 것으로 이용방법에 따라 아래와 같이 구분을 하였다.

환승승차권	• 말 그대로 다른 열차로 갈아타는 사람에게 발행한 승차권이다. • 연속되는 승차구간 도중 역에서 도착한 시간의 10분 내지 50분(철도공사에서 정한 열차시각 기준)이내에 다른 열차로 갈아타는 사람에게 1매로 발행한 승차권이다.
4인 동반석승차권	• KTX-산천의 비즈니스실 및 KTX 일반실 내 좌석 중앙에 테이블을 설치하고 마주보도록 배치된 좌석을 4명 이하 일행이 함께 동일한 조건으로 이용하는 경우 1매로 발행한 승차권이다.
단체승차권	• 10명 이상의 일행이 승차일시, 승차열차, 승차구간 등 동일한 운송조건으로 함께 여행하기 위하여 1매로 발행한 승차권이다.
병합승차권	• 열차구간 중 일부를 좌석(또는 입석·자유석)으로 나머지 구간은 입석·자유석(또는 좌석)으로 나누어 발행한 승차권이다.
정기승차권	• 일정기간 동안 출발역과 도착역이 승차권에 표시되어 있으며 본인에 한하여 횟수에 관계없이 이용할 수 있는 승차권으로 출퇴근이나 통학을 위하여 많은 고객들이 사용하는 승차권 종류이다.
동반유아좌석 지정권	• 보호자와 함께 여행하는 유아에게 좌석을 지정할 때 발행하는 증표이다.
보조견 좌석지정권	• 장애인과 함께 여행하는 보조견에 좌석을 지정할 때 발행하는 증표이다.

3 **승차권 분실 시**

승차권 분실 시 재발행 과정이 복잡하여 실제 많은 고객들이 '다시 역에서 반환을 받느냐', 또 역에 들려야 하느냐' 등 불편함을 제기한다. 하지만 철도 승차권은 항공권과는 다르게 무기명으로 발권하기 때문에 분실 시 분실한 승차권을 본인이 아닌 타인 사용이 가능하다. 따라서 좌석 중복 발생 분쟁이 발생할 수도 있기에 신중하게 업무처리를 해야 한다. 또한 고객에게 '분실 시 재발행 요령'을 자세히 설명하고 설득하는 일도 승무원이 안내해야 하는 일 중의 하나이므로 유의해야 한다.

① 승차권을 분실한 사람은 여행 시작 전 재발행이 가능하나 입석, 자유석 등 좌석번호를 지정하지 않은 승차권이나 분실한 승차권의 정보를 확인할 수 없는 경우에는 불가능하다.

② 고객의 카드번호, 회원번호 등으로 분실한 승차권이 확인 된 경우에는 매표소에서 동일한 승차권으로 '분실재발행'이 가능하다.

③ 승무원은 분실재발행하여 승차권을 소지하고 열차에 승차한 고객에게 분실된 승차권이 사용되지 않았음을 증명하는 서명을 해 주어야 한다. 이는 좌석이 중복되지 않았다는 것을 증명하는 것으로 이것을 '미사용 증명'이라 한다.

④ 고객은 본인이 분실된 승차권이 사용되지 않았다는 증명을 승무원에게 받은 후 1년 이내 매표소를 방문하여 재발행한 승차권 금액을 반환받을 수 있다.

> **TIP** **승차권 분실에 관한 약관**
>
> ◆ **승차권 분실 시**
> - 승차권을 분실한 사람은 여행시작 전에 재발행을 청구할 수 있다. 다만, 다음 각 호에 해당하는 경우는 제외된다.
>   1. 좌석번호를 지정하지 않은 승차권(입석, 자유석)
>   2. 분실한 승차권이 사용된 경우
>   3. 분실한 승차권의 유효기간이 지난 경우
>   4. 분실한 승차권을 확인할 수 있는 회원번호, 신용카드 번호, 현금영수증 등이 없는 경우
> - 분실한 승차권을 재발행하는 경우에는 다음 각호에 정한 금액을 받는다.
>   1. 여행 시작 전 : 분실한 승차권과 같은 구간의 기준·운임
>   2. 여행 시작 후 : 분실한 승차권과 같은 구간의 기준·운임 및 이미 승차한 구간에 대한 제12조 제1항 제1호에서 정한 부가운임(0.5배)을 합산한 금액
> - 분실한 승차권을 재발행 받아 도착역까지 여행을 마친 사람은 승차한 날로부터 1년 이내에 분실한 승차권 및 재발행 받은 승차권을 역(간이역 및 승차권판매대리점 제외)에 제출하고 지불한 금액에서 최저수수료를 공제한 잔액의 환불을 청구할 수 있다.
> - 고객이 승차권을 제출하고 환불을 요청시 해당 승차권이 환불·변경되지 않고, 다른 사람이 이용하지 않았음을 승무원이 확인한 경우에만 환불한다.(미사용 증명)
> - 재발행 받은 승차권의 좌석번호가 열차 내에서 중복되는 경우 좌석 이용에 대한 권리는 분실한 승차권을 소지한 사람에게 있다.

4 운임요금의 반환

승차권을 구입한 고객이 부득이한 사정으로 여행일정을 취소하는 경우 승차권을 반환하게 된다. 이 경우 수수한 운임을 반환하되 위약금을 수수하고 있다. 반면 열차 운행 중 차량고장 등 다양한 이유로 운송이 지연되거나 문제가 생길 경우에는 고객에게 배상을하고 있다.

(1) 승차권 반환 기준

승차권을 구입한 고객이 반환을 요구하는 경우 「여객운송약관」 제14조의 기준에 따라 운송계약해지로 인한 위약금을 수수하고 반환한다.

① 반환 위약금은 요일에 따라 기준이 다르며, 예약부도에 미치는 영향도에 따라 수요가 낮은 평상시 구간(월~목요일)과 수요 집중구간(금~일, 공휴일)으로 구분하고 있다.

② 주말 예약부도에 따라 다른 고객이 이용하지 못하는 경우에는 수요 집중구간 일부를 강화하여 적용하고 반대로 수요가 낮을 경우에는 이용객의 위약금 부담을 완화하였다.

③ 평상시 구간은 출발 3시간 전까지는 위약금이 없으며 그 이후 열차 출발 전까지는 승차권의 5%, 출발 20분 후까지는 15%, 1시간까지는 40%, 1시간 이후 도착 전까지는 70%의 위약금이 발생된다.

④ 집중구간은 출발 1일 전까지 400원, 당일 출발 3시간 전까지는 5%, 3시간 이후 출발시간 전까지 10%, 출발 후에는 주중과 동일하다.

⑤ 승차권을 잘못 구매하여 10분 이내 다른 승차권을 재구매한 후 환불하는 경우나, 당일 구매한 승차권을 환불하는 경우 등은 위약금을 면제해주고 있다.

(2) 승차권 반환 기준표

구 분		출발 전			출발 후		
		1개월~ 출발 1일전	당일~ 출발 3시간 전	3시간 경과 후 ~출발시간 전	20분까지	20~60분	60분~ 도착
평상시	월~목요일	무료		5%	15%	40%	70%
수요 집중 구간	금~일요일 공휴일	400원 (결제일부터 7일 이내 무료)	5%	10%			

TIP 위약금 감면 대상 및 범위 조항

◆ **위약금 감면 대상 및 범위**

1. 역 창구
- 소지한 승차권의 출발시각 이전으로 변경을 청구하는 경우
- 소지한 승차권의 출발시각 이후로 열차를 변경하는 경우 당일 변경에 한해 금액이 증가하는 변경인 경우만 위약금 감면
- 통근열차 승차권을 해당열차 출발시각 이전에 환불을 청구하는 경우
- 열차지연으로 출발시각이 경과하였으나 실제로 열차가 도착하지 않은 경우 출발 전 위약금 적용
- 철도공사의 책임사유로 여행을 포기하는 경우
- 승차권을 구매한 당일에 환불하는 경우 (출발 3시간 전까지, 할인승차권제외)
2. 코레일톡/홈페이지
- 승차권을 구매한 당일에 환불하는 경우 (출발 3시간 전까지, 할인승차권제외)
- 승차권을 잘못 구매하여, 10분 이내 다른 승차권을 재구매 후 환불하는 경우

5 지연배상

(1) 지연배상의 기준

열차가 약속된 시간을 지키지 못하면 고객은 시간적 손실 및 다른 불편을 겪게 된다. 승차권을 발급하는 순간 고객과는 계약관계에 놓이게 되는 것이며, 여기에는 출발시각과 도착시각도 포함되어 있는 것이다. 약속된 운송의무를 지키지 못한 경우 이에 대한 배상을 해야 한다. 다만 철도, 선박, 항공 등 운송수단들은 날씨 및 다양한 외부요인으로 인해 영향을 받을 수 있으므로 모든 지연 시 배상 하는 것이 아니라 일정한 기준에 따라 배상 적용하고 있다.

① 전 열차, KTX, SRT, ITX-새마을, 무궁화호는 동일한 기준이며, 지연시간에 따라 배상기준은 다르며 반환 유효기간은 1년이다.

② 차량의 고장, 파업 등의 이유로 열차가 20분 이상 지연된 경우 소비자 분쟁해결기준에 정한 다음 금액을 배상하도록 되어 있다.

③ 할인증으로 배상받을 경우 현금의 2배 금액을 배상받도록 하고 있으며 20분에서 40분 사이 지연 시 승차권의 12.5%을 환불받을 수 있고, 40분에서 1시간 지연시 25%, 1시간 이상의 경우 50% 환불받을 수 있다.

구 분	지연배상 기준		
고속열차/ 일반열차	20~40분	40분~1시간	1시간 이상
현금배상	12.5%	25%	50%
할인증	25%	50%	100%

(2) 지연배상 방법

지연배상 방법으로는 현금 또는 지연할인증으로 가능하다. 승차권에 표시된 승차일로부터 1년 이내 가능하며 할인증으로 사용하는 경우에는 승차일부터 1년 이내에 출

발하는 열차에 사용이 가능하다. 지연료 지급은 현금으로 결제한 승차권은 현금으로 신용카드로 결제한 경우 신용카드 계좌로 지급이 되며 마일리지 등은 재적립된다.

6 설비반환

승무원이 많이 접하는 배상은 지연배상 외 설비반환 부분이 있다. 열차 승무를 하다보면 객실 내 냉난방, 열차 내 설비 불량으로 인하여 이용에 불편이 발생하는 경우가 있다. 고객들은 이러한 사항이 생길 때 승무원에게 환불이나 반환요청을 한다. 이와 같은 경우 설비반환이 가능하고, 배상기준은 승차권에 표시된 승차구간 운임요금의 25%에 해당하는 금액을 반환한다. 지정좌석을 사용하지 못한 경우는 50%까지 반환이 가능하고, 냉방이 불량인데 즉시 조치가 되지 않을 때에도 50% 반환이 가능하다.

🚇 여객 사정에 따른 승차권 환불 시 공제되는 위약금 기준

철도공사	대체 좌석을 제공할 경우 : 보상, 환불 없음
책임사유	대체 좌석을 제공하지 못하는 경우 : 운임 요금 50% 보상
차량고장, 설비분량	대체 좌석을 제공했으나 즉시 처리되지 못한 경우 : 운임 요금 25% 보상

3 ▶ 열차 내 운임정산 안내

열차 내에서 승무를 하면서 발생하는 문제에는 위약금, 마일리지 적립, 도중하차, 무표 부가운임, 미승차 증명 등이 있다. 이와 같은 부분을 고객에게 안내할 때는 여러 가지로 주의해야 할 부분이 있다.

1 위약금 문의

(1) 사례로 본 승차권 반환의 유형

1) 승차권을 구입한 고객이 반환을 요구하는 경우

> **8월 28일(금) 서울-대전 출장가는 KTX에 탄 승객**
>
> **승객** : 지금 KTX에 탄 상태인데요, 돌아오는 승차권까지 다 끊어놓았거든요.
> 그런데 일정이 유동적이어서 아무래도 저녁식사까지 하고 와야 할 것 같아서 시간을 좀 변경하고 싶은데요. 승무원님, 지금 이 표 반환하면 위약금(수수료)이 얼마나 나오나요?
>
> **승무원 응대**
> **승무원** : 아, 네에, 금요일이고 반환 승차권이 출발 5시간 전이면 반환위약금은 5% 입니다. 운임에서 위약금 5% 제외하고 반환이 가능합니다.

승차권을 구입한 고객이 반환을 요구하는 경우「여객운송약관」제14조 운임·요금의 환불의 기준에 따라 위약금을 수수하고 반환하면 된다. 단, 요일별 또는 남은 시간에 따라 반환위약금의 기준이 다르므로, 정확히 인지하고 고객에게 안내해야 한다.

2) 단체 승차권의 경우 반환을 요구하는 경우

단체승차권의 반환을 요구하는 경우에는 환불위약금이 별도로 지정되어 있기 때문에 일반 승차권인지 단체 승차권인지 반드시 확인한 후 안내해야 한다.

🎙 **단체 승차권 환불 위약금**

구 분	출발 전		출발 후 (역 창구에서 환불 신청)		
	출발 2일 전까지	1일 전~ 출발시간 전	20분까지	20분 경과 후~ 60분	60분 경과 후~ 도착
단체 승차권	400원 + 인원수	10%	15%	40%	70%

3) 타 열차 승차권을 소지한 경우

> [상황]
> **승객** : 일정이 너무 일찍 끝나서 역에 빨리 도착했어요.
> 15분 뒤 열차인데 이 열차 타고 가고 싶은데요. 가능할까요?
>
> [승무원 응대]
> **승무원** : 고객님께서 30분 후에 있는 다음 열차가 아닌 이번 열차 탑승을 원하신다면 그 열차의 승차권을 취소한 뒤, 이번 열차 승차권을 열차 출발 전 발권하셔야 합니다.

① 타 열차 승차권을 소지한 승객이 열차 변경을 요구하는 경우

고객들은 본인이 타야할 열차가 다음 열차임에도 불구하고 그냥 간이석에 앉아 가도 되니 다른 열차를 승차하면 안되는지를 문의하는 경우가 있다. 철도의 경우에는 무기명 승차권이기 때문에 승차권은 언제든 양도나 전매가 가능하다. 이런 이유로 모든 고객은 유효하고 정당한 승차권을 소지한 채 열차를 승차해야 한다. 따라서 여정이 변경된 고객에게는 여정 변경 시 승차권도 반드시 변경해야 하며 변경에 따른 반환 위약금이 나올 수 있다는 내용도 반드시 안내해야 한다.

② 타 열차 승차권을 소지하고 열차에 이미 승차한 경우

타 열차 승차권을 열차 내에서 승무원이 반환 처리를 하고, 이때 시간대별 반환 위약금이 발생될 수 있으며, 승차한 열차의 승차권은 다시 정상적으로 발매해야 하므로 유효한 승차권을 소지하지 않고 열차 내에서 발권해야 하게 되는 것이므로 부가운임 50%가 발생된다. 따라서 승객들은 반드시 해당열차에 유효한 승차권을 소지하고 열차에 승차해야 한다.

(2) 위약금 감면 대상 확인

① 고객별 다양한 상황들이 많기 때문에 고객 질문에 단순히 "위약금은 몇 %입니

다.”라고 대답하면 안 되고 발권 일시 등 고객과 1대 1 상호질문을 한 후 안내해야
한다.

② 승무원에게 가장 많이 물어보는 질문 중 하나가 “반환을 했는데, 왜 취소문자가 안
오죠?”,“ 카드 환불이 제대로 된 것은 맞느냐, 확인 좀 다시 해 달라”는 요청이다.
따라서 취소 후 취소승인이 한국철도에서 고객카드사까지 가는데 2~3일 정도 소
요될 수 있다는 안내도 추가적으로 해 주는 것이 좋다.

TIP SRT의 환불 위약금 차이

매체		7일 이전 까지	3일 이전 까지	2일 이전 까지	1일 이전 까지	당일~ 1시간 전	1시간 경과 후~ 출발시각전	출발 후			
								5분 이전까지	20분 이전까지	60분 이전까지	도착역 도착시간 이전까지
일반	인터넷 환불	무료				최저 수수료	10%	15%	환불 불가		
	역 환불	최저 수수료				5%	10%	15%		40%	70%
단체	인터넷 환불	무료	최저 수수료			10%		15%	환불 불가		
	역 환불	최저 수수료	5%			10%		15%		40%	70%

2 마일리지 적립

마일리지 적립 결과 통보가 지연되는 경우

승객 : 저 마일리지 적립했는데 왜 안뜨죠? 누락된 것 아닌가 확인해 주실 수 있나요?

승무원 응대

승무원 : 아, 네에 마일리지 적립 여부 확인은 적립 후 익일 코레일톡에서 확인이 가능합
니다. 바로 적립이 안 되고 익일에 적립되는 이유는 여행 중 여정변경, 열차 운행
중지 등 다양한 여건 등으로 변경 여지가 있기 때문입니다. 양해 부탁드릴게요.

① 멤버십 혹은 마일리지에 대한 부분도 승무원에게 많이 하는 질문이다. 일반적으로
KTX 마일리지는 코레일 멤버쉽회원 대상으로 KTX 이용시 결제금액의 일부를 마일
리지로 적립해 준다.

② 기본적으로는 구입매체에 관계 없이 결제금액의 5%를 적립하고 승차율이 50% 이하
열차의 경우 온라인 구매시 인터넷 특가 형태로 할인 및 적립이 가능하다.

③ 마일리지 적립은 적립 후 익일에 코레일톡에서 확인이 가능하다. 바로 적립이 안 되
고 익일에 적립되는 이유는 도중 역에서 여행종료, 여정변경, 열차 운행중지 등 다양
한 여건 등으로 인한 변경 여지를 감안하기 때문이다.

④ 적립 된 마일리지의 유효기간은 적립월 기준 5년이며 실제 지불한 승차권 결제금액을 기준으로 적립된다.

⑤ 해당열차 출발 후에는 마일리지를 적립할 수 없으며, 할인승차권 및 정기승차권, 단체승차권, 동반석, 내일로 등의 영업할인 및 여행상품으로 판매되는 승차권은 마일리지 적립 제외 대상이다.

❸ 도중하차

고객이 원래 목적지까지 가지 않고 도중에 여행을 중단하는 경우에 철도는 다른 수단과 다르게 고객의 일정변경에 따른 도중변경이 가능하다는 큰 장점이 있다. 또한 도중변경이 가능한 것 뿐 아니라 변경을 하면서, 나머지 승차하지 않은 비용도 위약금을 제외하고 환불도 가능하다.

(1) 도중하차 환불

서울-부산 KTX 125열차 일반실 승차권 소지고객 도중 하차의 경우

승객 : 제가 부산까지 가야했는데, 일정이 변경 되었어요. 그냥 동대구에서 내릴게요. 도중에 내려도 되죠?

승무원 응대

승무원 : 네에, 부산까지 가야 하는데 동대구에서 내리셔야 한다는 말씀이시죠?
계산해 보면 서울과 부산의 운임 영수액은 59,800원이고, 서울-동대구간 운임은 43,500원입니다. 고객님이 승차하지 않은 구간의 운임 위약금은 출발 후 20분 이내 이므로 위약금 15%를 적용할게요. 서울-부산의 운임 59,800원에서 서울-동대구 운임 43,500원을 빼면 16,300원입니다만, 15% 위약금 2,400원을 계산하여 차액 16,300원에서 위약금 2,400원을 제외한 13,900원 반환해드릴 수 있습니다. 반환액은 열차에서 반환해 드릴 수는 없으니 하차하는 동대구역 매표소에서 환불받으면 됩니다. 승차권에 표시된 도착역 시간보다 늦게 매표소에 가시면 반환이 안될 수도 있으니 꼭 하차 후 바로 환불받으셔야 합니다.

도중하차 환불은 고객이 승차권에 표기된 목적지까지 가지 않고 도중 여행을 중단할 때 승차하지 않은 구간의 운임, 요금에 위약금을 제외한 나머지를 도중하차 해당역 매표소에서 환불하는 것이다. 승차권에 표시된 도착역 시간보다 늦게 매표소에 가면 반환이 안될 수 있기 때문에 하차하고 바로 환불을 받아야 한다.

(2) 도중하차 환불 불가 경우

도중하차 환불이 불가능한 경우도 있다. 설, 추석 대수송기간 승차권, 특별관리 단체·전세승차권, 4인동반석, 정기승차권, 최저운임, 요금구간의 승차권은 도중하차 환불에서 제외가 된다.

4 무표 부가운임

(1) 무표 부가운임

> **무표로 열차를 승차한 경우**
>
> **승객** : 앱을 깔아 놓지 않았고, 사용할 줄도 잘 모르고, 매표소에는 줄이 길었어요.
> 이 열차를 절대 놓치면 안되서 우선 무작정 승차권 없이 열차를 탔는데 어떻게 해야 하죠?
>
> **승무원 응대**
>
> **승무원** : 고객님, 사정은 알겠습니다. 일부러 그러신 것은 아니라는 것을 알겠습니다만, 승차권을 소지하지 않으셔서 기준운임의 0.5배에 해당하는 부가운임을 내셔야 합니다.

고객의 고의가 아닌 개인 사정 또는 시간이 촉박해 어쩔 수 없는 상황으로 정당한 승차권을 소지하지 못한 채 열차를 탄 경우 고객의 상황은 심정적으로 이해를 할 수는 있으나, 운임에 대한 업무를 하는데 있어서 기본적으로 따라야 하는 규정과 기준으로 「여객운송약관」과 「철도사업법」 제10조가 있다. 부가운임은 승차권이 없는 경우 0.5배의 부가운임부터 승차권을 위·변조한 경우 30배의 부가운임까지 징수할 수 있다.

(2) 무표 부가운임 징수 시 유의사항

무표인 승객을 발견했을 경우에 무조건 '무표 고객이니 얼마내라.'라는 식의 부가운임 징수방법은 좋지 않다. 먼저 승차권 없이 탄 고객의 사정을 끝까지 들어보고 고객의 걱정을 안심시킨 후, 부가운임에 대해 상세하고 친절하게 설명을 해야 한다.

> **TIP 철도사업법 제10조**
>
> **철도사업법 제10조(부가운임의 징수)** ①철도사업자는 열차를 이용하는 여객이 정당한 승차권을 지니지 아니하고 열차를 이용한 경우에는 승차 구간에 해당하는 운임 외에 그의 30배의 범위에서 부가 운임을 징수할 수 있다.

5 미승차 증명

(1) 미승차 증명

미승차 증명은 발권된 승차권에 대해 해당 열차에 고객이 승차하지 않았음을 승무원이 증빙하여 반환을 받을 수 있도록 해주는 제도이다. 일행 중 일부가 승차하지 않았을 때나 승차권을 중복으로 구입한 경우에 미승차 증명을 통해 반환받을 수 있다.
단, 단체와 전세인 경우, 4인 동반석 등 세트 승차권의 일부 미승차의 경우, 열차의 자유석과 입석의 경우에는 불가능하다.

(2) 미승차 증명 절차

> **다수 일행 중 일부가 승차하지 않은 경우**
>
> **승객** : 같이 가는 일행이 늦어서 열차를 못 탔어요.
> 승차권은 3장인데 2명만 열차를 탔거든요. 열차 안에서도 반환이 되나요?
> 지금 반환하면 얼마나 돌려받을 수 있죠?
>
> **승무원 응대**
>
> **승무원** : 한 분이 못타셨군요. 미승차 증명 후 환불받을 수 있는 금액은 15%의 위약금
> 을 제외한 비용을 돌려 받으실 수 있습니다. 위약금은 승차권의 운임, 요금 전
> 체에 대하여 적용하며 서울−부산 KTX의 승차권을 서울역 출발시각 10분 경
> 과 후 환불 청구하셔서 서울−부산 KTX 운임 59,800원에서 15%의 위약금
> 9,000원을 뺀, 50,800원을 반환해드릴 수 있습니다.

① 승무원은 MTIT PDA 단말기로 승차하지 않은 고객의 좌석을 취소하고, 미승차 증명을 한다.

② 신용카드로 구입한 경우는 역에 방문할 필요 없이 바로 반환처리가 되고, 현금으로 구입하거나 혼용 결제한 경우에는 승무원이 MTIT PDA로 미승차 증명 후 승차권에 관련 내용을 기재해 주면 그것을 가지고 고객은 역에서 반환받을 수 있다.

③ 승무원은 승차권 여백에 청구시간, 확인자의 직위와 서명, 반환 청구 기간을 작성해 준다.

④ 반환 청구기간은 1년 이내이며, 전국 철도역에서 반환청구가 가능하다.

🚄 사례 및 응대법

TIP **미승차 확인증명서 기재 사항 및 위약금 계산법**

1. 미승차 확인 증명 시 기재사항

- 미승차 증명 [구간 00~00] 좌석복구완료, 강제반환청구
- 미승차 확인증명의 청구시각 : 00시00분
- 확인자 직위, 서명 : # 000 승무원 XXX
- 반환 청구 기간 : 승차일로 부터 1년 이내(예 2019.08.30) 전국 철도 역에서 환불청구 가능

2. 서울−부산 KTX 승차권을 서울역 출발시각 10분 경과 후 환불 청구 시 위약금

- 서울−부산 KTX : 운임(59,800원) − 위약금(59,800원×0.15≒9,000원)
- 환불금액 : 59,800원 − 9,000원 = 50,800원

열차 객실승무원들이 승차권 소지 여부, 오승 등을 어떻게 아는지 궁금하시죠? 간혹 고객들이 열차에 승차한 모든 고객을 검표하는지 묻거나 왜 나만 검사하느냐고 문의할 때가 있다. 이 질문의 답은 바로 열차 객실승무원들이 소지하고 있는 MTIT PDA이다.

1 MTIT PDA 정의

MTIT는 Mobile Ticket Issue Terminal로 모바일 망을 이용하여 열차 내 이동 중에도 승차권을 확인할 수 있고, 발매할 수 있는 PDA단말기이다.

2 MTIT PDA 기능

- 열차 객실승무원들은 MTIT PDA를 소지하고 있으며 승차권 안내 서비스 시 사용한다.
- 승무원들은 이 MTIT PDA 단말기를 사용하여 승무 중, 언제든지 승차권 발권사항들을 확인할 수 있다.
- 공석이어야 하는 좌석에 고객님이 앉아있는 경우나 할인된 어린이승차권 좌석인데 어른이 앉아있는 경우 승차권 안내를 위한 검표를 시행한다.
- MTIT PDA는 승차권 확인 기능의 좌석 조회뿐 아니라 승차권을 발매할 수도 있다. 여행 도중 여정변경이나 열차 좌석 변경, 반환 등의 업무도 MTIT PDA를 사용하여 처리하고 있다.

3 　열차 내 이례상황 대처방법

열차가 고객에게 제공하는 가장 중요하고 기본적인 서비스는 안전하고 정확하게 고객을 원하는 목적지로 모시는 것이다. 그렇기 때문에 승무원들은 예상하지 못한 만약의 상황, 즉 이례상황에 대비하여 항상 긴장과 관심을 가지고 사소한 것이라도 다시 한번 확인하는 습관을 들여야 한다. 승무원들은 열차 내 이례상황이 발생했을 경우, 신속하고 정확한 상황파악과 고객안내, 고객의 불안감을 최소할 수 있는 인적서비스를 제공해야 한다.

1 　열차 내 안전업무

열차는 안전한 교통수단이며, 안전에 대하여 철저히 대비하고 있어 매년 철도사고 현황도 연평균 12%씩 감소하고 있다.

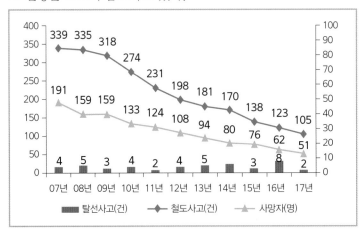

1 비상상황 시 승무원의 역할

열차 내 안전업무는 열차팀장(객실장)의 업무로 구분되어 있다. 하지만 이례상황이 발생한 경우에는 열차팀장(객실장) 뿐 아니라 승무원 및 고객들이 함께 이례상황에 대한 대처를 해야 하며 승무원은 고객들이 동요하지 않도록 정확하고 침착한 고객안내와 세심한 응대에 신경을 써야 한다.

(1) 이례상황 대비 훈련

    ① 승무원에게 사전교육으로 안전상황에 대비하는 이례상황 이미지 트레이닝을 통한 직무교육 및 승무행동화 훈련을 실시하고 있다.

    ② 언제 발생할지 모르는 사고에 대비하여 모의상황 인식을 통한 훈련을 하고 있다.

    ③ 열차를 직접 운전하거나, 안전설비들을 직접 다루지는 않지만 열차의 구조와 기능에 대해 평소에 학습하여 잘 숙지하고 있어야 한다.

(2) 이례상황 발생 시 승무원의 태도

① 실제로 비상상황에 놓인 경우 적절한 업무협조를 통해 이례상황 수습과 고객안내를 적극적으로 시행해야 한다.

② 고객들의 안전한 여행을 위해 세심하게 살피고 확인하는 습관을 갖추고 있어야 하며, 고객의 불안감을 최소화할 수 있도록 더욱 더 세심한 신경을 써야 한다.

③ 열차 내 사고가 발생했을 경우 승무원들이 가장 먼저 해야 할 일은 상황 파악 및 안내방송이다. 일반적으로 열차 내 이례상황 안내방송은 승무원이 아닌 열차팀장이 하도록 되어 있으나 상황이 다급하여 열차팀장이 사고복구에 투입된 경우 등, 여의치 않을 때에는 승무원이 안내방송을 시행해야 한다.

④ 열차 내 전원 공급이 중단되어 열차 내 방송이 어려울 경우에는 승무원실에 마련된 비상방송 장치를 이용하거나 승무원들이 각 지정호차를 순회하며 육성으로 안내를 시행해야 한다.

⑤ 열차 내 방송을 하더라도 승무원들은 적극적인 순회를 통해 고객들에게 현재 사고 진행상황이나 향후 조치사항에 대해 정확하게 안내해야 한다.

⑥ 고객에게 적극적인 안내를 시행해야만 고객이 현재 어떤 상황인지 인지할 수 있고, 고객의 불만이나 불안감을 조금이나마 진정시킬 수 있다.

② 열차 내 안전관련 시설

열차는 가장 안전한 교통수단이지만 고객에게 생길지 모르는 비상상황에 대비하여 열차 내 안전설비 시설로 소화기, 비상사다리, 자동제세동기(AED) 등을 갖추고 있다.

(1) 소화기

① 열차 내에는 각 통로마다 소화기가 비치되어 있다.

② 모든 통로에는 6.5kg 소화기가 각 통로에 설치되어 있으며 KTX(1)을 기준으로 6호차와 15호차 케이터링 옆에 1.5kg 미니 소화기가 추가로 설치되어 있다.

(2) 비상사다리

① 열차에는 비상 시 탈출을 돕는 비상사다리가 있다.

② KTX(1)은 5호차, 14호차에 2개가 위치해 있고, KTX-산천은 1에서 10편성까지는 4호차, 11에서 24편성까지는 2호차에 각 1개의 비상사다리가 있다.

③ SRT 경우는 4호차와 6호차에 비상사다리가 있다.

(3) 자동제세동기(AED)

① 응급환자를 위한 자동제세동기(AED)도 비치되어 있다.

② KTX(1)은 4호차, 10호차, 15호차에 3개가 있으며, KTX-산천은 4호차 객실 내에 1개 위치해 있다.

③ SRT의 경우는 5호차와 7호차 통로에 2개가 있다.

(4) 비상 시 승강문 수동 개폐

① 승강문은 비상 시 수동 개폐가 가능하도록 설계되어 있다.

② 승강문이 닫힐 때 승객이나 수화물이 끼는 것을 막기 위하여 장애물 감지장치가 있어 자동으로 다시 열리고 닫히는 기능이 있다.

③ 열차의 속도 5km 이상에 비상 승강문이 열릴 경우는 전 객차에 5번의 호출음이 울려 안전에 대비할 수 있도록 되어 있다.

❸ 비상상황별 대처업무

(1) 화재가 발생한 경우

1) 화재발생

① 항공기나 열차 내 전자담배 흡연이 늘고 있고, 최근 항공기 좌석 사이에 핸드폰이 끼어 화재가 발생한 사례가 발생하고 있으니 더욱 주의해야 한다.

② 열차 내 화재가 발생했을 경우에는 신속하게 상황을 파악한 후 열차팀장과 기장에게 즉시 상황을 공유해야 한다.

③ 화재의 경우는 초동대처가 무엇보다 중요하기 때문에 승무원이 진압가능한 작은 불씨인 경우 선조치가 되어야 하지만 혼자 초동대처가 불가한 경우에는 열차팀장, 기장, 119에 신고하는 것이 매우 중요하다.

④ 소화기는 각 통로에 위치되어 있으며 KTX(1)의 경우 총 30개의 소화기가 있으며 시건장치로 고정되어 있다. 긴급상황 시에는 시건장치를 풀고 신속히 사용할 수 있도록 평소에 소화기 확인 업무를 게을리하면 안 된다.

2) 열차 화재 발생 시 행동요령

① 통로에 비치되어 있는 소화기의 시건장치를 해제한다.

② 화재장소로 소화기를 이동한다.

③ 손잡이 부분의 안전핀을 뽑는다.

④ 소화기 노즐을 화재가 난 방향으로 향해 손잡이를 움켜져 소화기액을 분사한다. 이 때 주의할 점은 바람을 등지고 소화기를 분사해야 하며, 비로 쓸듯이 골고루 분사해 주어야 한다는 것이다. 소화기 사용법은 위급하고 당황한 상황에서는 사용이 어려울 수 있으니 평소 익숙하도록 숙지해 두어야 한다.

3) 화재발생 시 유의사항

① 열차 객실 내 화재는 고객과 같은 공간에서 진압을 해야 하기 때문에 고객의 안전을 확보하는 것이 무엇보다 중요하다.

② 발생한 호차로부터 가장 먼 호차로 고객을 안내해야 하며 고객 이동 시에는 낮은 자세로 코와 입을 막고 이동하도록 안내한다.

③ 화재발생의 경우 화상을 입거나 다치는 고객의 경우보다 연기를 흡입하여 다치는 경우가 훨씬 많다고 하니 연기를 흡입하지 않도록 특히 주의해야 한다.

④ 환승이 결정된 경우에는 고객안전에 유의하여 환승안내를 시행해야 하며, 환승 시에는 반드시 열차 내 잔류고객이 없는지 확인해야 한다.

(2) 열차고장이나 탈선 등의 사고로 열차를 환승해야 하는 경우

① 신속하게 상황확인 후 열차팀장, 기장에게 상황을 공유해야 하며 객실 혼란 방지를 위해 순회를 자주하여 고객에게 상황에 대한 안내를 시행하고, 고객이 불안해하지 않도록 안심시켜야 한다.

② 고객들을 다른 열차로 환승 또는 다른 장소로 대피시켜야 할 경우에는 비상사다리를 설치하여 고객을 신속하게 안내해야 한다.

> • 설치함을 열어 비상사다리를 확인하고 쇄정장치를 해제하여 비상사다리를 설치한다.
> • 고객들 중 노약자, 임산부, 어린이 등을 먼저 하차하도록 안내해야 하고, 또한 환승 시에는 고객안전 및 열차 내 잔류고객이 없는지 등을 반드시 확인해야 한다.
> • 만약 터널에서 사고가 나, 터널을 빠져 나가야 하는 경우에는 어두운 터널이기 때문에 더욱 안전에 유의해야 한다.
> • 터널의 정차 상황을 대비하여 안전조끼, 확성기 등의 안전물품이 열차팀장 2호차 및 1호차 승무원실, 15호차 케이터링에 구비가 되어있으니 신속히 가져와 적극 활용한다.
> • 터널 내에는 현재 터널의 어느 지점인지를 표시하는 방향 및 거리 표시가 설치되어 있기 때문에 가장 가까운 방향으로 빠져나가야 한다. 이때 승무원이 선두가 되어 고객을 안내하도록 유도해야 하며, 반드시 안전에 주의해야 한다.

🚦 TIP 열차 비상사다리 위치

비상사다리는 열차 외부 객실 하부에 위치해 있다.

KTX(1)	5호차, 14호차	
KTX-산천	1~10편성	4호차
	11~24편성	2호차
SRT	4호차, 6호차	

(3) 비상탈출을 해야 하는 경우

① 열차에서 탈출해야 하는 사고가 발생하는 경우 '비상출구'라고 표시된 창문을 깨뜨려서 고객을 대피시켜야 한다. 비상창 유리는 각 객실 양쪽 끝에 4개가 있으며, 순회 시 반드시 확인해 두어야 한다.

② 깨뜨림 망치를 사용하여 가능한 빨리 창문에서 유리를 제거한 후 탈출시켜야 하며 고객이 유리조각에 의해 다치지 않도록 커튼이나 재킷을 창문 아래바닥에 깔고 유리가 제거된 비상 출구를 통해 고객이 안전하게 탈출하는 것을 도와야 한다.

2 **열차 내 응급사항**

승무 중 누구든 경험할 수 있는 응급상황, 그 누구도 예외일 수는 없다. 달리는 열차 안, 갑자기 고객이 쓰러진 상황을 발견했을 때 열차 내 안전을 담당하는 열차팀장이 있지만, 응급하고 위급한 상황에서는 승무원의 긴밀한 협조와 적극적인 처치와 도움이 필요하다. 언제 어디서, 어떠한 상황에서든 이러한 위급한 응급환자가 있을 경우 승무원들은 숙련된 스킬로 고객에게 응급처치를 즉각적으로 시행해야 한다. 승무원은 승무 중 일어나는 응급상황에 대하여 고객들의 안전한 여행을 위하여 정확하고 신속하게 대처할 수 있어야 하므로 반드시 응급처치에 관한 사항은 잘 숙지해 두어야 한다.

1 **심폐소생술**

승무원들은 응급처치에 대한 매뉴얼을 반드시 숙지하여 신속하고 정확한 처치를 해야하기 때문에 신입 승무원 입사 교육 시에 응급처치와 심폐소생술에 대한 이론 교육을 실시할 뿐만 아니라 현장에서 일어날지도 모르는 만약의 상황에 즉각적으로 반응할 수 있도록 실제 실습 교육도 하고 있다.

(1) 사례를 통한 심폐소생술

> KTX 열차 내에서 심정지를 일으킨 50대 남성이 승무원과 고객의 신속한 응급처치로 목숨을 건졌습니다. 어제 오전 10시 30분 경 천안역 인근 목포행 KTX 511 열차 내 화장실 앞에서 52살 김 모 씨가 의식을 잃고 쓰러졌습니다.
> 승무원은 곧바로 도움을 요청하고, 응급처치를 시행했으며, 마침 열차에 탑승한 119 구조대원 고객이 있어 함께 도왔습니다. 고객은 곧바로 병원으로 옮겨져, 치료를 받고 건강한 모습으로 퇴원한 것으로 알려졌습니다.

KTX 열차 내에서 발생했던 실제 사례로 고객의 상태는 반응을 하지 않는 심정지 상태였다. 이와 같은 경우 수분 이내 적절한 응급처치가 실시되지 않으면 사망까지 이르게 된다. 이때 적절한 응급처치가 바로 심폐소생술이다.

1) 심폐소생술 실시 전 확인사항 및 요령

① 심폐소생술을 시행하기 전에는 환자에게 심폐소생술을 시행해도 괜찮은지 여부를 확인해야 된다.

② 환자가 반응이 없고 호흡이 없거나 심정지 호흡처럼 비정상적인 호흡을 보인다면 심정지 상태로 판단한다.

③ 환자의 코와 입에 귀를 대고 눈은 환자의 가슴을 보며 약 10초간 환자의 상태를 확인한다.

④ 심정지 호흡은 심정지 환자에게서 첫 수분간 흔하게 나타난다. 호흡의 빈도가 적으면서 하품을 하듯이 깊게 숨을 들이 쉬는 것처럼 보이는게 흔한 증상이다. 이러한 심정지호흡의 신호를 놓치게 되면 심정지 환자의 생존가능성은 낮아지게 된다.

⑤ 심폐소생술이 필요한 환자라고 판단이 되면 바로 가슴압박을 시행한다.

🚑 심폐소생술

- 1분당 100회에서 120회 속도로 30회를 시행한다.
- 환자를 바닥에 평평하고 단단한 곳에 등을 대고 눕힌 뒤 가슴 뼈의 아래쪽 절반 부위에 깍지를 낀 두 손에 손바닥 뒷 꿈치를 댄 후 시행한다.
- 가슴압박 30회 시행한 후에는 인공호흡을 시행한다. 인공호흡을 할 때에는 머리를 젖히고 턱을 들어 올려 기도 개방 후 입안에 이물질을 제거한다.
- 그 상태에서 코를 막고 가슴이 올라올 정도로 1초씩 2회 숨을 가득 불어넣는다.
- 이 때 인공호흡이 어려울 경우에는 가슴압박만 계속해서 실시한다.
- 의식이 없는 환자에게 30회 가슴압박, 2회 인공호흡을 5주기로 119 구급대원이 현장에 도착할 때까지 계속해서 반복해서 시행한다.

2) 열차 내 심정지 환자를 만났을 때 승무원의 행동지침

① 환자가 발생하면 환자의 상태 확인 후에 환자나 보호자를 안심시키고 열차 내 안내를 통해 의료진이 있으면 도움을 받도록 해야 한다.

② 응급상황일 경우 환자의 가족과 연락을 먼저 하지 않고 열차팀장과 상의하여 비상임시정차가 가능한 역이나 가까운 역명, 도착시간 및 환자의 상태를 신고하여 확실하게 알려야 한다. 그 시각에도 열차는 계속 운행 중이기 때문에 전화를 거는 위치에 따라 담당지역 119 연결이 어려울 수 있으므로 현재의 위치, 열차가 정차할 위치 등을 정확하게 전달하여, 출동이 필요한 역과 가장 가까운 119와의 전화통화 연결이 중요하다.

③ 신고 시에는 외상인지 비외상인지 환자의 숫자 그리고 환자의 구체적인 상태를 알려야 한다.

④ 신고 후 의사나 간호사의 협조가 없어 어려울 시에는 직접 응급처치를 진행해야 한다.

⑤ 119와의 통화내용에 따라 행동을 취하며 환자의 상태를 살피고, 동시에 침착하게 주변상황을 정리하고 고객이나 당황한 가족들을 진정시키는 것도 필요하다.

⑥ 필요 시 자동제세동기(AED)를 준비해야 하기 때문에 도움을 줄 수 있는 고객이나 열차팀장 또는 본인이 직접 자동제세동기(AED)를 가져와야 한다. 자동제세동기(AED) 준비를 요청할 시에는 특정인을 지목하여 정확한 위치를 간단명료하게 설명한다.

😷 응급환자 발생 시 안내방송 문안

> 응급환자 도울 분을 찾습니다. 우리 열차 2호차에 응급환자가 생겨 어려움을 겪고 있습니다. 의사나 간호사, 의료진이 계시면 2호차로 오셔서 도와주시기 바랍니다.

2 자동제세동기(AED)

(1) 자동제세동기(AED)

심폐소생술과 함께 사용되는 자동제세동기(AED)는 심장이 매우 빠르고 불규칙하게 수축함으로써 실제적인 심박출량을 못 만들고 가늘게 떨리는 상태인 심실세동일때 심장에 강한 전류를 일시적으로 통과시킴으로써 심실세동을 종료시키고 심장이 다시 정상적으로 박동할 수 있도록 전기 충격 치료를 가할 때 사용하는 의료장비이다.

(2) 자동제세동기(AED)의 시행방법 및 단계

① 자동제세동기(AED)의 전원을 켜고 두 번째로 두 개의 패드를 부착한다. 이 때 패드 한 개는 오른쪽 빗장 뼈(쇄골)아래로 부착하고 나머지 패드는 왼쪽 젖꼭지 옆 겨드랑이 선에 부착한다.

② 패드 부착 부위에 이물질이 있으면 제거해야하며 패드와 자동제세동기(AED)의 본체가 분리되어 있는 경우에는 직접 연결해야 한다. 붙인 후에는 자동제세동기(AED) 안내에 따라 반드시 환자에게서 손을 떼고 기계가 심장분석을 하도록 하게 한다.

③ 심장분석이 끝나면 심장충격이 필요한 경우에는 심장충격버튼이 깜빡이기 시작한다. 이 때 깜빡이는 버튼을 눌러 심장충격을 시행한다.

④ 심장충격 버튼을 누르기 전에는 함께 감전당할 수 있으니 반드시 다른 사람이 환자에게서 멀리 떨어져 있는지 확인해야 한다.

⑤ 심장충격을 실시한 뒤에는 즉시 심폐소생술인 가슴압박 30회와 인공호흡 2회로 각각 다시 시행한다.

⑥ 자동제세동기(AED)는 2분마다 심장리듬을 반복해서 분석하며 이러한 자동제세동기(AED) 사용 및 심폐소생술의 시행은 119구급대가 현장에 도착하기전까지 계속 되어야 한다.

3 하임리히법

(1) 사례를 통한 하임리히법

> 추석 명절이 거의 끝날 무렵 즈음, 열차 내에서 출출했던 할머님께서 떡을 드셨는데, 떡이 목에 걸려 숨을 쉴 수 없는 상황이 놓였어요.

기도폐색의 임상증상은 갑작스런 호흡곤란과 기침, 구역질, 천명음이 동반되는데, 증상이 경미하면 스스로 기침을 해서 기도에 막힌 것을 뱉게 하고, 증상이 심하다면 응급처치를 진행해야 한다. 환자가 손으로 목을 움켜지는 동작을 하는 데 이는 목이 막혔다는 신호이므로 곧바로 기도에 이물질을 제거해 주어야 한다. 이 때 응급처치법으로 하임리히법을 사용한다.

(2) 하임리히법

하임리히법은 복부를 밀쳐올리는 방식으로 환자 뒤에 서서 양팔로 허리부위를 감싸고 주먹 쥔 손의 엄지 부위를 배꼽 바로 위에 대어 다른 한 손을 주먹을 포개고 환자의 복부를 뒤쪽 위쪽(대각선)으로 강하게 밀쳐 올리는 것이다.

(3) 하임리히법 실시 시 승무원의 행동지침

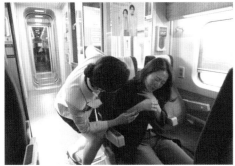

① 먼저 환자의 허리를 팔로 감고 한손은 주먹을 쥔다.
② 주먹을 쥔 손은 엄지손가락부분이 배꼽 위와 흉골 아래쪽 사이에 복부중앙에 오도록 한다.
③ 주먹을 쥔 손을 다른 손으로 잡고 환자의 복부안쪽으로 주먹을 누르며 위를 향하게 하여 빠르게 밀쳐 올린다.
④ 한 번씩 확실하게 시도해야 하고 그 때마다 이물질이 제거 되었는지 확인해야 한다.
⑤ 복부를 밀쳐 올리기는 이물질이 제거되었다 해도 내장에 손상을 줄 수 있음으로 가까운 병원이나 응급실로 갈 수 있도록 안내해야 한다.
⑥ 비만이 심한 환자나 임산부는 가슴 밀기 또는 흉부 압박을 실시한다.

⑦ 의식이 없는 기도폐쇄의 경우에는 119 신고 후 환자를 똑바로 눕혀 부상의 악화를 방지하며 머리를 뒤로 젖히고 턱을 들어 올려 기도를 개방해 준다.

⑧ 다시 호흡을 확인하고 기도 개방을 유지하여 인공호흡을 2번 충분히 불어넣어 준다. 인공호흡을 시행했는데도 불구하고 호흡이 계속해서 들어가지 않는다면 기도가 막힌 것으로 간주하고 가슴압박을 심폐소생술과 동일하게 30번 실행한다.

⑨ 환자의 입을 벌려 이물질이 나왔는지 계속해서 확인하고 이물질을 제거해야 하며 다시 기도 개방 후 인공호흡을 2번 충분히 불어넣는다.

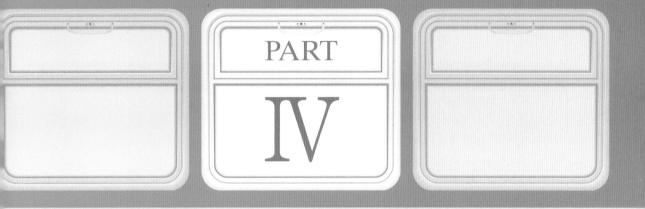

PART

IV

열차 객실승무원의 채용

- NCS(국가직무능력표준)에 대해 알아본다.
- 이력서와 자기소개 작성법에 대해 알아본다.
- 면접의 중요성, 면접을 위해 준비해야 할 사항에 대해 알아본다.

1 채용동향

코레일관광개발은 공공기관에 해당되기 때문에 공공기관의 채용 프로세스를 따르고 있어 일반기업체의 채용방법과는 차이가 있을 수 있다. 기본적으로 코레일관광개발은 NCS(국가직무능력표준)기반의 블라인드 채용을 진행한다.

1 ▶ NCS(국가직무능력표준) 채용

1 국가직무능력표준의 정의

NCS는 국가직무능력표준(NCS; National Competency Standards)이라 하여 산업현장에서 직무를 수행하기 위해 요구되는 지식·기술·소양으로 직무적합성(KSA)의 내용을 국가가 산업 부분별·수준별로 체계화한 것으로 산업현장의 직무 수행을 위해 필요한 실제적인 수행능력인 지식, 기술, 태도를 국가적 차원에서 표준화한 것이다.

🚉 국가직무능력 표준 개념도

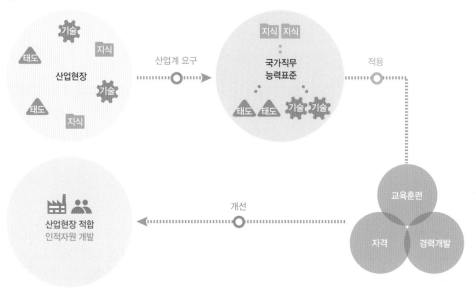

직무능력의 정의

• 직업인으로서 기본적으로 갖추어야 할 공통 능력
• 해당 직무를 수행하는데 필요한 역량(지식, 기술, 태도)

2 NCS(국가직무능력표준) 채용 도입 이유

NCS(국가직무능력표준) 채용이 생겨난 이유는 대학 등에서 진행되는 직업교육, 훈련 및 자격제도가 실제 산업현장에서 원하는 직무능력과의 거리감이 있어 이를 해소하고 맞추기 위하여 도입된 것이다. NCS(국가직무능력표준) 기준이 만들어지고, 그 기준에 따라 교육 훈련이 진행되면서 기업은 채용에 있어 막연하지 않고 좀 더 체계화되고 구조화되었다.

3 과거 일반 채용과 현재 NCS(국가직무능력표준) 채용의 차이점

과거 일반 채용	현재 NCS 채용
• 직업교육·훈련 및 자격제도가 산업현장과 불일치 • 인적자원의 비효율적 관리 운용	• 각각 따로 운영됐던 교육·훈련, 국가직무능력표준 중심 시스템으로 전환 (일–교육·훈련–자격 연계) • 산업현장 직무 중심의 인적자원 개발 • 능력중심사회 구현을 위한 핵심인프라 구축 • 고용과 평생 직업능력개발 연계를 통한 국가경쟁력 향상

4 NCS(국가직무능력표준) 채용으로 개선된 점

기존의 채용은 지원자가 스스로 자신이 우수한 인재임을 증명하도록 요구되어 직무에서는 중요하지도 않은 많은 자격증, 상장, 수상들을 경쟁하듯 나열하게 되어 과도하고 무분별한 스펙경쟁을 유발하는 경우가 많았으나, NCS(국가직무능력표준) 채용에 따르게 되면서 보다 효율적이고 현실적인 대안이 마련되었다.

5 NCS(국가직무능력표준) 채용에 따른 개편 내용

① 실무 중심의 교육·훈련과정 개편
② 국가 자격의 종목 신설 및 재설계
③ 산업현장 직무에 맞게 자격시험 전면 개편
④ NCS(국가직무능력표준)채용을 통한 기업의 능력중심 인사관리 및 근로자 평생 경력 개발 관리 지원

6 NCS(국가직무능력표준) 채용의 특성

① 해당 직무를 수행하기 위한 모든 종류의 수행능력을 포괄하여 제시하고 있다.
② 직무를 수행하기 위해 요구되는 지식·기술·소양으로 직무적합성(KSA)에서 정확히 제시하고 있는 필요 직무역량을 확인하기 위한 서류전형과 면접전형을 진행한다.
③ NCS(국가직무능력표준) 기반의 채용에서는 기업이 필요한 직무요건을 정확히 제시하고 있어, 지원자들은 그 요건에 맞게 준비를 하면 된다.

2 블라인드 채용

블라인드 채용은 공정채용이라고도 표현을 하며, 코레일관광개발은 2017년 하반기부 터 도입을 하였고, 요즘 많은 기업들이 블라인드 채용을 채택하고 있다.

① 블라인드 채용의 정의

블라인드 채용은 채용과정(서류·필기·면접)에서 편견이 개입되어 불합리한 차별을 야 기할 수 있는 출신지, 가족관계, 학력, 외모 등의 차별적인 평가요소(항목)을 제거하고 지원자의 직무능력(실력)을 중심으로 평가하여 인재를 채용하는 방식이며 채용과정에 서 지원자들에게 평등한 기회를 제공하고, 공정한 과정을 통해 실력으로 경쟁하여 채용 할 수 있도록 마련된 제도이다.

② 블라인드 채용의 필요성

(1) 기존 채용제도의 불공정 해소

① 기업의 불공정 채용관행에 관한 사회적 불신해소
② 차별적 채용은 기업 경쟁력 저해요소라는 인식유도
③ 직무중심 인재선발을 통한 공정한 채용제도 구축

(2) 직무중심 채용을 통한 사회적 비용 감소 필요

① 직무 관련한 채용을 통한 지원자의 취업준비 비용감소
② 조기 퇴사율 등 감소를 통한 채용 비용 감소실현
③ 불공정 채용관행에 의한 사회적 불신 해소

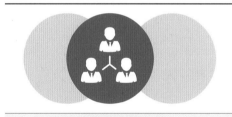

기존 채용 불공정 해소

직무중심 채용을 통한 사회적 비용 감소 필요

> **TIP** 채용 시장의 불공정성 평가
>
> 2016년 한 취업포털에서 구직자 534명을 대상으로 "채용이 불공정하다고 느낀 경험"에 대해 조사한 결과, 구 직자의 77%가 "있다"라고 답해 기업의 채용공정성을 신뢰하지 않는다는 조사결과가 있었다. 이에 공공기관 들은 2017년부터 채용공정성을 위한 블라인드 채용을 도입하였다.

③ 블라인드 채용의 구성 및 특징

기업에서 블라인드 채용 적용 방법은 서류전형 과정에서는 지원서에 대한 편견을 야 기할 수 있는 항목을 블라인드 처리한 블라인드 지원서를 사용하는 것이고, 면접전형 과정에서는 면접관에게 지원자들의 출신지, 나이, 학력 등의 정보를 제공하지 않아

편견없이 지원자를 평가할 수 있도록 되어 있다.

(1) 블라인드 채용의 특징

블라인드 채용의 핵심 포인트는 직무중심의 역량과 경험을 보유한 인재를 뽑는 것으로 블라인드 채용이라고 해서 지원자를 평가하지 않는 것은 아니며 블라인드 채용의 대비책으로 떠오르는 것은 바로 '직무역량 강화'이다.

① 블라인드 채용은 지원자를 평가하지 않는다는 것이 아니다.

> 블라인드 채용 = 직무능력중심 평가 + 차별요소 제외

② 블라인드 채용의 평가요소(평가항목, 평가기준)는 직무를 수행하는 데 필요한 역량이다.

> 평가요소(평가항목, 평가기준) = 직무수행에 필요한 직무능력

TIP 블라인드 채용에 대한 설문조사

- 채용포털사이트에서 인사담당자를 대상으로 실시한 설문조사에서 2명 중 1명의 응답자가 '직무역량'이 차지하는 비중은 점점 더 중요해질 것' 이라고 답하였다.
- 블라인드 채용을 도입한 기업에 재직 중인 인사담당자들은 직무역량의 평가 비중을 평균 72.8%의 높은 수치로 평가하고 있다고 답하였다.

---

4 블라인드 채용 준비하기

(1) 블라인드 채용 프로세스

블라인드 채용은 기존 직무중심 채용 프로세스와 동일하다. 단, 모든 과정에서 차별적인 요소를 제외하는 활동이 추가된다.

채용설계	모 집	선 발
• 채용계획 • 직무능력 정의 및 직무기술서 개발 • 전형설계 • 차별요소 결정	• 채용공고 • 모집과정 차별요소 삭제 • 지원서 접수 관리	• 서류, 필기, 면접 등 • 채용과정을 통한 직무적합 인재 선발 • 구조화된 면접도구

(2) 블라인드 채용 준비 시 지원자 준비사항

취업준비생들은 지원 직무에서 요구하는 지식, 역량, 태도를 파악하고 실제로 수행했던 업무나 경험 등에 기반해 자신이 이 직무와 적합하다는 것을 어필하도록 준비해야 한다.

- 직무에 필요한 능력 향상을 위한 준비를 해야 한다.
- 원하는 직군·직무의 직무 관련 설명자료를 통해 자신이 가진 적성과 일치하는지, 어떤 요소가 부족한지를 파악하여 직무를 선정한다.
- 직무 관련 설명자료를 바탕으로 파악된 능력 중 부족한 요소는 학습·활동 등을 통해 향상시키며, 적합한 요소는 유지 또는 향상을 위해 노력해야 한다.

코레일관광개발의 실제 채용공고 중 고객안내 승무원, 즉 열차 객실승무원의 직무기술서를 살펴보자.

1 코레일관광개발 NCS(국가직무능력표준) 채용의 특징

- NCS(국가직무능력표준) 분류체계에 의해 채용분야를 규정하고 있으며, 능력단위, 필요기술(지식), 직무수행태도 등 NCS(국가직무능력표준)의 구성요건에 맞게 작성되어 있다.
- NCS(국가직무능력표준) 분류에 따라 전체적인 로드맵을 제시하고 있다.
- 직무적합성(KSA)에 따라 필요 직무역량을 설정하고 그것을 확인하기 위한 서류전형과 면접전형을 진행한다.
- 열차 객실승무원은 직업기초능력 중 의사소통 능력이 매우 중요하다. 많은 고객들과 소통하는 고객 응대를 주로 하기 때문에 의사소통 능력과 갈등 해결능력 등을 중요하게 판단하고, 해당 능력을 보유하고 있는지 확인하기 위한 서류와 면접전형을 진행하고 있다.

채용분야	고객안내 승무원	대분류	중분류	소분류	세분류
		12. 이용·숙박·여행·오락·스포츠	03. 관광·레저	01. 여행서비스	03. 국내여행안내
					05. 객실서비스
능력단위	■ (객실서비스) 02. 고객 승차 전 준비, 03. 고객 맞이 서비스 04. 여행 중 서비스, 05. 도착 전 서비스, 06. 도착 후 서비스, 07. 고객 하차 후 관리, 08. 응급환자 대처, 09. 객실승무 관리, 12. 차내방송업무, 13. 고객만족 서비스, 14. 서비스 매너				
직무수행 내용	■ (객실서비스) • 고객 승차 전, 열차 운행 중, 도착 후 안내 방송을 수행 • 고객 승차 전 서비스용품 점검, 서비스설비 및 기물 점검, 특별서비스 요청사항 점검 • 승차권 확인 및 차내발권, 좌석 안내, 수하물 정리 및 지원, 특수고객 지원, 안내방송 수행 – 중략 –				
필요지식	■ (객실서비스) 객실구조 이해, 객실 서비스 규정, 서비스 설비 및 기물에 대한 지식, 서비스 용품에 대한 지식, 운송 서비스 규정, 특별 승객특성에 대한 지식 이해, 승무원의 근무규정 이해, 업무절차 이해, 좌석의 사용법 – 중략 –				
필요기술	■ (객실서비스) 객실 장비 사용기술, 방송장비 점검 및 활용능력, 상황판단 능력, 승객 제지 기술, 열차팀장 및 기장과의 원활한 소통기술, 직원과의 인계인수 및 원활한 소통기술, 객실 승무원 규정집 활용 기술, 승객 특성에 따른 대화 기술, 의전 관련 기술, 승차권 판독 능력, 고객과의 원활한 소통 기술, 객실 온도조절 기술 – 중략 –				
직무수행태도	■ (객실서비스) 꼼꼼한 태도, 신속하고 정확한 태도 유지, 장비점검에 대한 규칙적인 습관 유지, 점검 시 정밀하고 꼼꼼한 자세 유지, 책임감 있는 태도, 유연한 태도, 인내성 있는 태도, 주의 깊은 노력, 협조 노력, 밝은 태도, 배려있는 태도, 성실한 태도 – 중략 –				

2 서류전형 알아보기

최근 채용의 형태를 보면 1차 서류전형, 2차 면접전형으로 채용이 이루어지고 있는 곳이 대다수이다. 따라서 원하는 기업에 입사를 하기 위해서 가장 먼저 통과해야 하는 관문이 바로 서류전형이다. 열차 객실승무원 채용 시에도 1차 서류전형을 통과해야 2차면접의 기회가 주어진다. 아무리 능력이 뛰어난 지원자라도 서류전형을 통과하지 못하면 면접에 응시할 기회조차 주어지지 않는다.

1 이력서와 자기소개서

입사지원 서류는 크게 이력서와 자기소개서 2개로 구분된다. 이력서와 자기소개서는 수많은 지원자들 중에서 인사담당자에게 자신이 가장 적합한 지원자인 것을 인식시키는 중요한 서류로 제출한 이력서와 자기소개서가 무성의해 보이면 좋은 결과를 기대하기는 어렵다.

■ 이력서 작성

이력서는 자신의 인적, 학력, 교육, 자격사항들을 일목요연하게 작성한 종합 요약서이다. 지금까지 자신이 지원하는 직무를 수행하기 위해 쌓아온 능력을 객관적인 근거를 바탕으로 작성하는 것으로, 많은 지원자 중에서 빠른 시간 내에 필요한 지원자를 구분할 수 있는 필터링 역할을 한다. 이력서에 모범답안은 없으나 취업성공의 지름길이 될 이력서는 틀에 얽매이지 않고 기본적인 사항들을 지켜나가면서도 자신의 개성과 직무 역량이 최대한 드러나도록 기록하는 것이 누구나 작성할 수 있는 평범한 이력서보다 좋다.

(1) 이력서 작성의 중요성

지원자의 관점에서 이력서는 자신을 알리고, 또한 자신을 채용해 준다면 향후 어떻게 활용할 수 있는지에 대한 마케팅 도구가 되는 것이며, 기업의 입장에서는 지원자의 종합적 요약서로 지원자들의 선발비교 도구로 활용될 수 있는 것이다.

(2) 이력서 작성법

① 최근 블라인드 채용 확산으로 편견이나 불합리한 차별을 야기할 수 있는 항목인 출신지나 가족관계, 사진, 성별, 연령, 학력, 출신학교 등을 요구하지 않는 추세이다.

② 일반적인 스펙보다는 경험과 경력사항, 그리고 교육과 훈련, 자격사항 등이 중요하므로 이를 위한 노력들이 이력서에 잘 드러나도록 작성하면 된다.

(3) 이력서 작성 항목

이력서 작성 시에는 인적사항, 교육사항, 자격사항, 경력사항, 경험사항, 기타사항을 간결하고 일관성 있게 작성해야 하고 과장이나 거짓말은 절대 금지해야 한다. 또한 오타 및 문법도 꼭 확인해야 하며, 이력서에 작성한 내용들은 추후 서류로 요구되기 때문에 자격증 취득년도, 교육이수 과목명 등을 정확히 명시하여 추후 서류검증 시 문제가 없도록 대비해야 한다.

1) 인적사항

① 이름, 연락처, 메일주소 등으로 연락처는 명확히 기재하고 면접을 위한 연락 시 분실이나 번호가 바뀌는 등 바로 연락이 어려울 경우를 대비하여 비상 연락망을 기재한다.

② 비상 연락망은 가족이나 친구도 무방하나 구직활동 중임을 인지하여 기업의 전화를 응대할 수 있게 미리 이야기해 둔다.

2) 교육사항

① 직무관련 교육사항을 평가하는 항목으로 교육이나 훈련, 수료 여부를 확인하며, 이는 학업수행과정에서 받은 교육과정도 해당하고 직업전문학교나 교육전문기관에서의 관련 교육도 모두 포함된다.

② 수료증이 발급되는 온라인 교육도 가능하고 학회 등에서 진행하는 단기교육도 가능하다.

③ 일반적으로 최근 교육과정이 가장 위에 오도록 작성하기도 하고 중요하다고 판단되는 교육과정을 위쪽에 작성하기도 한다.

3) 자격사항

① 직무와 관련있는 자격증을 작성하는 항목으로 직무기술서의 관련 자격사항을 참고하여 작성하고, 자격증별 세부내용은 정확해야 한다.

② 자격증은 서류로 제출 가능한 '증'을 말하는 것으로 직무와 관련된 자격증을 중요도의 순서에 따라 기입하면 된다.

③ 직무와 연관성 있는 자격증명, 취득일, 발행처를 명확하게 기재해야 한다.

④ 기타 어학능력과 관련된 부분이라면 어학별 점수 및 등급을 기재하고 유효기간이 존재하기 때문에 취득일을 명확히 기재한다.

⑤ 일반적으로 서비스직의 경우 서비스관련 자격증과 응급처치 자격사항이 있는 것을 선호하나 해당자격이 필수사항은 아니다.

4) 경력사항

① 직무관련의 경력사항을 평가하는 요소로, 근로관계에 의해 정식 급여를 받았으며 근로했던 기간이 있을 시 작성하는 항목이다.

② 자신의 경력과 해당직무의 연관성을 파악하여 담당업무를 작성하고 경력기간을 충족하는지 확인해야 한다.

③ 가장 최근의 경력부터 기술하며 지원하는 직무와 관련된 업무들을 상세하게 알 수 있도록 적는 것이 좋다.

④ 근무기간, 회사(기관)명, 업무 내용 정도로 작성하되, 담당 업무와 이를 통해 자신

이 만들어낸 성과를 가능한 구체적으로 기술한다.

5) 경험사항

① 일정한 금전적인 보수 없이 직무관련 경험사항으로 다양한 영역의 경험을 떠올려 작성한다.

② 다양한 경험 중 특정경험을 지정하여 직업기초능력을 어필한다.

③ 연구회, 동호회 활동이나 봉사활동 및 기관 및 협회 등의 경험들을 기재한다.

④ 미미한 경험활동이라도 지원회사의 직무와 연관성이 있다면 자신을 차별화할 수 있으므로 전략적으로 기재한다.

6) 기타사항

① 자사양식 및 온라인 지원의 경우는 정해진 양식에 맞춰 작성해야 하고 임의 수정은 불가능하므로 지원하고자 하는 기업의 지원서 방식을 확인하여 요구하는 항목에 적합한 준비를 한다.

② 자유양식의 경우 직무역량이 돋보이게 자신만의 형식을 구축하는 것도 가능하다.

③ 교육이수 사항을 추가하거나 직무 능력을 구조화하여 자신의 능력을 부각시킬 수 있는 지원서를 작성하는 것도 좋다.

2 자기소개서

자기소개서는 지원자의 성격과 태도, 회사에 지원한 동기와 직무역량 등의 정보를 얻기 위해 활용하는 서류이므로 직무에 맞는 지식과 역량, 경험을 본인의 구체적인 사례를 바탕으로 충분한 시간적 여유를 갖고 차분하게 자신의 이야기를 작성하는 것이 좋다. 인터넷에서 떠도는 다른 지원자의 서류를 그대로 복사해서 사용하는 것은 절대 금물이며 다른 곳에 지원했던 서류를 회사명만 변경하여 지원할 경우 회사명 및 직무를 오기입하는 실수를 하게 되므로 좋지 않은 방법이다.

(1) 자기소개서 작성의 중요성

① 자기소개서는 인사담당자가 지원자의 성격과 태도, 회사에 대한 지원동기와 직무역량 등의 정보를 얻기 위해 활용하는 서류이다.

② 지원하는 기업이 자신을 채용하도록 설득하기 위해서는 지원 직무를 분석하여 직무에 맞는 지식과 역량, 경험을 구체적인 사례로 뒷받침할 때 더욱 의미 있는 자기소개서가 될 수 있다.

③ 기본적으로 '잘 작성된 자기소개서'의 특징은 명확한 지원동기가 보이고, 직무경험들을 확인할 수 있는 핵심위주의 내용으로 구성되어 있다.

자기소개서 구성 내용

입사의지
사전조사와 이해를 통해 이 회사에 지원한 이유를 설득력 있게 작성!

궁금증 유발
채용전형의 다음 단계를 위한 과정으로 직접 보고 싶다는 호기심 유발

명확한 지원동기 · **직무경험** · **면접의 기초자료** · **핵심위주**

업무능력
직무와 유사한 업무를 통해 결과들을 창출한 경험!

간결함 + 구체성
장황한 설명보다 핵심이 담긴 결과물 위주의 내용 구성

(2) 자기소개서 작성법

① 이전의 성장배경이나 장·단점, 지원동기 등을 묻는 자기소개서와는 다른 NCS(국가직무능력표준) 기반 자기소개서는 직무수행에 필요한 역량을 파악하기 위한 항목, 직업인으로 기본적으로 갖춰야 하는 소양, 직업기초능력을 판단하기 위한 항목으로 구성된다.

② 기업마다 자체 평가기준에 맞춰 필요한 역량이 무엇인지 제시하고 있고, 지원자가 이를 충족시킬 수 있는 자질을 얼마나 갖추고 있는지를 평가한다.

③ NCS(국가직무능력표준) 기반의 자기소개서 작성을 할 때에는 지원하는 기업 및 직무에 대한 다각적인 분석이 먼저 이루어진 후 작성되어야 한다.

④ 자신만의 핵심역량이 무엇이고 그 역량을 갖추기 위해 어떤 노력과 준비를 해 왔는지 입사 후 어떻게 활용할 것인지에 대해 작성해야 한다.

⑤ 자기 소개서 작성 시 경험을 활용하여 차별화된 스토리 텔링을 하는 것이 매우 중요하다.

TIP 자기소개서 체크사항

자가체크 리스트	
자기소개서는 면접의 근거자료가 되는 것을 알고 있는가?	☐
지원하는 직무를 먼저 이해하고 있는가?	☐
기업이 원하는 성향과 역량을 알고 있는가?	☐
경험에 대해 구체적으로 작성 하였는가?	☐
억지로 부풀린 내용 없이 진정성 있게 작성하였는가?	☐
인사담당자가 읽기 편하게 문장의 호흡을 간결히 작성하였는가?	☐
타 지원자와 차별화된 나만의 이야기로 작성하였는가?	☐

(3) 차별화된 스토리텔링 자기소개서

인사담당자의 관심과 흥미를 불러일으키기 위한 자기소개서 작성 요령은 자신의 경험에 의해 어떠한 역할과 노력으로 결과를 이끌어 냈는지 등 자신의 업무 역량이 돋보이도록 작성하는 것이 중요하다.

🖐 기본 스토리텔링 기법 예시

소제목	과제에 임하는 평화왕의 제시
상황(어려움)	대학교 재학 중 ○○수업 조별과제를 수행할 때의 일입니다. 팀원 5명과 함께 과제를 마치기 위해 동고동락하면서 갈등도 생겼습니다. 팀장의 주장이 지나치게 강했기 때문입니다.
과제 및 노력	의견이 대립되는 경우, 의견을 조율하기 위해 토론할 수 있는 장을 마련하였고, 때에 따라 교수님이나 선배를 찾아 조언을 구하기 위해 노력했습니다. 또한 종종 단합시간을 가지며 서로 대화하고 친해질 수 있는 시간을 마련하기도 했습니다.
결과	결국 단합할 수 있었고, 과제도 성공적으로 마쳐 교수님께 칭찬을 받을 수 있었습니다.

TIP 열차 객실승무원의 자기소개서 포함 요소

열차 객실승무원의 경우에는 직업기초능력을 판단하기 위해서 의사소통 능력이나 갈등해결 능력을 보기위한 항목이 포함되어 있다.

(4) 잘 작성된 자기소개서의 특징

1) 글쓰기 실력보다는 콘텐츠의 중요성

글쓰기에 자신이 없더라도 솔직하고 담백하게 자신이 가진 콘텐츠를 풀어낸다면 조금 서툴러 보일지라도 읽는 사람을 편하게 만들어 줄 수 있다.

2) '진정성' 있는 자신의 경험담 작성

진정성 있는 자신의 경험은 자기소개서를 작성하는데 가장 중요한 부분이므로 꾸준하고 일관되게 지원 회사, 지원 직무를 준비해 온 모습을 보여주는 것이 좋다.

3) 자신만의 스토리텔링의 중요성

좋은 경험이라 하더라도 단순하게 나열하는 형식은 지루하게 느껴질 수 있으니, 어떤 과정이든 자신만 느낄 수 있었던 포인트가 있기 마련이므로 차별화 포인트를 살려 스토리텔링해야 한다.

4) '질문 의도' 에 맞는 원고 작성

질문을 통해 묻고자 하는 의도를 파악하고 그에 맞는 내용으로 답변해야 하며 추가로 어필하고 싶은 부분이 있더라도 먼저 질문에 대한 답변을 충실히 하는 것이 중요하다.

5) 가독성을 위한 문장의 구조화

소제목을 달고, 단락을 나누어 한눈에 보기 쉽게 문장을 가독성이 좋게 구조화시키는 것이 좋다. 또한, 맞춤법에 어긋나는 표현이나 반복적인 표현 등을 주의해야 한다.

자기소개서는 글자 수가 한정되어 있기 때문에 내용을 요약하여 핵심적인 내용만을 작성한 후 그 내용을 축약하는 것도 좋은 방법이다. 아래 주어진 란에 자유롭게 자기소개서를 작성해 보자.

2 ▸ 코레일관광개발의 서류전형 지원

높은 경쟁률의 취업, 첫 관문은 서류전형이다. 기업마다 전형기준들이 다르기 때문에 본인이 원하는 기업의 전형기준을 분석하고 전략적으로 준비해야 좋은 결과를 기대할 수 있다. 또한 입사지원서 작성법을 숙지하고, 본인만의 스토리를 만드는 것이 중요하다. 다음은 코레일관광개발 열차 객실승무원의 서류전형이다.

1 서류심사

① 입사지원서의 자기소개서, 직무관련 교육, 경력, 경험사항 및 자격 사항 등을 심사하여 직무수행의 적합여부를 판단한다.
② 팀장 이상의 내부 평가위원과 교수 등 외부전문가로 구성된 외부 평가위원들이 서류심사를 진행한다.
③ 서류전형에서 최종 선발예정 인원의 약 3배수 인원을 선발한다.

2 서류심사 세부 평가지표

평가항목	서류심사 세부 평가지표
자기소개서	• 작성 충실도, 직무 연관성 평가 – 불성실 작성(동일단어 반복입력, 공란 등) 시 불합격 처리
교육사항	• 직무 관련 교육사항 평가 – 학업수행과정(고등학교, 전문대학교, 대학교, 대학원 등)에서 교육과정을 이수한 경우 – 직업전문학교, 국·공립 또는 사립 교육시설, 기관에서 관련 교육을 이수한 경우 – 성적증명서, 교육증, 수료증 등 제출이 가능한 자에 한하여 인정
경력사항	• 직무 관련 경력사항 평가 – 단일 경력이 고용보험 또는 건강보험에 가입되어 지원 직무 관련 6개월 이상 업무수행을 통해 금전적 보수를 받고 일한 경력자 – 경력증명서(재직증명서) 상세 업무 수행 내역으로 발급 필수 – 경력증명서(재직증명서)와 고용보험 피보험자격 이력 내역서 또는 경력증명서(재직증명서)와 건강보험자격득실확인서 제출이 가능한 자에 한하여 인정
경험사항	• 직무 관련 경험사항 평가 – 연구회, 동호회 활동, 봉사활동, 기관 및 협회 등 경험자 – 수행 관련 증빙서류(경력증명서, 재직증명서, 근로계약서 등), 봉사활동 확인서, 실적인증서(상장, 표창장 등) 등 제출이 가능한 자에 한하여 인정
자격사항 (대상자)	• 일부 직군에 한함(예 보건관리자 – 간호사자격증)
기타사항	• 동일 건에 대한 경력사항과 경험사항은 중복으로 인정하지 않음

핵심역량을 어필하기 위한 내용 구성 방법

자기소개서를 작성할 때, 이야기 구성 방법은 중요하다. 경험을 통해 자신의 역량을 효과적으로 어필할 수 있도록 아래 내용을 참고하여 내용을 구성해 보자.

01. 동기	02. 과정	03. 결과
경험에 대한 분명한 목적과 이유	자신의 역량과 노력을 구체적으로 작성	결과는 근거가 있는 성과와 함께 제시

자기소개서 최종 체크

자기체크 리스트

- 분량 미준수, 오탈자, 맞춤법 오류 등이 있는가?

- 질문의 의도에 맞는 역량 및 경험으로 작성되었는가?

- 문장 첫 시작마다 '저는', '저의' 등 표현을 과다하게 사용하지 않았는가?

- 부정적인 내용은 없는가?

- 근거 없는 자기 미화나 과장이 있는 내용이 포함되어 있지 않은가?

- 추상적이거나 식상한 표현을 쓰고 있지 않은가?

- 제3자의 객관적 검토를 통해 내용상 의문이 생기는 점이 있는가?

3 │ 취업의 최종 관문 면접

면접은 취업의 합격 여부를 결정하는 최종 관문이며, 제한된 시간과 긴장된 분위기 속에서 특정한 주제에 대해 답변하고 토론하는 과정으로 자신을 면접관에게 어필하는 과정이다. 이와 같이 중요한 자리인만큼 지원자들은 어떻게 준비해야 할지 막막할 수 있다. 면접은 짧은 시간 동안 자신이 어떤 사람이며 왜 이 자리에 있는지를 말과 태도, 자연스럽게 드러나는 느낌, 분위기를 통해 적극적으로 보여주어야 하는 자리이다.

1 ▶ 면접의 이해

■1 면접관이 뽑으려는 인재 유형

면접은 지원자의 적합성을 다방면으로 파악하기 위한 것으로, 수많은 지원자 중 기업(관)과 해당 직무에 적합한 인재를 단시간 안에 파악하는 것은 쉽지 않은 일이다. 이러한 어려움을 해소하고자 다양한 면접 방식을 도입하고, 면접의 기준을 수립하고 평가요소를 최대한 구조화하는 노력이 꾸준히 진행되고 있다. 적합성의 요소는 크게 인성, 직무적합성, 조직적합성 3가지로 구성된다.

(1) 적합성의 3요소

적합성의 3요소는 인성, 직무적합성, 조직적합성이 있다.

1) 인성
  ① 인성은 지원자의 성품과 개인이 가지는 사고와 태도 및 행동 특성이다.
  ② 기업(관)과 직무에 따라 업무환경과 분위기가 다르므로 이에 적합한 특성 또한 다르다.
  ③ 지원자는 지원하는 기업·업종·직종에 어울릴만한 자신의 성격과 기질, 태도(열정적, 긍정적, 성실성 등)를 어필할 수 있어야 한다.

2) 직무적합성
  ① 직무수행에 필요한 역량(지식·기술·태도)을 갖추었는지 평가하는 것은 매우 중요하다.
  ② 직무기초능력, 직무수행능력, 직무에 대한 전문성과 차별화된 강점 등 필요역량이 있다는 것을 보여주어야 한다.

3) 조직적합성
  ① 기업과 직무 특성에 따른 조직문화를 이해하고, 구성원들과 협력하여 좋은 성과를 낼 수 있는 자질을 말한다.
  ② 조직의 목표를 함께 이루기 위해서는 팀워크 능력, 사교성, 리더십 등이 필요하며 근무만족도와 장기근속과도 연결되는 중요한 요소이다.

2 면접에 임하는 나의 자세

기업들은 면접을 통해서 기업에 적합한 인재인지, 입사의지와 열정이 있는지, 직무수행 능력을 갖추고 확인하려고 하는 것이니 이에 대한 면접준비를 철저히 할 필요가 있다.

(1) 기업이 면접을 통해 확인하려는 사항

대부분의 기업들은 면접을 통해 3가지를 확인하려 한다.

1) 회사 인재상과 기업문화에 부합하는 인재 여부

① 지원자가 얼마나 우리 회사에 적합하느냐를 다양한 질문들을 통해서 확인한다.

② 지원자들은 면접을 보기 전에 그 회사의 인재상, 기업문화 등을 반드시 확인하고 면접에 임해야 한다.

③ 기업에 따라 업무환경과 분위기가 다르고 이에 적합한 특성 또한 다르기 때문에 그에 어울릴만한 자신의 성격과 기질, 태도를 어필해야 한다.

2) 지원자의 입사의지와 열정

① 근무 만족도는 장기 근속과도 연결되는 중요한 요소이기 때문에 기업은 지원자가 얼마나 의지와 열정이 있는지, 조직의 목표를 함께 이루어 나갈 수 있는 리더십이 있는지 등을 확인한다.

② 어떤 식으로 입사의지와 열정을 보여줄 것인가에 대해 고민하는 것이 필요하다.

3) 직무수행에 필요한 역량 구비 여부

① 기업은 실무형 인재, 준비된 인재를 채용하고자 하며, 일을 잘 할 것 같은 지원자를 채용한다.

② 지원자가 직무역량을 갖추었는지 확인하기 위하여 다양한 면접형, 예를 들어 PT면접, 역량면접, 토론면접 등을 도입하여 면접과정을 통해서 지원자의 직무역량을 파악하기 위해 노력한다.

③ 지원자는 그 기업의 직무가 요구하는 직무관련 지식과 스킬, 태도 등을 갖추고 면접에 임해야 한다.

3 면접 전 자가검증 체크의 필요성

직무에 대한 이해가 부족하면 면접 시 질문에 대해서 추상적인 답변밖에 할 수가 없다. 과연 내가 이 조직 안에서 어떤 목표로 어떤 일을 하는지, 구체적인 직무내용은 무엇인지, 그 직무를 잘 하기 위한 역량들을 스스로 잘 갖추고 있는지 등을 자가검증을 통해 체크해 보는 시간을 가져볼 필요가 있다. 스스로를 설득할 수 있어야 다른 사람도, 면접위원도 설득할 수 있으므로 시간을 가지고 충분히 고민해 보고, 이후 차근히 면접을 준비한다면 좋은 결과가 있을 것으로 보인다.

면접 전에 스스로에게 아래 3가지 질문을 던지고 답을 해보자.

Q1
자신이 누구인지, 질문하고 답을 해보자.

지원하는 기업의 인재상과 가치관, 경영철학이 나의 가치관, 정체성, 직업관과 상호 관련성을 스스로 체크해 보는 것이 좋다.

_____

_____

_____

_____

Q2
입사 동기부여가 된 계기가 있는지를 생각해보자.

기업입장에서는 회사에 입사해서 함께 다닐 지원자를 선발하고자 한다. 그렇다면 나는 과연 지금 준비가 되어 있는지, 그 회사에 입사하여 열심히 다닐 동기부여가 되어 있는지를 자가 검증 질문을 통해 스스로에게 묻고 답해 보는 것이 좋다.

_____

_____

_____

_____

_____

Q3
자신의 직무역량에 대해서 생각해보자

주어질 일을 잘 할 수 있는지, 그 일을 하는 목적과 직무내용에 대하여 잘 이해를 하고 있는지, 그리고 내가 직무역량 지식이나 기술, 인성, 태도적인 측면을 잘 갖추고 있는지를 체크해 보는 것이 좋다.

_____

_____

_____

_____

면접준비

취업 성공의 최종 관문이라고 할 수 있는 면접 심사는 과거에 비해 그 중요성이 훨씬 더 높아지고 있다. 면접관은 면접을 통해 채용 전 지원자의 전체 능력을 확인할 수 있는 기회이기 때문에 다양하게 구조화된 면접을 통해 지원자를 확인하려 하며, 지원자는 자신의 재능을 전면적으로 보여줄 수 있는 기회가 될 수 있다.

1 면접을 잘 보기 위한 유의사항

면접을 준비하기 전에 알아두면 유용한 사항들이 있다. 면접에서 가장 주의해야 할 점은 요점 없이 너무 장황하게 말하지 않고, 말하고자 하는 핵심을 간단하게 표현할 수 있도록 평상시에도 연습하고 준비해야 한다. 또한, 말끝을 흐리거나 "~것 같습니다."와 같은 확신 없는 말투를 사용하는 것은 전문성이 부족해 보이므로 주의해야 한다.

(1) 면접에는 왕도가 없다

① 면접 테크닉에 대한 많은 지침서들이 나와 있지만 면접을 선발수단으로 가장 중요하게 여기는 기업 입장에서는 면접에 왕도가 없으며, 정확한 지침이나 하나의 정답은 없다.

② 정답을 외워온 듯 하거나, 학원이나 과외를 통해 습득한 면접요령은 오히려 자연스럽지 못한 모습을 연출해 불이익이 될 수 있다.

③ 면접은 사람과 사람이 대화를 하며 자연스럽게 평가하는 것이기 때문에 면접관과 지원자가 상호소통하며 자연스럽게 서로에게 자신을 알리며 좋은 느낌을 주는 것이 중요하다.

(2) 면접의 중요성 인지

① 일반적으로 회사에서 채용할 때 면접을 가장 중요하게 생각한다.

② 지원자에 대하여 서류전형을 하고 자기소개서를 통해 지원자에 대해 알아보지만, 회사 업무라는 것이 특정한 업무만 하는 것이 아닌, 복잡한 사회적 관계 속에서 멀티플레이를 하는 경우가 많기 때문에 그 사람을 전체적으로 평가하기 위해서는 대화를 충분히 나누어 보는 것 이상 좋은 방법은 없다.

2 면접을 잘 보는 사람들의 유형

① 일반적으로 평균 20분에서 길게는 40분 정도 다양한 주제에 대해 대화를 나누다 보면 지원자의 생각과 됨됨이를 알 수 있다. 지원자들 중에는 "짧은 시간에 저를 다 보여드리기 부족했습니다."라고 말하는 경우가 있다. 이와 같은 표현은 지양하며 주어진 시간에 본인을 최대한 잘 표현하도록 충분히 노력해야 한다.

② 면접을 잘 보는 사람은 제한된 시간에 답변하면서 자신을 표현해야 하므로 질문의 의도를 잘 파악하고 적절한 어휘로 간결하면서도 논리적으로 대화해야 한다.

③ 분위기상 어쩔 수 없지만 상대적으로 덜 긴장하고 담담하고 여유 있게 자신을 표현하는 강점이 있는 사람이 면접에서 성공한다

④ 비언어적 영역 즉, 표정이나 몸짓, 분위기에서 인간적인 매력을 풍기고, 조금 더 신뢰감 있는 준비된 자세를 가지고 있다는 인상을 받게 하는 사람들이 면접을 잘 보는 편이다.

⑤ 면접을 진행하다 보면 '면접용 나'가 지원자의 자리에 서 있는 경우가 있다. 본연의 자신은 숨기고 면접을 위해 적합하게 '만들어진 나'를 그 자리에 세워두는 것을 말한다. 평상시 자신의 모습을 숨기고 연출되어 있는 모습을 면접장에서 보여준다고 해서 면접관들이 그 모습이 진실되었다 생각해 좋은 점수를 주지 않으므로 '진짜 나'는 영혼처럼 분리되어, '면접용 나'에게 '지금은 웃어', '다리는 붙이고 있지?', '좀 더 밝게 말해' 등 스스로 감독과 배우를 하며, 자신만의 세계에 빠지지 않도록 유의해야 한다.

⑥ 면접에 적합한 지원자가 되려면 습관화된 매너와 인성, 자질 등을 갖추어야 하고, 호감을 주는 태도, 대화능력이 필요하다. 평소의 내 모습과 면접 볼 때의 내 모습이 일치해야 자연스러운 모습으로 면접에 임할 수 있다.

3 면접에서 중요한 2가지

면접은 짧은 시간에 준비된 자신의 역량과 적합성을 최대한 보여주어야 하기 때문에 평상시에도 꾸준한 준비와 노력이 필요하다.

(1) 긍정적인 첫 인상을 주기 위한 이미지메이킹

기업 채용면접은 대략 20분에서 길면 40분 정도 진행된다. 채용포털사이트에서 조사한 설문으로 면접위원이 면접자의 합격여부를 결정하는 시간은 평균 10분 5초가 걸린다고 한다. 따라서 긍정적인 첫인상은 중요하다.

1) 깔끔한 복장

면접관이 봤을 때 복장이 지나치게 화려하거나 업무에 어울리지 않는 모습을 한 지원자는 기본적으로 준비가 되지 않았다는 느낌으로 신뢰를 주기 어렵다. 그러므로 자신의 이미지를 고려하여 깔끔하고 신뢰감 있는 첫인상을 줄 수 있는 용모와 복장을 선택해야 한다.

2) 미소

① 미소를 짓는 밝은 표정이 중요하다.

② 면접의 시작은 미소를 머금고 밝고 차분한 첫인사와 함께 시작되어야 한다.

③ 미소는 면접관의 경계를 풀게 하는 효과가 있다.

④ 미소 진 표정은 면접관에게 호감이 가는 이미지를 상승시킬 수 있다.

⑤ 면접이 진행되면 면접관은 서류에 더 집중하여 질문을 이어가기 때문에 초반에 입장을 하거나 자기소개를 할 때 밝은 미소를 보이는 것이 좋다.

3) 자세

① 걸음걸이와 대기자세, 앉는 자세도 중요하다.

② 몸의 자세는 그동안 행동, 버릇 등이 차곡차곡 쌓인 결과물이다. 그래서 면접 때는 지원자의 말보다 들어오고 나가는 모습, 서있는 모습, 다른 지원자에게 질문할 때 대기하고 있는 모습, 행동, 표정 등이 중요한 판단의 기준이 될 수 있다.

> • 구부정한 자세(X)
> • 고개가 옆이나 아래로 기울져 있는 자세(X)
> • 시선이 처져 있는 자세(X)
> • 등이 굽어진 자세로 서있기(X)
> • 한쪽 어깨가 올라 간 자세(X)
> • 배를 앞으로 내밀고 서 있는 자세(X)

4) 청각적인 부분

① 청각적 요소는 목소리의 음색(목소리의 톤), 발음, 빠르기, 크기, 말투 등 언어의 질을 의미한다.

② 듣기 좋은 목소리와 정확한 발음은 면접관에게 전달하고자 하는 내용을 더욱 집중 시키는 효과가 있다.

③ 면접관은 지원자의 정확하지 않은 전달력이 원활한 의사소통에 방해가 된다고 느낄 수 있고, 입사 후 함께 업무를 진행할 때에도 문제가 될 수 있는 요소라고 생각할 수 있다.

④ 자연스럽고 자신감 있는 목소리를 통해 면접관이 내용에 몰입할 수 있도록 해야 한다.

⑤ 면접은 정중하고 예의있는 자리인 만큼 그에 맞는 말투를 사용할 수 있도록 해야 한다.

⑥ 알아듣기 힘든 사투리, 유행어나 줄임말, 사족은 사용하지 않는다.

⑦ 충분한 연습과 훈련을 통해 교정이 필요하며 평소 올바른 말을 사용할 수 있도록 해야 한다.

(2) 자신의 생각을 정리하고, 기본적 면접질문에 대비하기

① 면접은 일반적인 질문이나 대화가 아닌, 기업의 채용을 위한, 일 잘 할 것 같아 보이는 지원자를 뽑기 위한 것이다.

② 예상되는 질문을 받았을 때 어떻게 이야기하는 것이 좋을지, 자신의 생각을 미리미리 정리해 두어야 질문을 받았을 때 좀 더 자신감 있는 자세로 답할 수 있다.

③ 평소 자신에 대해 스스로 질문을 충분히 하고 그에 대한 답을 스스로 내릴 수 있어야 한다.

④ 면접에는 정답이 없지만 면접질문에 답하는 기술의 기본원칙은 있다.

- 지원자는 두괄식으로 대답을 하는 것이 좋으나 단답형으로 대답하지 말고 추가적인 내용 및 정보를 포함해서 답변을 해야 한다.
- 말하고자 하는 핵심 내용을 먼저 말하고 부연설명을 나중에 덧붙여 말해야 면접관이 답변의 요점을 빨리 알아차릴 수 있고 분명하게 의사 전달을 할 수 있다.
- 많은 지원자들이 몰리기 때문에 면접관들은 두괄식으로 말을 하면서 자신의 생각을 기승전결에 따라 논리적이고 간결하게 표현하는 것을 선호한다.

◢ 면접의 기본질문 3종

면접의 필수요소인 자기소개, 지원동기, 입사 후 포부 3가지는 어느 면접에서든 질문할 수 있는 주요 기본 질문이다.

(1) 자기소개

본격적인 면접질문에 들어가기 전 보통 자기소개를 1~2분 진행한다. 자기소개 방법이 많이 있지만, 지원하는 기업과 직무에 본인이 얼마나 준비된 인재인가를 가장 효과적으로 보여주는 것이 가장 좋은 방법이다. 즉, '해당 직무역량을 갖추기 위해서 어떠한 노력을 하여 지금의 나는 어떠한 상태이다.'라는 형식의 자기소개 방법이 가장 좋다. 의미없는 스펙의 나열이 아닌 자질 하나를 확실하게 소개하는 것도 좋은 방법이다.

(2) 지원동기

지원동기를 직무와 연계하여 답하는 것이 가장 좋으므로, 자신의 직무에 대한 목표를 소개하고, 구체적으로 어떤 계기로 이 직무에 대하여 관심을 갖게 되었으며, 해당 직무를 하기 위해서는 이 기업이 가장 이상적이라고 생각되어서 지원하게 되었다 등으로 동기를 밝히는 것이 필요하다. 다른 지원자와 별반 다를 것 없는 지원동기가 아닌 본인만의 경험을 스토리화하여 자신만의 특화점으로 활용하는 것이 좋다.

🚊 지원동기 원칙

- 기업의 특성을 찾아내 그것과 자신이 부합하는 부분을 찾아 지원동기를 준비해야 한다.
- 기업에 대해 충분히 조사하고 관심을 갖고 있다는 것을 보여줄 수 있도록 확실하게 답변해야 한다.
- 입사 후 목표와 계획을 통해 장기근속의 의지를 표현해야 한다.
- 자신의 비전을 실현시키고 싶은 회사, 자신의 역량을 발휘하기에 적합한 회사임을 어필해야 한다.
- 경쟁사나 다른 기업을 깎아내리는 표현은 절대 금물이다.

(3) 입사 후 포부

일반적으로 입사 한 후 '어떻게 하겠다, 자격증을 따겠다, 자기개발을 하겠다' 등의 개인적인 이야기보다는 원하는 직무와 연결하여, 자신이 업무를 통하여 생산성을 높이겠다, 업무를 어떻게 개선하는데 일조하여 어떠한 결과치를 얻겠다 등의 조직의 목표와 연결하여 이야기하는 것이 더 중요하다.

3 면접유형

■ 면접유형 종류

면접의 유형에는 경험면접, 발표(프레젠테이션)면접, 토론면접, 상황면접이 있다.

(1) 경험면접

방식	선발하고자 하는 직무역량이 필요한 과거의 경험을 질문하여 과거 경험 중 해당 역량을 발휘하여 행동했던 사례를 통해 직무역량과 적합성을 확인
판단기준	필요역량과 과거 경험의 일치도, 관련 경험에 대한 구체성
준비 TIP	질문을 통해 확인하고자 하는 역량을 보여줄 수 있는 적합한 경험 선택이 중요하며 사전에 자신의 과거 경험별 직무역량을 정리하여 면접 대비

(2) 발표(프레젠테이션)면접

방식	직무와 관련된 특정 주제에 대한 발표 및 질의 · 응답을 통해 역량평가
판단기준	직무에 대한 지식, 논리력, 자신감, 자료 분석 능력, 전달력
준비 TIP	지원자의 다양한 부분의 능력을 동시에 파악할 수 있는 유형이므로 모의 연습을 통해 실전 발표를 대비하는 것이 중요

(3) 토론면접

방식	제시한 주세를 바탕으로 토론 · 토의를 진행하고, 그 과정에서 직무역량 뿐 아니라 의사소통능력, 상호작용능력 등을 파악
판단기준	직무에 대한 지식 및 이해도, 의사소통능력, 갈등 조정능력, 타인에 대한 배려
준비 TIP	직무적합성, 주제에 대한 결과를 도출하는 능력뿐 아니라 그 과정 속에서 직업기초능력과 인성적 요소(경청, 공감 등)에 대해서도 함께 평가

(4) 상황면접

방식	업무 중 발생할 수 있는 특정 상황에 대한 대처방법을 묻고, 실전 업무에서 지원자가 어떻게 행동할지를 예상하여 직무에 적합한지를 평가
판단기준	상황판단능력, 명확한 행동지표
준비 TIP	해당 직무의 실전 업무에 대한 이해도뿐 아니라 상황 대처능력, 신념 및 가치관, 사고방식 등 파악 가능

2 코레일관광개발의 면접방식

(1) NCS(국가직무능력표준) 기반 면접전형

① 코레일관광개발의 열차 객실승무원 면접방식은 NCS(국가직무능력표준) 기반 면접전형에 의해 직무에서 요구되는 핵심역량 및 자질을 구조화된 면접 방식과 질문을 통해 평가한다.

② 서류전형에서 볼 수 없었던 부분을 면접을 통해 행동에 대한 평가, 인성과 잠재 역량 등, 궁금한 부분을 직접 확인하여 지원자를 심층적으로 파악하려는 면접을 진행한다.

③ 이전에는 집단면접, 다대다 형식으로 실무면접과 임원면접의 형태로 진행이 되었으나 2019년 이후 NCS(국가직무능력표준) 기반 구조화 면접 형태로 진행이 되고 있다.

④ NCS(국가직무능력표준) 기반 구조화 면접 유형은 크게 토론면접, PT면접, 상황면접, 경험면접 등이 있다.

(2) NCS(국가직무능력표준) 기반 구조화 면접 유형

1) 토론면접 정의

토론면접은 2020년 현재 열차 객실승무원의 면접 진행방식이다. 제시한 주제를 바탕으로 토론·토의를 진행하고, 그 과정에서 직무역량뿐 아니라 의사소통능력, 상호작용능력 등을 파악하기 위한 면접법이다.

2) 토론면접 시 주요 평가 항목

① 토론면접에서 면접위원들의 판단의 기준은 조금씩 다를 수 있으나 보통 직무에 대한 지식 및 이해도, 의사소통능력, 갈등 조정능력, 타인에 대한 배려 정도를 확인하고 종합적으로 지원자를 평가하고 있다.

② 직무적합성 뿐만 아니라 주제에 대한 결과를 도출하는 능력, 그 과정 속에서 직업기초능력 지식과 경청, 공감 등의 인성적 요소도 갖추고 있는지에 대해서도 함께 평가하고 있기 때문에 이들에 대해 생각하고 준비하는 것이 좋다.

③ 많은 지원자가 토론면접에는 정답이 있다고 생각하지만 사실 토론면접에는 정답이 없는 경우가 많다. 가끔은 말의 내용보다도 지원자가 다른 구성원들과 어떻게 소통하고 있는지, 나와 다른 의견에 대해 어떻게 받아들이는지를 더 집중해서 보기도 한다.

④ 토론면접은 자유롭게 의견을 주고 받으며 지원자가 직무에 대한 이해도가 어떠한지, 업무수행을 위한 기초지식을 가지고 있는지 자연스럽게 보여줄 수 있다.

3) 토론면접 시 유의사항

① 뻔하거나 두루뭉실한 의견 대답은 토론면접을 이어나가기 어렵다. 직무에 대한 이해가 부족하다면 그만큼 말할 수 있는 기회가 적어지고 나를 어필할 기회가 적어진다.

② 리더십 있는 사람처럼 보이기 위해 분위기를 장악하거나, 아는 지식을 쉴 새 없이

쏟아내는 것, 과한 몸짓과 표정의 남발도 좋은 이미지를 줄 수 없다.

③ 토론면접에서 가장 좋은 태도는 상대방의 말에 귀 기울이기, 호응하기, 미소 유지이며, 굳이 리더십을 발휘하고 싶다면 타임체커 역할 정도만 하는 것도 좋다.

④ 학원이나 과외에서 배운 답변 같은 '기-승-전-승무원' 형식에 너무 치우치지 말고 본인의 진심을 담는 것이 좋다.

⑤ 짧은 면접 시간동안 회사와 직무에 대한 이해, 서비스마인드와 이미지관리, 고객응대능력, 방송능력 등이 준비되어 있다는 모습을 충분히 보여주어야 한다.

🎭 A지원자와 B지원자 예시

> **A 지원자**
>
> A지원자의 경우 토론하는 동안 조심스럽지만 차근하고 또박또박 자신의 의견을 냈으며, 과정 내 타 지원자들의 의견에 귀 기울이고 호응하고 미소 짓고 맞장구도 쳤다. 다른 사람의 목소리가 작을 때에는 집중하기 위해 몸을 살짝 그쪽으로 기울이기도 하였다.
>
> **B 지원자**
>
> B지원자의 경우 아나운서 같은 발성에 언변능력이 뛰어났다. 하지만 타 지원자들이 작은 목소리로 이야기하거나 말을 조금 더듬거나 말의 앞뒤 논리가 맞지 않거나 할 때면 눈을 동그랗게 뜨고 이해할 수 없다는 표정을 지었다. 미세하게 찡그리는 표정에 가끔씩 다른 지원자들이 말을 이어가지 못 할 때는 말을 자르기도 하였다.
>
> ---
>
> **상황 분석**
>
> 아나운서 면접이라면 언변이 뛰어난 B가 더 유리했을지 모르지만 고객의 안락함을 책임져야 하는 열차 객실승무원으로는 어울리지 않을 수 있다. 이런 점을 유념하면서 토론면접에 참여한다면 좀 더 부드러운 분위기를 유지하면서 모든 조원에게 도움이 되는 결과를 얻을 수 있다.

열차 객실승무원의 면접에 있어 정답이라고 할 수는 없지만, 면접을 어려워하는 지원자들을 위해서 면접 공식 한 가지를 소개한다. '틀'은 사전 정의로는 일정한 격식이나 형식을 말하며, 면접에 있어서도 공식을 가지고 있다. 이 공식의 틀에 맞춘다면 좋은 답변을 하는 데 도움이 될 것이라고 생각한다.

공식

답변을 만드는 공식은 주제를 두괄식으로 시작하고 거기에 나의 경험을 뒷받침하는 것이다.

> 답변 만드는 공식 = 주제(두괄식) + 나의 경험

공식❶ 자신이 하고자 하는 말이 첫 문장에 나와야 한다.

① 첫 문장에 의도가 드러나지 않는다면 면접관의 관심을 끌 수 없다.

② 누군가와의 대화에서 "그러니까, 결론이 뭔데?"와 비슷한 말을 들어본 적이 있다면 상대방을 위해 결론을 먼저 이야기하는 연습이 필요하다.

공식❷ 주제 문장을 뒤따르는 실제 나의 경험이 스토리텔링으로 나와야 한다.

😊 예시

Q "왜 당신을 뽑아야 하나요?"

A 공식❶ 하고자 하는 말이 첫 문장에 나와야 한다.

열차 객실승무원 업무를 잘 할 자신이 있습니다.
지난 3년 동안 고객만족 창구에서 고객 응대업무를 보며 공감과 경청을 통해 누구보다 고객들과의 대화를 잘 이끌어 나간 경험이 있습니다.

A 공식❷ 실제 경험이 스토리텔링으로 나와야 한다.

고객들이 예상치 못한 문의를 하거나 문제 해결에 대해서 다른 방향을 갖고 있는 경우가 많아 어려움이 많았지만, '진심으로 공감하고 고객을 응대하면 해결할 수 있다' 라는 결론을 얻었습니다. 한 고객께서 "○○센터에서 제시하는 해결책이 마음에 들지 않지만 성실히 방법을 찾아주려고 노력하고 공감해준 덕분에 차마 더 이상은 컴플레인을 못 걸겠다."고 말한 적도 있습니다. 이러한 서비스경험을 통해 경청과 공감의 힘을 배웠습니다. 진심으로 서비스할 준비가 되어 있는 지원자입니다.

- 열차 객실승무원 채용현황에 대해 알아본다.
- 열차 객실승무원의 채용절차에 대해 알아본다.
- 서류심사 및 면접 준비사항에 대해 알아본다.

1 코레일관광개발 기업 분석

1 코레일관광개발(주) 일반현황

1 기관소개

코레일관광개발㈜은 열차 객실승무원을 운용하고 있는 국내 유일의 회사로 국토교통부 산하의 기타 공공기관이다. 승무사업 외에도 철도인프라 활용을 통하여 관광여행상품을 만들고 고품격서비스를 제공하며 정부, 지자체 연계사업을 통한 지역경제활성화, 사회발전에 이바지하는 철도서비스전문기관으로 한국철도공사에서 51%의 지분을 가지고 있는 한국철도공사 주요 계열사로 기타 공공기관에 해당하는 기관이다.

CI	**KORAIL** 코레일관광개발
설립연도	• 2004년 08월 11일
설립근거	• 국유철도의 운영에 관한 특례법(現 한국철도공사법)
설립목적	• 철도 인프라와 민간 관광 전문경영 노하우 접목을 통한 고품격 서비스 제공 • 철도 인프라와 민간 관광 전문경영 노하우 접목 통한 국민행복가치 추구
주무기관	• 국토교통부
기관업무	• 레일 위의 새로운 가치를 만드는 기업이라는 슬로건과 함께 열차 내 승무서비스, 관광레저, 테마파크 사업 등 철도플랫폼 기반의 종합 관광 레저기업이다.
홈페이지	• www.korailtravel.com
소재지	• 서울특별시 용산구 청파로 378(동자동 43-229)

2 기관연혁

2004. 08. 11.	KTX 관광레저주식회사 법인설립
2005. 06. 30.	정선레일바이크 개장
2006. 04. 01.	KTX 승무서비스 사업 개시
2007. 01. 01.	새마을 승무서비스 사업 개시
2007. 03. 30.	코레일투어서비스(주) 사명 변경
2007. 06. 01.	열차 내 판매사업 개시
2008. 11. 07.	고품격 호텔식 명품열차 레일크루즈 '해랑' 상품 출시
2008. 12. 01.	곡성 섬진강기차마을 사업 개시
2010. 01. 05.	코레일관광개발(주) 사명 변경
2011. 11. 28.	화천 철도테마파크 개장
2013. 04. 01.	코레일 낙산연수원 위탁운영사업 개시
2013. 04. 12.	중부내륙관광열차(O-V train) 승무서비스 및 판매사업 개시
2013. 05. 13.	중소기업명품마루 매장운영 및 판매사업 개시
2013. 06. 18.	서울역 도시락매장 운영 및 판매사업 개시
2013. 09. 27.	남도해양관광열차(S-train) 승무서비스 및 판매사업 개시
2014. 05. 04.	평화생명벨트(DMZ-train) 승무서비스 및 판매사업 개시
2015. 01. 15.	서해금빛열차(G-train) 승무서비스 개시
2015. 01. 29.	정선아리랑열차(A-train) 승무서비스 개시
2015. 03. 11.	정동진레일바이크 개장
2016. 07. 01.	청도레일바이크 개장
2017. 01. 01.	교육전용열차(E-train) 총판사업 개시
2017. 04. 01.	5대벨트 관광열차 총판사업 개시
2017. 12. 22.	경강선 KTX 승무서비스 개시
2018. 02. 22.	충북영동국악와인열차(W-train) 총판사업 개시
2018. 07. 01.	승무원 숙사 관리 사업 개시
2019. 08. 01.	SRT 고속열차 객실승무서비스 사업 개시

3 주요 기능 및 역할

① 코레일관광개발(주)는 한국철도공사 주요 계열사로 철도 인프라 활용을 통하여 관광 여행상품을 만들고, 고품격 서비스를 제공한다.

② 정부 또는 지자체와의 연계 사업을 통해 지역경제 활성화와 사회 발전에 이바지하는 철도 서비스 전문 기타 공공기관으로 국토교통부 산하이다.

③ 열차 내 서비스 승무업무는 철도사업자인 한국철도공사나 (주)SR에 따라 다른 것이

아닌, 코레일관광개발에서 통합하여 별도 운영을 하고 있다.

④ 열차 객실 서비스 승무원은 코레일관광개발 소속의 승무원이다.

⑤ 코레일관광개발이 운영하는 승무사업은 KTX, ITX-새마을 승무와 SRT승무, O·V
트레인을 비롯한 여러 관광열차, 우리나라 최고의 호텔식크루즈열차인 해랑열차와
바다열차 등이 있다.

4 조직현황

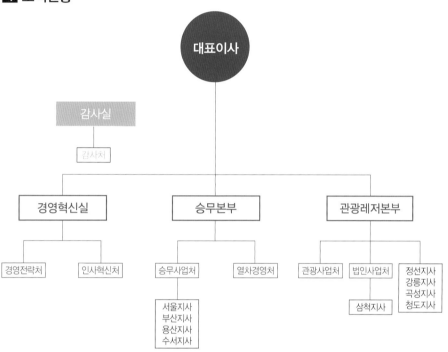

2 ▶ 코레일관광개발(주) 경영가치 체계

미션	사람·세상·미래를 잇는 대한민국 철도관광		
비전	철도관광의 내일 국민기업 코레일관광개발		
경영목표	고객지향 상생경영 인재경영		
경영목표	매출	1,000억 원 달성	
	고객만족도	S등급 획득	
	사업장	안전사고 제로화	
	미래성장사업	매출비중 40%	
4대 전략	• 수익증대 및 경영효율성 향상 • 차별화된 고품격 서비스혁신 • 안전제일 문화 장착 • 상생의 新노사문화 확립		

2 | 열차 객실승무원 지원하기

1 ▶ 열차 객실승무원의 채용

■ 채용시기와 채용인원

(1) 채용시기

승무원의 채용시기는 보통 상·하반기 1회 이상 진행되며 특정 시기 및 월로 지정되어 있지 않으며 승무원의 인력수급 계획에 따라 결정된다.

(2) 채용인원

① 채용인원은 보통 20명 이상, 수십 명 정도 규모로 채용하고 있으며 운영사 증가, 노선의 확장 등 특별한 경우에는 채용규모가 늘어날 수 있다.

② 현재 KTX승무원, SRT승무원, 관광승무원 등은 구분하여 채용하고 있다. 각각 하는 업무범위와 내용이 상이하고 역할에 약간씩 차이가 있기 때문에 별도로 채용을 진행하고 있다.

(3) 채용지역 및 지원 지역

① 채용지역은 승무본부의 승무지사, 사업소가 위치한 서울, 부산, 대구, 익산이다.

② 지원은 지역별로 구분하며, 지역교차 지원은 불가능하다.

③ 지역별로 합격자를 선정하기에 지역별로 경쟁률이 서로 상이할 수 있다.

■ 고용형태와 채용공고

(1) 고용형태

열차 객실승무원은 정규직으로 채용하는 것을 기본으로 하고 있지만, 회사정책에 따라 부득이한 경우 휴직대체 근로자 등 기간제 근로자를 채용하기도 한다.

(2) 채용공고

① 채용공고는 공고기간을 최소 10일 이상, 최대 15일로 설정하여 코레일관광개발 홈페이지(www.korailtravel.com)– 회사소개 – 채용공고에서 확인이 가능하다.

② 공공기관 경영정보시스템인 ALIO (www.alio.go.kr) 및 채용 포털사이트에도 공고가 된다.

③ 비정규적으로 채용이 진행되는 만큼 지원자들은 채용공고를 자주 확인하거나 채용관련 사이트에서 정보를 지속적으로 확인하여 지원기회를 놓치는 일이 없도록 해야 한다.

🚇 코레일관광개발 및 ALIO

2 **열차 객실승무원의 채용절차**

🔟 채용절차

채용절차는 서류심사 – 면접심사 – 증빙서류 검증 – 신체검사서 확인 – 결격사유 조회 – 채용후보자 결정의 순으로 진행된다.

🚇 **열차 객실승무원 채용절차**

① 서류심사	② 면접심사	③ 증빙서류 검증
자기소개서, 교육사항, 경력사항, 경험사항, 자격사항, 기타 가점사항 등	심층면접 또는 토론면접 시행 (서류심사 합격자 대상)	입사지원서 상 작성한 사항에 대한 서류검증 (면접심사 합격자대상)
⑥ 최종합격	⑤ 결격사유 조회	④ 신체검사서 확인
증빙서류 검증, 공무원 채용 신체검사, 결격사유 조회, 합격인원	등록기준지 상 행정관청으로 조회요청(기본증명서[상세] 확인)	공무원 채용 기준 신체검사서 확인(증빙서류 검증 합격자 대상)

(1) 1단계 서류전형

1) 서류전형 현황

　서류심사는 입사지원서와 자기소개서로 이루어져 있다. 입사지원서를 통해 교육 및 경험, 경력, 자격사항을 확인하고 자기소개서를 통해 직무연관성 등을 평가한다. 2020년 상반기 KTX, SRT 31명의 승무원을 선발하는 데 4,625명이 지원을 하였고 그 중 185명이 서류에 통과하여 2차 면접전형의 기회가 주어졌다. 1차 서류전형의 불합격 인원은 4,440명이며 서류전형 경쟁률은 4%라고 볼 수 있다. 즉, 서류를 통과하여 면접의 기회가 주어진 이들은 100명 중 4명이라고 보면 된다. 그만큼 서류전형을 통과 하는 것 자체가 상당히 어렵다.

2) 서류전형 시 유의할 점

　① 지원자들이 반드시 확인해야 할 점은 '증명가능 한 사실만을 적어야 한다는 점'이다. 서류를 거처 면접까지 합격한 지원자를 대상으로 서류검증을 철저히 진행하고

있다.

② 모든 항목에서 객관적으로 인정 가능한 증명서, 수료증, 확인서 등을 반드시 제출할 수 있어야 한다.

③ 입사지원서 내에는 객관적인 증명서를 제출할 수 없는 내용이라면 작성하면 안 된다.

> 國 기재한 회사가 없어진 경우, 기재한 내용을 인정받을 방법을 찾지 못하는 경우

④ 지원서상 내용이 증명서 등의 서류에 의해 확인되지 않는다면 해당자를 부적격자로 처리하여 합격이 취소될 수도 있으며, 실제로 취소된 사례도 있다.

⑤ 경력사항과 경험사항에 동일한 내용을 중복 기재하지 않도록 유의해야 한다. 동일한 내용을 작성했을 경우 2개 중 1개의 항목만을 인정하므로 다른 하나에서 점수를 잃지 않도록 주의해야 한다.

(2) 2단계 면접심사

1) 면접심사 현황

① 서류심사 합격자를 대상으로 면접심사를 진행하며, 면접심사는 심층면접 또는 토론면접으로 다대다 형식의 집단면접으로 진행한다.

② 집단토론 면접은 토론자들에게 실무현안 대신에 일정한 주제를 주고 가상 실무환경에서 토론을 하도록 하는 면접방식으로 대다수의 기업들이 면접 시에 활용하고 있다.

③ 집단토론 면접이라고 하면 굉장히 무겁고 다가가기 힘든 것처럼 들리지만, 자신의 의견을 나누고, 상대방의 이야기를 듣는 과정이다.

2) 집단토론 면접

집단토론은 의사소통 및 조정 능력을 살피는 데 역점을 두는 것이기 때문에 지나친 경쟁 심리는 피하고 다른 사람을 배려하면서도 자신의 주장을 조리 있게 펴는 능력이 중요하다. 취업희망자들은 집단토론 면접이 급속도로 확산되는 추세임을 감안해 미리 철저한 준비를 해야 한다.

(3) 3단계 증빙서류 검증 작업

면접심사 합격자 대상으로 제출한 입사지원서의 작성내용에 대한 서류검증 작업이 있다. 만약 허위로 작성한 내용이 있다면 면접에 합격을 하더라도 증빙서류 검증단계에서 탈락할 수 있다. 따라서 반드시 챙겨야 하는 증빙서류 등을 먼저 확인하고 입사지원서를 작성하는 것도 좋은 방법이 될 수 있다.

(4) 4단계 공무원 채용기준에 맞는 신체검사

해당직무를 수행할 지원자의 신체상의 능력을 판정하기 위해서 실시하는 채용 신체검사이다.

1) 질환 종류

일반결함	• 병의 증세 또는 경과가 좋지 않은 악성종양 • 고혈압성 응급증(Hypertensive emergencies)
업무수행에 큰 지장이 있는 질환	• 비강·구강·인후기관 계통, 흉부, 심장·혈관 및 순환기 계통 • 복부 장기 및 내장 계통, 생식비뇨기 계통, 내분비 계통, 혈액 또는 조혈 계통 • 신경 계통 (뇌졸증, 중추신경계 염증성질환, 뇌척수염 등), 정신 계통 질병 • 업무수행에 큰 지장이 있는 관절 질환자, 사지장애, 청력질환, 시각 장애 등 • 마약중독과 업무수행에 큰 지장이 있는 그 밖의 약물의 만성 중독자

2) 공무원 채용 신체검사 준비사항

① 신체검사를 받기 위해서는 8시간 금식을 해야 한다.

② 정확한 검사를 위해서는 술, 담배 등은 하지 말아야 한다.

③ 검사 전날에는 과격한 운동이나 야근은 피하고 충분한 휴식을 취하는 것이 좋다.

④ 신분증과 반명함 사진 2장도 필요하다.

⑤ 신체검사 비용은 약 35,000원정도이다.

(5) 5단계 결격사유 조회 요청 과정

지원자가 결격사유가 있는지 행정관청에 조회를 요청하여 확인하는 과정을 거친다.

1) 결격사유

① 피성년후견인 또는 피한정후견인

② 파산선고를 받고 복권되지 아니한 자

③ 금고 이상의 실형을 선고받고 그 집행이 종료되거나 집행을 받지 아니하기로 확정된 후 5년이 지나지 아니한 자

④ 금고 이상의 형을 선고받고 그 집행유예 기간이 끝난 날부터 2년이 지나지 아니한 자

⑤ 금고 이상의 형의 선고유예를 받은 경우에 그 선고유예 기간 중에 있는 자

⑥ 법원의 판결 또는 다른 법률에 따라 자격이 상실되거나 정지된 자 예컨대, 자격정지를 선고받아 그 기간 중에 있는 경우

⑦ 공무원으로 재직기간 중 직무와 관련하여 횡령 또는 배임의 죄를 범한 자로서 300만원 이상의 벌금형을 선고받고 그 형이 확정된 후 2년이 지나지 아니한 자

⑧ 「성폭력범죄의 처벌 등에 관한 특례법」 제2조에 규정된 죄를 범한 사람으로서 100만원 이상의 벌금형을 선고받고 그 형이 확정된 후 3년이 지나지 아니한 사람

⑨ 미성년자에 대한 다음 각 목의 어느 하나에 해당하는 죄를 저질러 파면·해임되거나 형 또는 치료감호를 선고받아 그 형 또는 치료감호가 확정된 사람(집행유예를 선고받은 후 그 집행유예기간이 경과한 사람을 포함한다)

> • 「성폭력범죄의 처벌 등에 관한 특례법」 제2조에 따른 성폭력범죄
> • 「아동·청소년의 성보호에 관한 법률」 제2조제2호에 따른 아동·청소년대상 성범죄

⑩ 징계로 파면처분을 받은 때부터 5년이 지나지 아니한 자

⑪ 징계로 해임처분을 받은 때부터 3년이 지나지 아니한 자

(6) 1단계부터 5단계까지 거친 최종합격

1단계부터 5단계까지 모든 단계를 거쳐야 최종합격이 된다. 서류전형, 면접에서 합격을 한 경우라도 검증 단계 내 기준에 미치지 못하면 최종적으로 합격될 수 없다.

3 합격을 위한 준비사항

1 취업을 위한 사전준비

타고난 외모와 면접 운으로 승무원이 되었다는 이야기는 없어진지 오래이다. 지금의 채용환경에서는 단순한 운을 언급하기에는 취업의 장벽이 높고, 구조화된 면접으로 인한 준비가 되어 있지 않다면 합격과는 멀어지게 된다.

■ 진로준비 고려사항

(1) 경험

① 진로선택과 취업준비를 위하여 가장 중요한 것은 경험이다. 많은 경험을 통하여 진로에 대한 확신을 할 수 있고, 경험을 통한 고민과 방황, 극복으로 스스로 단단해질 수 있다. 경험이 취업준비를 위한 단순한 스펙 쌓기가 아니라, 치열한 고민과 방황, 고통과 극복이 담긴 경험들로 지원자 자신의 삶을 준비하는 태도를 갖는 것이 중요하다.

② 자기 탐색과 방황, 갈등을 가능하게 하는 것은 인지적 능력으로 논리적 사고와 추상적 사고의 발달로 현실적인 구속을 벗어나 과거, 현재, 미래로 확장되며 가능성의 세계를 상상해 볼 수 있다. 즉 자신이 살아온 과거를 되돌아보고 또 자신이 살아갈 미래를 상상해 보면서 자신의 위치, 역할, 능력, 가치 등을 보다 논리적으로 검토하고 재규정해야 할 시기이다. 따라서 독서와 토론 등 사고를 확장시키는 경험이 매우 중요하다.

(2) 진정성 있는 자신에 대한 질문

① '나는 어떤 사람인가?, 어떻게 살고 싶은가?, 왜 그런가?' 등으로 스스로에게 질문하고 답을 찾는 과정에서 생각의 힘을 키우는 연습이 필요하다.

② 인생관, 직업관, 사회현상과 이슈, 시사문제, 도덕적 판단, 문제해결 능력, 업무 아이디어 등 다양한 질문에 답할 수 있는 능력을 키워두는 것이 좋다.

> • 자신은 어떤 일을 하고 싶은가?
> • 왜 승무원을 꿈꾸게 되었는가?
> • 인생에서 닮고 싶은 인물은 누구인가? 스스로 어떤 노력을 하고 있는가?

(3) 학기별 목표세우기

졸업반이 되어 취업을 준비하는 것은 지금의 채용환경에서는 불가능하며, 미리 학기별 준비를 해야 한다. 졸업 전에 자신의 이력서에 이러한 경험과 내용이 있었으면 좋겠다고 생각하는 미래의 이력서를 적어보는 것도 필요하며, 역순으로 학기별 준비 스케줄 및 대비사항을 정리하는 것도 좋다.

🚋 학기별 목표세우기 예시

구분		목표(예)	4-1	3-2	3-1	2-2	2-1	1-2	1-1
교육 과정	서비스	SMAT 및 서비스경영 교육과정 이수				■	■		
	외국어	영어 토익 00점, 스피킹 관련 LV0 획득		■	■				
	안전관련	심폐소생술 교육 이수						■	
	직무과정	기타 철도 서비스전문가 교육과정 이수		■					
경험	봉사경험	국내봉사활동, 헌혈 00회						■	■
	해외경험	단기 필리핀 어학연수				■			
	아르바이트	특급 호텔 F&B 아르바이트 예식장 도우미 아르바이트 00카페 캐셔 도우미 해랑열차 도우미	■	■	■	■			
	동아리	교내 외 동아리 활동	■	■	■	■	■	■	
경력	현장실습	현장 실습 혹은 인턴 경험 6개월 이상의 테마파크 접객 아르바이트(주말)	■	■					
기타	체력증진	수영을 통한 체력증진	■	■	■	■			
	독서토론	인문학 소양을 위한 독서토론, 스터디	■	■	■				

② 능력중심 취업 준비 단계

1단계		2단계		3단계		4단계
직업심리검사·진로 적성검사 등을 통한 목표 직무 설정	⇨	교육·자격·경험 등 필요 스펙 준비	⇨	채용공고의 '직무 설명자료' 확인	⇨	채용 전형 및 평가기준을 참고하여 준비

(1) 1단계 목표 직무설정

① 자신이 무엇을 잘하는지, 무엇을 좋아하는지, 하고 싶은 것은 무엇인지 알아본 후, 기업에는 어떤 직무가 있는지 찾아봐야 한다.

② 서비스업, 마케팅, 인사, 영업, 총무, 연구, 기술 등 기본적으로 나누어지는 카테고리를 찾아보고 이후 직무 내 세부 카테고리를 찾아본다.

③ 서비스 업무에도 많은 직무가 있고 직무에 따라 필요한 직무적 역량이 매우 다르기 때문에 구체화해야 한다.

> 📖 서비스업 – 승무직 – 열차 객실승무

(2) 2단계 필요한 직무역량 준비

1) 교육, 자격, 경험 등 필요한 능력 준비

① 각 직무에 필요한 교육사항, 자격사항, 경험 등을 확인하고 필요한 구체적인 스펙에 대하여 준비하도록 한다. 채용공고 혹은 NCS(국가직무능력표준) 직무소개 내 직무설명자료를 확인하면 일반적으로 필요한 사항들이 기재되어 있다.

② 직무를 분류하였다면 분류된 직무의 속성에 따른 필요한 직무역량을 찾아야 한다. 승무원의 경우 고객 응대가 주 업무이기 때문에 기본적으로 필요한 직무역량은 의사소통업무라 할 수 있다.

2) 의사소통

의사소통능력이란 상대방과 대화를 나누거나 문서를 통해 의견을 교환할 때, 상대방이 뜻한 바를 정확하게 파악하고 자신의 의사를 효과적으로 전달할 수 있는 능력을 의미한다. 의사소통능력에는 문서이해능력, 경청능력, 의사표현능력 및 기초외국어 능력으로 구분할 수 있으며 세분화하여 이 역량을 증진하도록 해야 한다.

(3) 3단계 채용전형 확인

채용전형의 종류를 확인하고 토론면접, PT 면접, 영어면접 등 각 전형에 따라 준비하도록 한다.

3 지원 기업에 대한 사전학습

자기가 지원한 기업(기관) 또는 부서에 대해 폭넓은 지식을 가질 필요가 있으므로, 지원 회사에 대한 사전지식을 충분히 익힐 필요가 있다.

(1) 사전학습 요소

사전학습 요소에 여러 요소가 있겠지만, 회사에서 내게 요구하는 보유 기술, 지식 수준, 직무능력 수준, 직무 관련 경험을 정리하고, 내게 적합한 일인지, 부족한 부분은 무엇인지를 미리 생각해 둔다.

- 회사의 연혁
- 인재상
- 사훈
- 경영이념
- 창업정신(회사의 경영체계)
- 회사의 대표적 상품
- 특색
- 자기 나름대로의 그 회사를 평가할 수 있는 장·단점
- 회사의 잠재적 능력개발에 대한 제언

4 고용노동부 직업심리검사

고용노동부 직업심리검사는 개인의 능력과 흥미, 성격 등 다양한 심리적 특성을 객관적으로 측정하여 자신에 대한 이해를 돕고 개인의 특성에 보다 적합한 진로분야를 선택할 수 있도록 도와준다.

👤 고용노동부 직업심리검사 이용안내

고용노동부는 청소년과 성인을 대상으로 총 20여 종의 심리검사를 개발하여, 무료로 서비스를 하고 있으며, 검사결과를 통한 상담도 진행될 수 있다.
https://www.work.go.kr/consltJobCarpa/

2 **서류합격 후 해야 할 일**

공개채용 모집에 서류를 지원하고 마감 후 약 1주일에서 2주일 내 서류전형 합격자를
발표하며, 발표일 기준 대략 3~5일 후부터 면접이 진행된다.

1 바로 준비해야 할 사항

(1) 서류 체크

서류합격 후 바로 제출해야 하는 서류들이 많으므로 서류를 우선 챙긴다.

(2) 복장 준비 및 점검

미리 준비 해 둔 복장의 세탁 및 수선을 점검한다. 혹시 미리 준비해 둔 복장이 없다
면 바로 준비하도록 한다.

(3) 교통편 확인

면접장에 30분~1시간 전에 도착할 수 있도록 교통편을 확인한다.

2 서류전형 지원서 및 면접 유형 확인

① 지원한 지원서와 자기소개서를 출력한 후 한번 더 읽어보고 키워드 중심으로 생각을
정리해둔다.

② 스크립트를 만들어 외우지 않도록 하며, 자연스럽게 자신의 이야기를 할 수 있도록
하는 것이 좋다.

③ 면접 전형을 점검하며, 영어면접이나 방송낭독은 없는지 어떠한 식의 면접이 진행되
는지를 확인하고 준비하도록 한다.

3 지원한 기업의 정보 점검

지원한 기업의 정보를 점검하고 최근 업계동향에 대해서도 파악한다.

- 최근 뉴스
- 홈페이지 내용 확인
- 최근 수상내역 및 특이사항 등

1 용모 복장 자가 평가표(예시)

항목		내용
머리	1	전체적으로 청결하고 깔끔한가?
	2	앞/옆머리는 흘러내리지 않고, 뒷머리는 빠지지 않게 리본망은 고정되었는가?
	3	헤어악세서리는 화려하지 않고, 실핀 등도 눈에 띄지 않게 정리하였는가?
	4	걸을 때나 면접 인사 시 머리스타일이 고정되지 않아 만지게 되지는 않은지?
화장	1	전체적으로 자신의 피부 톤에 맞고 진하지 않은 자연스러운 화장을 했는가?
	2	아이새도/립스틱 등이 너무 화려하지 않고 자연스럽게 생기가 도는지?
복장	1	단정한 면접복장에 맞춰 깔끔하게 입었는가?
	2	크기는 적당한가? 너무 헐렁하거나 꽉 끼지는 않은가?
	3	다림질 상태 양호한가?
	4	스커트 길이가 너무 짧지 않고, 바지는 너무 달라 붙지 않은가?
손	1	손톱길이는 길지 않은가?
	2	손이 트지 않고 손톱 주변 정리가 잘 되어 있는가?
기타	1	시계는 왼쪽 손에 착용하였는가?
	2	구두는 깨끗이 손질되어 있으며, 너무 크거나 작지 않은가?
	4	기타 소지품(필기구, 제출서류, 기업 약도)은 잘 챙겼는가?

2 면접 인터뷰 자가 평가표(예시)

자세	선 자세, 걷는 자세, 인사 자세, 앉은 자세, 각 자세 체크
인터뷰	표정, 시선 처리, 말의 속도, 미소(지속적), 언어적 습관(음... 어...)
답변	답변의 정확성, 성실성, 침착성

3 면접 당일 해야 할 일

1 면접 MOT(고객접점)

(1) 면접 장소 도착 시

기업에 있어 지원자의 성실성은 인재의 최고 요인으로 꼽을 정도로 중요한 부분이므로 면접을 치르는 당일을 위해 면접 3일 전부터는 자신의 컨디션 및 시간 조절이 필요하다.

① 면접 장소에는 준비된 마음가짐으로 일찍 도착하는 것이 지원자로서의 기본태도이다.

② 면접시작 전에 도착해 장소도 익히고 마음을 가다듬을 시간이 필요하다.

③ 다른 지원자의 면접 후기를 들으며 동요하기보다는 차분한 마음을 갖기 위해 심호흡을 하며 대기 자리에서 차례를 기다리는 것이 면접에 안정감을 준다.

④ 예기치 않은 상황으로 면접에 늦는 경우라도 회사에서는 지원자의 성의 부족으로 판단할 수 있으며 특히, 승무원 근무의 생명인 '시간'에 있어 신뢰가 무너질 수 있으므로 주의해야 한다.

(2) 입실 시

입실은 면접실의 문을 여는 순간을 말한다. 많은 지원자가 면접관과 직접 눈을 마주치는 시기를 인사하는 시점이라고 생각한다. 만남에서 첫인상이 중요한 것처럼, 먼저 제시된 정보가 나중에 들어온 정보보다 전반적인 인상 형성에 강력한 영향을 미치는 '초두 효과'라는 이론이 있다.

① 면접관은 처음 보이는 시점부터 지원자를 이미지화한다. 이미지를 결정짓는 순간은 짧게는 15초, 길게는 1분 30초이다. 첫인상은 매우 중요하다.

② 입실자 중 첫 번째 입실하는 순서의 지원자라면 문을 열면서 가장 자신 있고, 환한 미소로 면접관을 바라본다면 좋은 이미지를 줄 수 있다.

③ 지나치게 의도적으로 고개를 숙여가며 눈을 마주칠 필요는 없으며 자연스럽게 눈으로 인사를 나눌 수 있을 정도가 충분하다.

(3) 면접 자리에 설 때까지

문을 열고 지원자의 자리에 서기 위해 걸어 들어올 때에는 밝은 표정, 바르고 곧은 자세로 신뢰감을 풍기는 걸음걸이이어야 한다. 이 시점을 놓치는 경우가 간혹 있으므로 미리 많은 연습을 해두는 것이 좋다.

① 앞 뒤 함께 들어가는 다른 지원자들의 속도도 확인하며 여유 있고 자신감 있는 모습으로 임하면 된다.

② 지나치게 높은 구두로 인해 어정쩡한 걸음걸이가 연출되지 않도록 주의해야 한다.

③ 미소를 띠고 자신의 면접 자리를 조심히 살펴 안정감 있게 자리하며, 면접관과 시선을 맞추고 준비한 자신의 모습을 보여주면 된다.

(4) 정중 인사 시

보통 입실 전 함께 하는 지원자들과 1~2번 짧은 인사연습을 하고 입실하며, 면접 인사법에 맞추어 다른 지원자들의 인사속도와 맞추어 바른 인사법으로 입실하도록 한다.

① 인사법은 교육을 받은 경우와 받지 않은 경우의 차이가 무척 크게 나타난다. 어깨가 기울거나, 허리를 숙이는 도중 몸이 기울지 않게 유의하고, 고개를 들거나 숙이면서 인사할 때 허리를 둥글게 말지 않도록 한다.

② 신뢰감, 호의적인 인상, 서비스맨의 전문성을 보여주기 위해서 바른 인사법을 연습해야 한다.

③ 허리를 숙이는 도중 미소를 잃어 허리를 폈을 때 억지 미소를 띠지 않도록 주의해야 하며, 주의인사를 할 때에도 미소를 항상 유지하고 있어야 한다.

(5) 질의 답변 시

친절한 말솜씨와 더불어 상냥한 답변태도가 중요하다. 미소가 중요하지만 시종일관 함박웃음을 지을 필요는 없으며 답변 스피치에 자연스럽고 부드럽게 표정을 지으며 답을 하는 것이 좋다.

(6) 다른 지원자의 답변 시

다른 지원자가 답변을 하고 있을 때 자신은 어떤 표정을 짓고 있어야 하는지가 난감한 경우가 있을 것이다.

① 다른 지원자가 답변하는 시간도 면접관 입장에서는 지원자의 '타인에 대한 공감능력'을 볼 수 있는 시간이기 때문에 다른 지원자의 답변에 귀를 기울이며 공감의 끄덕임을 보이는 모습은 매우 중요하다.

② 경우에 따라 앞 지원자가 말한 답변이 무엇이었는지 질문을 받기도 하고, 부연설명해 보라는 질문이 주어지기도 하므로 다른 지원자의 답변에 반드시 귀를 기울이고 있어야 한다.

(7) 동일한 질문에 답변 시

개인 가치관에 따라 각각 다르게 답할 수 있는 질문이 아닌 공통적으로 답할 수 있는 시사적인 질문에 대한 의견을 물을 경우에는 비슷한 답변이 나올 수 밖에 없다.

① 비슷한 답변이 나올 수 있는 경우 "앞 지원자와 마찬가지로~ "라는 답변으로 시작한다면 답변의 무료함과 더불어 지원자의 이미지를 높일 수 없다.

② "그 부분에 대해서는 안타깝지만, 위기는 또 다른 기회라고 생각한다. 더욱 큰 발전을 기대해 볼 수 있는 기회인 것 같습니다." 와 같이 같은 의견이더라도 자신의 것으로 정리해 답변을 또박또박 말하는 것이 매우 중요하다.

③ 반복된 답변이라고 당황하거나 주눅이 든 모습은 지양하고 밝고 건전한 느낌으로 전달해야 한다.

(8) 마지막 인사 시

면접의 마무리 시점이 되면 지원자에 대한 평가가 어느 정도 결정이 나고 본인도 당락 여부를 느낄 수 있다. 그러나 실수한 면이 있다고 해서 침울한 태도로 인사하는 것은 불합격을 확정 짓는 요인이 된다. 마지막까지 '정중 인사' 때와 같이 감사의 마음을 담아 바른 태도로 인사를 마쳐야 한다.

(9) 걸어 나오면서(퇴실 시)

면접이 끝났다는 생각에 긴장이 풀려 실수를 하는 경우가 많다. 방향을 잘못 인식하거나, 터벅터벅 걷거나 공손하지 않은 모습을 보이기도 한다. 문턱을 넘어 퇴실하였다고 생각하여 문이 닫히지도 않았는데 안도의 소리를 낸다거나 하는 경우도 종종 있으니 주의해야 한다. 끝까지 미소 띤 얼굴로 공손하게 문을 여닫고 면접장소 밖으로 나와야 한다. 이러한 태도에 익숙해지기 위해서는 무의식 속에서도 행동이 될 수 있도록 일상 속에서 많은 연습이 필요하다.

(10) 면접장소 밖에서

면접을 보고 나오며 한탄의 소리와 함께 벽에 몸을 기대어 벽을 치는 등 면접의 안타까움을 표현하는 지원자들이 종종 있다. 면접실 안에서 밖의 소리를 간접적으로 들을 수 있다는 사실에 유념해야 하며 입실 할 때와 같이 차분한 마음으로 퇴실하는 태도가 중요하다. 또한 면접대기실로 돌아와서 면접후기에 대하여 큰 소리로 이야기 하거나 면접 질문에 대한 공유는 하지 말고, 끝까지 면접자가 지녀야 할 자세를 지키면서 조용히 회사건물을 나오는 것이 중요하다.

TIP 면접 MOT(고객접점) 10

면접 MOT(고객접점)	주의할 점	선호하는 태도
면접장소 도착 시	앞 지원자 질문을 집요히 묻는다	안정적으로 대기한다.
입실 시	긴장한 얼굴과 위축된 자세	편안하고 밝은 모습
면접 자리 앉을 때	들어가는 걸음걸이 어색하며 쭈뼛거리는 모습	자신감 있게 걸어 들어가, 밝은 표정과 바른 자세 인사
정중 인사 시	자신의 인사에만 집중하거나 긴장한 얼굴	다른 지원자와 인사 속도 맞추며, 밝은 표정과 음성
질의 답변 시	심각한 표정	호응의 밝은 표정
다른 지원자 답변 시	공백에 대한 불안함	경청, 공감과 끄덕임
동일한 질문에 답변 시	주눅 들어 성의없는 답변	안정적, 최대한 성의 있게
마지막 인사 시	면접상태 가늠한 느낌의 인사	끝까지 감사의 마음
퇴실 시	긴장 풀린 모습	흐트러지지 않은 밝은 모습
면접 장소 밖에서	면접후기에 대해 말한다.	차분함을 유지한다.

철도관광의 내일 국민기업
코레일관광개발인
인터뷰

:

경영혁신실 **이진호 실장**

수서지사 승무팀 **오미정 팀장**

서울지사 승무팀 **전유정 팀장**

용산지사 승무팀 **박혜란 팀장**

Q 코레일관광개발과 경영혁신실에 대한 소개를 부탁드립니다.

코레일관광개발은 2004년 설립된 종합관광레저 공공기관입니다.

KTX 및 새마을호의 열차승무 및 자판기 등 열차내 서비스를 담당하고 있고, 관광상품의 개발 및 판매, 레일바이크 등 테마파크 운영, 정부 및 지자체 행사 대행 등 서비스 전문회사라고 보시면 됩니다. 약 1,400여 명의 직원으로 구성되어 있는 국내 유일의 관광전문 공공기관으로 금융부채 제로의 튼실한 재무구조를 가지고 있습니다. 조직은 승무본부, 관광레저본부, 경영혁신실로 구성되어 있는데 이중 경영혁신실은 기획, 인사노무, 교육, 재무, 홍보, 전산 등 본부를 지원해주는 기능을 하고 있습니다.

Q 열차 객실승무 분야 특징에 대하여 설명부탁드립니다.

항공사와 선박사는 개별 회사의 승무만을 담당하고 있다고 한다면 코레일관광개발은 KTX, SRT, 관광열차, 해랑열차 등 철도운영사(사업자)가 달라도 서비스 승무원은 모두 우리사 소속 직원이 담당하고 있어 명실공히 철도 승무서비스 분야 종합전문회사라고 할 수 있습니다. 열차 객실서비스 승무의 역할은 열차 출발전·후 고객안내, 열차 내 안내방송, 기차표 검표업무 및 특실 서비스 업무를 담당하고 있어 기차내 고객서비스업무의 전반적인 업무를 수행하고 있습니다.

Q 마지막으로 이 책을 보는 독자들에게 한마디 부탁드리겠습니다.

회사가 설립된지 16년이 지나가고 있습니다. 열차 객실서비스 승무분야에 많은 분이 입사지원을 하지만 일부만이 입사하여 근무하고 있습니다. 코레일관광개발은 공기업으로서의 장점도 있지만 민간기업과 견주어도 손색이 없는 서비스 경쟁력을 확보하고 있으며, 종사원의 서비스 향상을 위해 체계적인 서비스 체계의 매뉴얼화와 교육을 통해 나날이 발전하고 있습니다. 이 책에서 소개하고 있는 분야별 매뉴얼화도 그 일환이라고 할 수 있을 것입니다. 본 책은 열차 내 객실승무원에 대한 표준 매뉴얼을 소개하고 있지만 나아가서는 서비스 분야에 종사하거나 할 계획에 있는 모든 분들이 참고할만한 가치가 있다고 생각합니다. 아무쪼록 우리사 열차 객실승무원으로 지원하고자 하는 분들에게 작게나마 도움이 되셨으면 합니다.

"행복을 드리겠습니다 고객님"

서울역 플랫폼에서 KTX를 향해 걸어오시는 고객님들을 보면 아직도 설레이는 마음과 함께 심장이 유난히 더 힘차게 뛰는거 같은 기분이 듭니다.

KTX 개통 전 1달간의 시승행사 때부터 16년이 지난 지금까지도 KTX앞에 서 있을 때 마다 여전히도 떨리고 설레이는 마음이 아직도 그대로 인걸보니 저는 KTX를 여전히도 사랑하고 있습니다.

안녕하십니까, 저는 2004년부터 KTX 승무원, 운용원, 팀장 업무를 하다 지금은 SRT객실승무원 팀장으로 근무하고 있는 오미정입니다.

개통날 저만큼 들뜨신 고객님 중 한분이 호기심에 비상레버를 당기는 바람에 당황했던 일, 추석에 한복을 입고 승무했던 일, 일본고객님들께서 유난히 좋아하셨던 특실서비스용 앞치마, 응급환자가 발생했던 일, 열차고장으로 다른 차량으로 환승했던 일, 열차내 고객님들과 레일데이를 맞아 이벤트했던 일 등등 그 수많은 일들과 시간들이 아직도 눈앞에 생생합니다.

저는 다른 승무원들보다는 좀 더 다양한 업무에 도전했습니다.

현장에서 고객님과 만나는 승무업무 외에도 승무와 관련된 다양한 경험들이 직업에 대한 고찰이나 방황없이 저를 긴 선로처럼 한길을 가게해 준 원동력 이였습니다.

여느 직업보다 승무원은 많은 분들을 만나고 대하면서 사람들에게 힘을 얻거나 또는 상처받거나 나를 반성하거나 나를 다독이게 되는 직업인 것 같습니다.

화가 난 고객의 폭언에 상처받지만 내리시면서 "고생많으셨습니다"라고 인사해주시는 분들의 따뜻한 눈빛과 미소로 다시 힘을 낼 수 있는 것처럼요.

승무원을 준비하는 예비 승무원들에게 꼭 드리고 싶은 말은 몸과 마음이 건강할 수 있도록 꾸준히 노력하셨으면 좋겠습니다. 불규칙한 스케줄로 인해 체력은 기본이 됩니다. 또 그보다 더 나의 내면을 꾸준히 사랑하고 다독여주어서 단단한 마음을 만드는 것이 중요하다고 생각합니다. KTX앞에서 설레이는 마음으로 환영인사 하실 여러분을 만나 뵙게 될 날을 기대하겠습니다.

열차 출발 15분 전 열차시설 및 방송기의 점검을 마치고 고객을 맞을 준비를 끝낸 승무원은 오늘은 어떤 고객님을 만나고 어떤 다양한 상황이 생길지 두근두근 설레는 마음과 밝은 미소로 열차 앞에서 대기하고 있다가 고객님과 첫인사를 나눕니다.

"행복을 드리겠습니다. 고객님."

처음에는 다양한 멘트로 고객을 맞이하다가 언제부턴가 항상 이 멘트를 사용하고 있습니다. 고객님께 행복을 드리겠다고 약속을 해놓고 내 업무에 최선을 다하지 않을 수 없고, 고객님께 행복을 드리기 위해서는 나부터 행복한 마음으로 일을 해야 하기에 이 마법 같은 멘트는 업무하기 전 즐거운 마음으로 일하기 위한 나의 굳은 다짐이기도 합니다.

학창시절 학교 앞 레스토랑에서 아르바이트를 하던 저는 "참 친절하시네요."라는 고객의 따뜻한 칭찬 한마디에 전공을 뒤로한 채 '서비스는 나의 천직'이라고 생각하게 되었고, 서비스 달인을 꿈꾸며 부푼 마음을 안고 2004년부터 열차 객실승무원으로 근무하게 되었습니다.

어느새 16년의 세월이 흘러 나도 모르게 축적되어, 고객과 내가 함께 행복할 수 있었던 나만의 슬기로운 승무 생활 이야기를 몇 가지만 해볼까합니다.

'우리 집'에 놀러온 사람들에게 편히 다녀갈 수 있도록 환경정리를 하고 맛있는 음식을 준비하는 것처럼 내가 승무하는 '우리 열차'를 이용하시는 모든 고객님께도 쾌적한 환경과 '아낌없는 서비스를 제공하여 함께 즐겁고 행복한 여행이 될 수 있도록 마음먹었던 일'이 행복한 승무원이 될 수 있었던 저의 첫 번째 비결이었습니다.

어쩔 수 없는 열차 내 규정을 안내해야 하는 경우 추가로 부가금이 발생하여 자칫 고객님의 기분을 상하게 할 수 있는 상황이라도, 필히 내가 가진 모든 서비스 역량을 총동원하여 고객의 상황을 공감하고 도움을 드리기 위해 최선을 다하고 있음을 눈빛, 말투, 온힘을 다해서 전달해드렸고, 승차권 발권 안내 외 추가로 앞에 다 드신 음식물을 정리 해드리면서 객실 온도는 괜찮으신지, 혹시 불편하신 점은 없으신지, 성심성의껏 서비스를 제공해드렸을 때 화가 난 대부분의 고객들도 마음이 누그러지시고 오히려 고생했다, 감사하단 인사까지 들을 수 있게 되었습니다. 또한 열차 내에서 일어나는 다양한 상황들은 평소 '상황별 나만의 센스 있는 표현방법'을 정리하고 연습했던 것이 많은 도움이 되었습니다. 가령 입석 고객이 특실에 들어 온 경우, 좌석이 없어 불편을 겪고 있는 고객에게 "이곳은 특실이니 나가주세요"라고 이야기하는 것보다 고객의 상황에 공감하며 "너무 불편하고 힘드시죠? 어디 구간 사이에 좌석이 잠깐 나는데 잠시라도 특실로 변경을 좀 도와드릴까요?"라고 설명을 드린다면 정말 특실에 앉아 가실 분은 좌석변경을 요청하시겠지만 그 외분들은 '특실은 요금을 추가로 지불해야하는 곳이구나' 생각하고 대부분 자연스레 객실 통로로 이동하셨습니다. 말 한마디로 천냥 빚을 갚는다는 속담이 있듯이 센스 있는 말 한마디, 친절한 표현만으로도 서로 얼굴 붉힐 일 없이 어려운 상황을 잘 해결 할 수 있었던 것 같습니다.

마지막 역에 도착하여 플랫폼에서 환송인사를 할 때, 앞만 보면서 형식적인 인사를 건네는 것 보다 고객에게 시선을 맞추며 밝은 미소로 인사를 건네는 경우 실제로 고객에게 수고하셨다는 답례인사를 더 많이 받을 수 있었습니다. 수고하셨다는 고객의 따뜻한 격려인사를 더 많이 받으며 보람을 느낄 수 있는 행복한 승무원이 되어, 고객에게 또 다시 행복을 돌려드릴 수 있는 '진정 행복한 열차 객실승무원'이 되셨으면 합니다. 감사합니다.

2007년 열차 객실승무원으로 입사해 약 10년간의 승무업무를 하였으며, 서비스아카데미 팀장을 거쳐 현재는 승무본부 용산지사 승무팀장으로 근무 중입니다.

Q 승무원은 열차 내에서 무슨일을 하나요?

열차 객실승무원은 고객이 열차에 승차하는 순간부터 하차할 때까지 열차 이용 안내, 승차권 발권, 특실 서비스 등 열차 내 고객 편의를 위한 모든 업무를 수행하고 있습니다.

때문에 열차 객실승무원은 정확하고 신속한 고객 응대를 할 수 있어야 하며, 열차 내 규정 및 업무 프로세스를 준수하여야 합니다.

이러한 업무들을 원활히 시행하기 위해 현직 열차 객실승무원들도 정기적인 교육을 받고 있으며, 업무능력 향상을 위한 개인적인 노력도 게을리 하지 않고 있습니다.

Q 열차 승무원이 갖춰야 할 소양은 무엇이 있을까요?

"서비스 마인드로 나를 가꾸고, 성실함으로 나를 표현하자!"

KTX 열차에 많게는 1,000명의 고객이 승차하십니다. 물론 모든 고객과 1:1 대면응대를 하지는 않지만, 열차 내에서는 아주 다양한 상황들이 발생할 수 있고, 여러 성향의 고객을 응대해야 하는 만큼 따뜻한 인성과 고객을 먼저 생각하는 서비스 마인드를 기본으로 갖추어져야 합니다. 또한 스케줄 근무와 열차라는 특성상 시간과 체력 등 자기관리에 엄격하여야 하며, 근면 성실함이 반드시 필요하다고 생각합니다.

Q 열차 객실승무원을 준비하는 분들께 하고싶은 말은?

SNS를 통한 정보공유가 늘어나면서 이력서는 물론 면접 시 천편일률적인 답변을 하는 지원자가 늘어나고 있습니다. 모범답변에 따른 개성 없는 표현보다는 나 자신이 가지고 있는 장점을, 내가 어떤 사람인지를 어필할 수 있는 자신감을 가지고 임했으면 합니다.

또한 막연히 승무원이 되고싶어 지원하기보다는 입사 후에 어떤 노력을 할 것인지 구체적인 계획과 목표를 잡고 준비하면 많은 도움이 될 것이라 생각합니다. 본인의 강점과 열차 승무직무와의 연관성을 찾고 발전시켜 나간다면 여러분을 한단계 더 성장 시킬 수 있을 것입니다.

참고 자료

- 대학저널 http://www.dhnews.co.kr
- 열차 객실승무원 통계분류-분류코드 : 43122(통계청)
- https://m.edaily.co.kr/news/Read?newsId=03476806619180056&mediaCodeNo=257
- 2020년 청소년 통계
- D. Babara, 'Today's Speech'(1957년)
- https://www.ncs.go.kr/th01/TH-102-001-01.scdo
- 2020년 국가직무능력표준(NCS) 개발·개선매뉴얼(고용노동부, 한국산업인력공단, 2020.04. 개정)
- https://www.ncs.go.kr
- 「공공기관」 블라인드 채용 가이드라인 (2017.07. 관계 부처 합동)
- 워크넷 자료